本丛书为

教育部哲学社会科学研究重大课题委托研究项目

“中国共产党百年教育史研究”成果之一

“中国教育现代化2035战略与政策研究丛书”总目

1. 中国教育现代化的形势与任务研究　朱旭东、薛二勇　等著
2. 发展中国特色世界先进水平优质教育的战略与政策　李芒　等著
3. 推动各级教育高水平高质量普及的战略与政策　张志勇、杨玉春　等著
4. 基本公共教育服务均等化的战略与政策　薛二勇　等著
5. 构建服务全民终身学习体系的战略与政策　张伟远　等著
6. 提升一流人才培养与创新能力的战略与政策　周海涛　等著
7. 建设高素质专业化创新型教师队伍的战略与政策　李琼、宋萑、廖伟　等著
8. 推进信息时代教育发展与变革的战略与政策　余胜泉　等著
9. 开创教育对外开放新格局的战略与政策　刘宝存、张继桥　等著
10. 推进教育治理体系和治理能力现代化的战略与政策　余雅风、刘水云　等著

“中国教育现代化2035战略与政策研究丛书”
编写出版委员会

中国教育现代化2035战略与政策研究丛书　朱旭东◎主编

构建服务全民终身学习体系的战略与政策

张伟远◎等著

5

中国教育出版传媒集团
人民教育出版社
·北京·

图书在版编目（CIP）数据

构建服务全民终身学习体系的战略与政策 / 张伟远等著. —北京：人民教育出版社，2022.3
（中国教育现代化 2035 战略与政策研究丛书 / 朱旭东主编）
ISBN 978-7-107-36530-0

Ⅰ.①构… Ⅱ.①张… Ⅲ.①终生教育－教育体系－研究－中国 Ⅳ.① G729.2

中国版本图书馆 CIP 数据核字（2022）第 036982 号

构建服务全民终身学习体系的战略与政策

出版发行 人民教育出版社
（北京市海淀区中关村南大街 17 号院 1 号楼 邮编 100081）
网 址 http://www.pep.com.cn
经 销 全国新华书店
印 刷 北京盛通印刷股份有限公司
版 次 2022 年 3 月第 1 版
印 次 2022 年 4 月第 1 次印刷
开 本 787 毫米 ×1092 毫米 1/16
印 张 24.25
字 数 289 千字
印 数 0 001~1 500 册
定 价 81.00 元

总序：构建社会主义现代化强国所需要的高质量教育体系

为进一步认真贯彻落实习近平新时代中国特色社会主义思想和党的十九大以及十九届二中、三中全会等重要会议精神，2019年2月中共中央、国务院印发了《中国教育现代化2035》，并要求各地区各部门结合实际认真贯彻落实。

为更好地发挥北京师范大学中国教育与社会发展研究院作为国家高端智库培育单位的决策咨询、政策解读、舆论引领等作用，促进国家重大教育战略与规划的落实和执行，我们决定组织撰写“中国教育现代化2035战略与政策研究丛书”。

《中国教育现代化2035》确定了中国面向未来的教育战略实施目标。到2035年，中国教育要实现现代化总体目标，这个总体目标体现在两个方面：一方面，实现教育自身的现代化，使立德树人的根本任务得以完全落实，使党的教育方针得到全面贯彻，实现教育强国和人民满意的教育的国家和社会目标；另一方面，现代化教育可以支撑起中国国家现代化，尤其为中华民族伟大复兴起到保驾护航的作用。

《中国教育现代化2035》规划了中国面向未来的教育战略实施的进程。到2035年，教育现代化目标的实现过程，既体现在教育的现代化过程中，也体现在不断满足国家现代化需要的过程中。教育现代化的过程是一个不断推进教育优质均衡发展的过程，是一个高质量教育体系不断建构和完善的过程；满足国家现代化需要的过程是一个通过教育促进国家建设社会主义现代化强国的过程。

《中国教育现代化2035》明确了中国面向未来的教育战略实施的方向。到2035年，构建起满足社会主义现代化强国所需要的完备教育体系。党的十九届五中全会审议通过的《中共中央关于制定国民经济和社会发展第十四个五年规划和二〇三五年远景目标的建议》，提出建成富强民主文明和谐美丽的社会主义现代化强国的宏伟目标。这一远景目标是对党的十八大所提出的“全面落实经济建设、政治建设、文化建设、社会建设、生态文明建设五位一体总体布局”的进一步强化。习近平总书记在党的十九大报告中指出，“建设教育强国是中华民族伟大复兴的基础工程，必须把教育事业放在优先位置”，党的十九届五中全会第一次明确提出“建设高质量教育体系”。高质量教育体系是全面建设社会主义现代化强国的关键所在，教育体系要为社会主义现代化强国服务。

一、构建一个促进人的现代化需要的五育并举的教育体系

国家的现代化首先是人的现代化。落实党的教育方针，开展德智体美劳全面发展教育，培养社会主义建设者和接班人，也要基于人的现代化，而人的现代化需要通过“五育”来实现。习近平总书记在全国教育大会上强调，要在党的坚强领导下，全面贯彻党的教育方针，培养德智体美劳全面发展的社会主义建设者和接班人。人的全面发展需要全面发展的教育，为此，需要构建一个五育并举的教育体系。德育、智育、体育、美育、劳动教育是教育的内涵，而不是人的发展的内涵，不是学生发展的内涵。人的发展的内涵是认知和情感发展，是道德和公民性

发展，是个性、社会性与人格发展，健康和安全发展，艺术和审美发展。[①] 五育并举虽然不是人的全面发展内涵，却是基于和促进人的全面发展。因此，从人的全面发展内涵来看，五育并举，应由道德和公民性教育、社会性和情感教育、脑智教育、健康和安全教育、艺术和审美教育构成。

构建一个促进道德和公民性发展的"德育"体系。在党和国家的教育方针中，"德"是第一位的，事实上，从人的发展的价值来说，"德"必须放在第一位。在中国国情背景下，"德"不仅仅指道德发展，还指思想政治、法制素养，特别是对中国共产党和国家政治制度的认同和忠诚，以及对民族、国家和文化的认同。这里从心理学和伦理学视角来谈道德发展及其教育，把思想政治、法制素养放到公民性发展里来谈。公民性发展是指儿童的公民意识、思维、认知以及公民行为能力的成长过程。它是现代民族国家范畴内的资格身份塑造，也是政治思想意识的形成，又是民族、国家、文化的认同建构，更是法律意义上权利、责任和义务的养成过程。

教育的根本任务是立德树人，这是教育的总目标。根据这个目标，我们要构建促进道德和公民性发展的教育体系。这个体系由基于伦理内容和心理过程的道德教育体系，基于中国历史和国家发展的思想政治教育体系，基于民族认同、国家认同、文化认同的核心价值观教育体系，以及基于权利、责任和义务的法制教育体系构成。

"德育"体系还应促进学生的社会性和情感发展，为此，需要建立一个社会性和情感教育体系作为"德育"体系的补充。虽然社会性和情

① 朱旭东. 论教师专业发展的理论模型建构［J］. 教育研究，2014（6）：81–90.

感教育在传统的德育中也有涉及，但不够系统、不够突出，没有把它作为一个重要的维度彰显出来。我国社会主义现代化建设需要人才，更需要凝聚人才，把各种人才凝聚到实现中国梦这一历史使命上来。而社会性和情感作为人全面发展的重要维度之一，情感是社会团结协作的黏合剂，对凝聚人心、增进身份认同、提升文化自信具有重要作用。因此，社会性和情感教育应在五育并举中占有一席之地。在社会性和情感教育中促进学生社会性的健全发展，增进学生对国家与民族的感情。

构建一个促进脑智发展的“智育”体系。“脑智”主要是指人脑发育和心智发展两个部分，心智与认知密切联系。过去主要强调的智育，虽然在教育中占有重要地位，但主要是从知识和心理角度强调智育的重要性，因而致使脑育并没有得到重视。而大脑是人的智力发展依存的最重要的物质基础和生理基础。从人的全面发展视角来看，健全的、真正的智育应注重脑育。虽然脑科学与教育作为新兴研究领域日益受到国际的重视，但在我们的教育体系中，对脑育仍重视不足。在新的五育并举的教育体系中，我们需要把智育与脑育结合起来，把传统的智育拓展升级为新智育，即“脑智教育”。何谓“脑智教育”？它是指在继承传统智育优点的基础上开展的，基于脑、开发脑、脑智融合的教育。以脑神经学为代表的脑科学将成为脑智教育重要的学科基础，脑育是脑智教育的重要内涵。脑育强调以科学的方法开发脑，以人文精神关爱脑，以教育理念成就脑。

构建一个促进健康和安全发展的“体育”体系。健康和安全教育过去是没有纳入全面发展教育中的，尽管体育承担着健康教育部分，可是体育主要是培养学生的运动素养，促进身体锻炼，但健康教育远不止身体锻炼，而是涉及更广的范围。例如还包括促进身体健康发展的饮食教育等。如果说健康是人全面发展的重要身体基础，那么安全就是人全面发展的重要前提。因此，健康和安全教育也应是全面发展教育的重要内涵。在过去的全面发展教育体系中，安全教育并没有明确列入，尽管学校教育中会涉及安全教育，但不系统，更没有从五育并举的高度来重视安全教育。①

构建一个艺术和审美发展的“美育”体系。五育并举中虽然提到美育，但艺术和审美教育缺乏儿童成长的规律研究。当今受过从幼儿园到高中乃至大学的艺术和审美教育后，却没有掌握一门艺术技能的学生大有人在，因此学生的艺术和审美素养需要大力提高。在五育并举的教育体系中，要重视艺术和审美教育，把艺术和审美教育从娃娃抓起，以提高整体国民的现代审美素养。

构建一个对儿童全面发展起到独特作用的“劳动教育”体系。劳动教育的独特价值不仅在于培养儿童的劳动观念、劳动态度、劳动情感、劳动技能和劳动价值观，而且可以促进儿童的道德和公民性发展、社会性和情感发展、脑智发展、健康和安全以及艺术和审美素养发展。鉴于劳动教育具有促进儿童发展的综合性价值，我们需要构建一个有助于儿童综合发展的劳动教育体系。

上述道德和公民性教育、社会性和情感教育、脑智教育、健康和安全教育、艺术和审美教育是我们对德智体美劳五育认识的进一步深化，由此构建一个为社会主义现代化人才强国所需要的更为全面、更具内涵的五育并举的教育体系，使学生的文明素养、社会责任意识、实践本领、身体素质和心理健康水平等都得到提升，以切实促进人的现代化。

① 要构建一个保障儿童身心健康的教育体系，它是由体育、心育和食育构成的，致力于儿童的运动、心理和养生的知识、能力和伦理的培养。

二、构建一个促进社会经济现代化需要的完备成熟的混合教育形态体系

构建社会主义现代化建设所需的教育体系，不仅需要在教育内涵方面五育并举，而且需要一个完备、成熟的教育形态体系，以促进社会经济发展，建设具有社会主义新型工业化、信息化、城镇化和农业现代化特征的经济强国。这个完备成熟的教育形态体系应该由四个部分构成，它们是学校教育体系、家庭教育体系、社会教育体系和三位一体、线上线下结合的教育体系。改革开放四十多年来，我国已经建成了世界最庞大的教育体系，为国家社会主义现代化建设奠定了坚实的教育基础，未来这个体系需要更加完善。

学校教育体系方面，需要从纵、横两个方向进一步完善。纵向方面，需要向两端进一步延伸发展，应抓住早教和老年教育这两个薄弱环节。具体而言，需要填补0—3岁托幼教育体系，通过政府和社会双轨制建立起来，推动义务教育均衡发展和城乡一体化发展，促进学前教育普惠性高质量发展；同时，进一步发展和完善老年大学、老年闲暇教育等。横向方面，学校教育应向多元、开放、特色与提质、升级方面进一步发展。例如，要强调初中阶段的公立义务教育；要打破普职高中教育双轨体系，建立综合、专门、特殊、英才（科技高中、技术高中、艺术高中、精英高中）等具有多样性特征的高中教育体系，尤其要建立科技高中，为建设社会主义现代化科技强国打下基础；要把特殊教育体系转变与升级为全纳融合教育体系。特别是，要大力发展高等专业教育体系。现代化国家建设的过程就是从普通劳动力为主的劳动力市场，向专业性劳动力为主的劳动力市场转化的过程，只有建立专业教育体系，才能满足普通劳动力市场日益向专业性劳动力市场转型与升级的需求。

“作为为专门职业培养专门人才的专业教育，‘专门职业’指向性是其本质属性，其基本特征是实践性、研究性、复合性和终身性，与职业高等教育相比，研究性与复合性是其根本性特征。”① 因此，一方面，要加大人力资本投入，增强职业技术教育的适应性，深化职普融通、产教融合、校企合作，探索中国特色的学徒制，大力培养技术技能人才；另一方面，要将传统的职业高等教育升级为专业高等教育，支撑起现代化国家建设对创新型、专业化、高素质劳动力的要求。要提高高等教育质量，分类建设一流大学和一流学科。我国要构建一个由工程师教育体系、医师教育体系、教师教育体系、律师教育体系、社区管理教育体系等构成的高等专业教育体系，并构建该专业教育体系的目标、课程与教学、师资队伍，加快培养理工农医类专业的紧缺人才。

家庭教育是我国教育形态中一个相对薄弱的体系。为了帮助幼儿扣好人生的第一粒扣子，不仅需要每位家长重视家庭教育，更需要建构适切的家庭教育体系。鉴于家庭的社区性和生活性，家庭教育体系建构需要获得社区的充分支持。“为完善幼儿家庭教育的社区支持，政府需要完善社区支持制度与经费保障机制；社区需要加强重视，丰富支持内容与形式；管理部门需要对社区支持状况加强评估与监测。”② 也就是说，需要建构社区家庭教育指导与服务体系。此外，针对家庭教育的生活性，需要建构打破现实时空界限的家庭网络教育体系，以实现随时随地都能进行家庭教育。概言之，我们需要以社区家庭教育指导体系和网络

---

① 徐今雅，朱旭东．“专业教育”辨析——兼论专业教育与高等职业教育的关系［J］．复旦教育论坛，2007（6）：29-34.

② 李晓巍，刘倩倩，王梦柯．幼儿家庭教育的社区支持指标体系：构建与应用［J］．教育学报，2019（2）：66-76.

教育体系为两翼，推进家庭教育体系建构，健全学校、家庭、社会协同育人机制。

相对于学校教育体系，我们的社会教育体系建构显得滞后与不足。社会教育体系需要充分发挥社会文化机构和文化环境的教育作用，协同学校教育与家庭教育，共同致力于为社会主义现代化建设培养人才。如果说学校教育体系更多是一种知识传播教育，那么文化环境则更多是一种文化体验教育。在社会教育体系中，要构建校外教育体系、博物馆教育体系、红色革命基地教育体系，同时还要构建一个公益慈善教育体系或者社会支持公益教育体系。

三位一体的教育形态体系同时应该有线上教育体系。在信息化、数字化、网络化的时代背景下，我国需要大力发展线上教育体系，构建线上线下混合学习体系。线上教育体系，是一种新型的教育体系。与学校教育体系、家庭教育体系和社会教育体系相比，它具有开放性与兼容性。它既能打破家庭教育、学校教育与社会教育的时空局限，又能渗透与融合学校教育体系、家庭教育体系和社会教育体系，促使其他三大教育形态实现数字化升级与完善。

三、构建一个促进人类命运共同体需要的国际教育体系

社会主义现代化强国，不是霸权强国，而是秉承“命运共同体”精神的友善型、文明型强国。它强调“中国梦”与“世界梦”美美与共。我国社会主义现代化强国建设，需要构建促进人类命运共同体需要的国际教育体系。

首先，促进人类命运共同体需要的国际教育体系，是教育强国重要的组成部分。纵观世界，美国、日本等教育强国，都有一整套国际教育

体系，从国际教育理念到国际教育实践，从国际教育法到国际教育政策，从国际学校到国际教育项目，从国际教育引进到国际教育输出，从民间国际教育力量到政府国际教育支持，都体现了一个强国应当具有的国际教育质量。而我国虽然在国际教育方面取得了长足进步，但与世界教育强国的国际教育体系相比，仍存在一定的差距，因此需要大力推进我国的国际教育体系建设。

其次，构建促进人类命运共同体需要的国际教育体系，是现代国际政治强国建设的内在要求。世界教育强国之所以有完备的国际教育体系，是因为它们有国际地位提升的内在需要。而随着我国国际地位的不断提升，我国也需要构建一套完备的国际教育体系。我国已经成为全球最大的出境游输出国，全球最大的消费市场，全球最大的制造“王国”。我国拥有全球最高效、最齐全的产业链集群，全球最具性价比的制造系统。此外，世界还初步形成了对中国力量的依赖，包括从技术到资本再到市场的综合依赖，以及对人力资源的依赖等，但这种依赖还是初级阶段的，必须提质增效，以期实现全球对中国高层次与高质量的依赖。达成这一目标，不仅要讲好中国发展故事，讲好与世界相处的内外关系故事，讲好中国对世界产生影响的故事，更重要的是要加快实施文化国际化战略，实现文化产品的国际输出，同时深度推进企业全球化和国际化，正如习近平总书记提出的，要推动构建人类命运共同体，落实“一带一路”倡议，使中国早日成为国际政治强国。这一切都离不开国际教育体系的整体构建。

我国需要构建什么样的国际教育体系呢？首先，我们需要构建以人类命运共同体为思想依据的国际教育理念。人类命运共同体是一种新型文明观，一种正确的义利观，一种新型国际秩序观。[①]它强调人类共在、共存与共发展。它对我国高等教育国际合作具有重要的规范和引领作用。[②]不仅如此，它对我国国际教育也具有重要指导意义。以人类命运共同体为指导理念的国际教育，更能彰显我国作为新型文明国家的精神风貌。其次，制定符合我国实际的国际教育法。国际教育法是国际教育发展重要的法律保障。1966年，美国出台了《国际教育法》，该法在美国国际教育史上占有极其重要的位置，为美国国际教育进入制度层面提供了法律依据。我国也需要以人类命运共同体为指导思想，制定一部符合时代要求与国情的国际教育法。最后，构建“引进来、走出去”的双向国际学校教育体系，全面构建矢志影响世界的中国文化传播的教育目标、课程和教学、师资等体系。概言之，我们需要从理念、法规与学校教育体系等一系列维度，建构起完备的、成熟的国际教育体系，以促进人类命运共同体和社会主义现代化政治强国建设。

四、构建一个促进社会主义现代化文化的互联网、人工智能环境下的数字化教育体系

社会主义现代化强国必须是一个文化强国，其核心是学习型强国。学习型强国是对学习型社会建设的继承与发展。学习型社会的本质是以学习求发展。[③]学习型强国也是以学习求发展，但立意更加高远，我国

① 徐艳玲，李聪．“人类命运共同体”价值意蕴的三重维度［J］．科学社会主义，2016（3）：108-113.

② 周作宇，马佳妮．人类命运共同体：高等教育国际合作的价值坐标［J］．教育研究，2017（12）：42-50.

③ 顾明远，石中英．学习型社会：以学习求发展［J］．北京师范大学学报（社会科学版），2006（1）：5-14.

学习型社会建设主要是基于小康社会建设来谈的，而学习型强国的建设则是站在社会主义现代化强国建设与实现“中国梦”的高度来谈的。学习型强国，具有三个基本特征：学习资源强国、学习力强国、学习文化强国。学习资源强国，强调学习供给侧改革，以丰富、便利、高质量的学习资源，以满足人人皆可学、时时皆能学、处处皆便学的需求；学习力强国，强调国民学习力提升，以满足创新型国家建设需求；学习文化强国，强调愿学、乐学成为浓厚的社会风气，以形成良好的学习文化生态。学习型强国的建设需要构建互联网、人工智能环境下的数字化教育体系。何谓数字化教育体系？数字化教育体系可以概括为“一个中心、两类环境、三个内容库、四种技术、五类用户、六种业务”。“一个中心”即数字化教育云中心；“两类环境”即支持学校教育的数字化校园与支持终身教育的学习型数字化城区；“三个内容库”即学习资源库、开放课程库与信息管理库；“四种技术”即物联网、云计算、大数据、泛在网络四种关键数字化技术；“五类用户”即教师、学生、家长、教育管理者与社会公众；“六种业务”即数字教学、数字化学习、数字化管理、数字化科研、数字化评价与数字化服务。[①] 从学习视角看，数字化教育体系由数字化的学习资源体系、智能化的学习过程体系、数字化的学习评价与服务体系构成。

为何学习型强国的建设需要建构互联网、人工智能环境下的数字化教育体系？首先，传统的实体空间学习难以满足学习型强国的时代需求。工业化时代的产物——传统实体空间场所学习，主要是通过教室、图书馆、博物馆、剧场、戏院等场所来提供学习资源。这固然能在一定程度

① 杨现民，余胜泉．智慧教育体系构架与关键支撑技术［J］．中国电化教育，2015（1）：77-84.

上满足人们的学习需求，但还远远不够。由于实体空间场所具有边界性和时空限制性，因而难以满足学习资源强国的需求。其次，数字化教育体系具有学习资源的数字化、共享化、机会均等化等特征，学习方式的无边界化、无时空限制化、智能化等特征，学习力的数字化、信息化等特征，学习文化的全民化、终身化、民主化等特征，能够为建设学习型强国提供丰富优质的学习资源，大力提升国民学习力，养成良好的学习文化生态。

如何构建互联网、人工智能环境下的数字化教育体系？首先，需要进行数字化教育供给侧改革。我们应充分挖掘和利用先进的信息技术，例如凭借我国5G网络的先进技术，构建一个全民可享用的数字化教育体系。其次，需要优化数字化学习过程，以提升国民数字化、信息化学习能力。“现代技术实现了物联物通，延展了学习空间，空间中的因子组合的多样性，使得学习生态实现了从原生态向新生态的转向。”① 新的学习生态催生新的学习能力。最后，需要健全与优化数字化教育的评价和服务体系建设。

五、构建一个促进和谐社会现代化的民办教育体系

社会主义现代化强国，不仅是政府善治强国，也是社会力量强国。这里的社会力量，泛指非政府的参与促进国家发展的积极力量，主要包括自然人、法人（社会组织、非政府组织、企业等）。社会力量是使一个国家充满活力的重要因素之一。社会主义现代化强国，是一个政府与社会携手共进的强国。社会力量在世界各国以不同形式存在，通过社

① 沈书生. 学习新生态：建构信息化学习力［J］. 苏州大学学报（教育科学版），2020（1）：1-8.

会力量促进国家发展既是发达国家的历史经验，也是中国社会主义现代化强国建设的重要议题。我国在社会主义现代化建设进程中，应充分吸引、利用社会力量，协同社会力量，促进各项事业的发展，这其中包括教育事业。民办教育是社会力量参与和发展教育事业的集中体现。经过将近四十年的发展，民办教育已经成为中国教育体系的一个重要组成部分，但需要基于中国民办教育的丰富实践构建一个健全成熟的民办教育体系。在构建一个促进社会发展的民办教育体系时，应注重以下几大体系建设。

首先，要构建完善的民办教育法规和政策体系，以支持与规范民办教育为主线，规范校外培训机构。近些年来，我国民办教育虽然取得了较大发展，但相对于公立教育仍然处于弱势地位，甚至被边缘化，因此更需要得到大力支持。只有在有力的政策支持环境下，民办教育才能迸发出更大的活力。如果说支持可以激发活力，那么规范则可以保持活力。因此，吸引民间资金进入教育领域，必须理清“支持什么”与“规范什么”两大根本问题。[①] 其次，要加强民办学校现代治理制度体系建设。加强非营利性和营利性民办学校作为法人的规章制度建设，加强民办教育制度创新建设，例如基金会办学是一种很好的民办教育制度创新，实现了从自然人与企业法人向基金会办学的转变，体现了非营利民办高校的制度创新。“国际经验表明，基金会不仅是非营利性私立高校的重要办学主体之一和主要资金来源，还越来越多地从战略规划、学科

---

① 周海涛，闫丽雯．支持和规范社会力量兴办教育的新作为［J］．教育与经济，2019（1）：3-6.

布局、大学自治、教师发展等方面为其提供专业服务。”① 再次，要建立基于分类管理的民办学校法人治理体系。分类管理是我国民办教育发展的一个重要特征。“对民办教育分类管理有利于我国民办教育管理体制改革和民办教育的发展。”②2017年初发布的《国务院关于鼓励社会力量兴办教育促进民办教育健康发展的若干意见》明确提出“实行非营利性和营利性分类管理”。“2017年9月1日《中华人民共和国民办教育促进法》生效，标志着我国正式步入民办教育分类管理的新时代。”③ 民办学校法人治理体系也需要基于非营利性和营利性这两类民办学校的不同特点，建构其法人治理结构，形成决策、执行、监督相互独立、相互制约的法人治理机制。最后，要建立民办学校风险防范体系，具体包括民办教育领域社会信用体系建设，资产、财务和会计制度设计，信息公开、举办者变更等机制。

六、构建一个促进党对教育工作全面领导的教育治理体系

社会主义现代化强国也是一个治理体系完善和治理能力现代化的强国，它有力地保障了社会主义现代化各项事业的运转。教育事业也是如此，教育治理强国有力地保障了教育体系的有效运转。为此，我们需要构建一个中国共产党全面领导的教育治理体系，以推进社会主义现代化治理强国建设。我们可以在以下几个方面进行构建。

首先，建设教育治理的专业人才体系，为教育治理强国奠定人才基

---

① 刘金娟，方建锋．我国基金会参与非营利性民办高校办学探索［J］．复旦教育论坛，2019（6）：41-47.

② 王善迈．民办教育分类管理探讨［J］．教育研究，2011（12）：32-36.

③ 周海涛，闫丽雯．支持和规范社会力量兴办教育的新作为［J］．教育与经济，2019（1）：3-6.

础。“教育治理是多元主体共同管理教育公共事务的过程。”① 现代化教育治理离不开治理主体的治理能力和素养。治理能力越强，往往治理效果越好。因此，需要在党的领导下全面提高相关治理主体的治理能力，使其达到科学化、专业化和人文化的治理水平。例如提升教育局局长的治理能力，实现教育局局长的专业化；提高教育财务人员的专业化、科学化水平。

其次，有针对性地构建一系列保障体系，以保障相关教育体系的有效运行。具体来说，要注重以下几个方面的保障体系建设。构建一个保障教育投入和产出有效的财务分析体系；构建一个保障教育质量的监测、评估、督导、诊断和干预的运转体系，建立学生学习成果评估体系，全面提升人才培养质量；构建一个保障高等教育内部运转的辅助人员体系，进行教育人事制度改革；构建一个保障职业技能质量的国家框架体系，为专业教育提供框架；构建一个保障儿童发展的生涯指导教育体系，突破以传统心理健康为主的体系，为儿童成长保驾护航；构建一个保障教育基础信息准确真实的公开数据体系，为管理、咨询和研究提供数据；构建一个保障教育体系运营的科研体系，建设教育科研课题的问题解决导向体系、数据库体系、管理循证化体系、智库体系；构建一个保障促进深度贫困地区教育发展的自主、陪伴和帮扶、内涵和外延、基础和提升相结合的后扶贫时代的教育脱贫体系，系统构建乡村产业、人才、文化、生态和组织振兴的教育新体系，促进完善民族地区教育质量和水平的保障体系，加大国家通用语言文字推广力度；构建一个高质量的教师教育体系，使其具备高质量的教师教育机构和教师教育者队

① 褚宏启．教育治理：以共治求善治［J］．教育研究，2014（10）：4-11．

伍；构建一个将现代科技、网络和人工智能应用于教育的辅助体系。

本套丛书是在国家高端智库中国教育与社会发展研究院的指导下，由高端智库主建单位北京师范大学中国教育政策研究院精心组织完成。这套丛书也是教育部哲学社会科学研究重大课题委托研究项目“中国共产党百年教育史研究”（20JZDW006）成果的一部分。今年是中国共产党成立一百周年，我们怀着无限的热情投入到这套丛书的研究和撰写工作中，以此向建党一百周年献礼。担任这套丛书编写工作的主要负责人有：李芒、张志勇、薛二勇、张伟远、周海涛、李琼、余胜泉、刘宝存、余雅风。他们都是中国教育政策研究院的团队首席专家或专家。在组织编写过程中，北京师范大学中国教育政策研究院薛二勇教授、教育部普通高校人文社会科学重点研究基地北京师范大学教师教育研究中心博士后刘丽莎付出了很大努力。本套丛书的编写工作得到了中国教育出版传媒集团、人民教育出版社的大力支持，在此一并表示感谢。

本套丛书主题宏大、体系庞大、价值重大，在研究和写作过程中我们克服了不少困难。由于我们的研究水平有限，难免存在不足之处，敬请读者批评指正。

朱旭东

2021年3月

本书前言

2019年2月，中共中央、国务院印发了《中国教育现代化2035》，提出将“构建服务全民的终身学习体系”部署为面向教育现代化十大战略任务之一，主要目标包括：构建更加开放畅通的人才成长通道，完善招生入学、弹性学习及继续教育制度，畅通转换渠道；建立全民终身学习的制度环境，建立国家资历框架，建立跨部门跨行业的工作机制和专业化支持体系；建立健全国家学分银行制度和学习成果认证制度；强化职业学校和高等学校的继续教育与社会培训服务功能，开展多类型多形式的职工继续教育；扩大社会教育资源供给，加快发展城乡社区老年教育，推动各类学习型组织建设。这是新时代推进终身教育现代化的纲领性文件，为终身教育现代化的发展和改革提供了方法论指导，为构建全民终身学习社会提出了清晰的策略发展规划。

本书从构建更加开放畅通的人才成长通道、建立全民终身学习的制度环境，以及完善终身学习服务平台三大主题，分析和探讨构建服务全民的终身学习体系，分为九章。

第一章以“构建更加开放畅通的人才成长通道”为主题，探讨在建设现代化教育强国、学习型社会与终身教育体系的时代背景下，我国学校系统内部如何深化体制机制改革，构建以人为本、更加开放畅通的人才成长通道。并从概念与背景、意义与重要性、改革建议举措等三个方面系统分析四个相对独立但又内在相关的内容：一是完善弹性学制与学分制，二是推行高中选修课与大学先修课，三是改革高等学校的转专业与转学机制，四是创新高等教育自学考试的学分认定与转换。

第二章以“拓宽学历教育渠道”为主题，明确学历继续教育在构建服务全民终身学习的现代教育体系中的定位，确立学历继续教育是我国构建终身教育体系、建设学习型社会的重要渠道和有力推手。具体内容包括五个方面：鼓励高等学校积极开展学历继续教育，完善灵活开放的学习制度，创新继续教育服务模式，鼓励开放大学与高水平大学合作，持续提升学历继续教育质量。重点论述服务全民个性化终身学习的学习制度创新和服务模式创新，围绕个体学习者个性化学习进行灵活的制度安排和定制化的教育服务，突出了“互联网+教育”的生态变革趋势。

第三章以“建立全民终身学习的制度环境”为主题，界定了终身教育资历框架、学习成果认证、学分银行的概念以及在推动我国终身教育体系和学习型社会建设中的重要作用。梳理了全球终身教育资历框架、学习成果认证、学分银行的发展现状、管理架构和运作模式，尤其分析了“一带一路”沿线国家的制度建设及经验。基于国际的视野和我国的需求，在资历框架方面，我们需要成立跨部门领导小组，推动国家资历框架建设；整合已有法律条文，建立资历框架保障体系；整合地方资历框架，建立国家资历框架参照标准；建立质量保证体系，保障各类学习成果互认的对等性；配合国家发展，同步发起研制“一带一路”资历互认框架。在学习成果认证和学分银行方面，我们需要推动学习成果认证标准和制度建设，健全国家学分银行，科学管理非正规和非正式学习成果的认证，保障非正规和非正式学习成果认证的可持续发展；在信息技术应用方面，我们要采用互联网、云计算、大数据、人工智能、区块链等技术，为学习者提供一站式、智能化和个性化全民终身学习服务。

第四章以“强化职业学校和高等学校的继续教育与社会培训”为主题，探讨强化职业学校和高等学校的服务功能，面向社会各类群体，提供多样化的教育与培训服务，帮助他们提升学历、知识和技能，从而更好地适应社会发展诉求以及融入社会。本章从面向企业开展职工继续教育，从转变教育观念、发挥学历继续教育功能、拓展非学历继续教育功能、注重思想教育融入、提供精准服务、打造师资队伍、深化校企合作以及多方筹措资金等方面提出了相关策略。同时，基于退役军人和武警官兵、进城务工人员、转岗人员、城镇化进程中的新市民、城乡待业人员、残疾人和农村实用人才等群体特质和学习需求差异，有针对性提出了相关的服务策略。

第五章以“扩大群众公共学习资源”为主题，探讨公共图书馆、农家书屋及其他资源场所在内的群众公共学习资源的内涵、相关政策、建设与发展、问题与建议。以政策研究为引领支持，梳理展现发展脉络。本章提出：扩大群众公共学习资源对于实现全社会教育公平与均衡发展具有重要价值；推进公共图书馆总分馆制建设向深层次、向广大农村发展，实现有效的区域共享；对接群众需求，完善保障机制，城乡一体融合，促进农家书屋可持续发展；结合新的服务形态，实现图书馆资源的全覆盖和服务的普遍均等；着眼顶层设计，大力推行校内外优质教育资源的共建共享，构建网络化、数字化、个性化、终身化的优质学习资源与环境，实现学校、社会、家庭以及线上线下教与学的无缝链接，打造终身学习生态环境。

第六章以“鼓励行业企业积极发展基于工作场所的学习”为主题，探讨工作场所学习是什么，未来发展趋势会怎么样，如何推动工作场所学习三个问题。基于这些问题，本章阐述了工作场所学习的学术范畴及在新时期大力发展工作场所学习的重大意义，预期工作场所学习的重要发展趋势，提出了发展工作场所学习的政策建议；探讨了工作场所学习面临的三个主要矛盾，在分析主要矛盾的基础上提出五个方面的政策建议；界定了企业大学这一在世界范围内兴起的新模式的特征、功能与价值；分析了网络信息技术对于工作场所学习带来的变革，以及网络学习普及化的优势与价值。

第七章以"扩大社区教育资源供给"为主题，探讨了社区教育有效供给的新途径和新方法，以满足广大市民日益增长的学习需求，从而形成社区教育进一步发展的新动能；分析了建立健全社区教育办学网络的现状和问题，强调要解决办学网络不平衡问题、政策性难题、专业化水平、多样化服务等问题；重点阐述了培育社区教育多元办学主体的重要性和紧迫性，提出了建立运行机制、探索服务模式、加强制度规范等相关措施；为统筹共享社区综合服务资源，倡导在社区教育与社区服务之间构建一体化载体、形成整体化格局、促进协调化发展；为完善社区教育支持服务保障，强调形成形式多样的经费投入机制，扩大社区教育资源和学习场所，促进社区教育与社区治理融合，提供通用语言文字的普及服务。

第八章以"大力发展城乡社区老年教育"为主题，探讨了推进新时期老年教育的转型方向与路径。发展老年教育是各国应对当前严峻的老龄化现状的有效措施。从《国家中长期教育改革和发展规划纲要（2010—2020年）》提出"重视老年教育"，《中华人民共和国国民经济和社会发展第十三个五年规划纲要》提出"发展老年教育"，到《中国教育现代化2035》提出的"加快发展城乡社区老年教育"以及《国务院办公厅关于推进养老服务发展的意见》中的“大力发展老年教育。优先发展社区老年教育，建立健全‘县（市、区）—乡镇（街道）—村（居委会）’三级社区老年教育办学网络，方便老年人就近学习”，我们可以清晰地看到国家对于发展老年教育在重视程度上的递进和战略布局上的转移。加快发展城乡社区老年教育，让老年教育从过去相对封闭的单一系统扩散到广袤的城乡基层社区，必然涉及对老年教育的体制机制创新和融合发展有效途径的探索。如何由过去完全依靠政府举办发展到社会多元共治多方参与，鼓励和吸引更多社会力量参与老年教育，成为本章的重点。本章不仅具有国际比较研究的视野，同时注重呈现全国各地近年来在落实《老年教育发展规划（2016—2020年）》过程中的最新案例、经验与数据，不仅站在政府推进的立足点，还尝试从社会化和产业化的角度观察与分析老年教育的发展前景，希望能为全国老年教育与社区教育工作者带来一定启发。

第九章以“推动各类学习型组织建设”为主题，探讨如何开展学习型城市建设和如何广泛开展各类学习型组织建设。在对学习型城市、学习型组织的概念内涵、实践历程、建设现状进行讨论的基础上，提出了未来建设的政策建议。对学习型城市建设提出了五条建议：坚持以学习大国思想为指导，将学习型城市建设作为中国城市化的重要发展模式，不断完善学习型城市建设的法规制度体系，进一步明确和完善跨部门领导体制，适应互联网时代与第四次工业革命的深入发展。对学习型组织建设提出了四条建议：以学习型党组织、学习型机关建设为引领，持续提高各类学习型组织的覆盖率；探索松散性组织中的学习共同体建设；以组织学习网络建设为重点，持续提升各类组织的学习能力；以学习空间建设为抓手，持续扩展组织终身学习服务的范围。

本书的内容框架设计和统稿由北京师范大学张伟远完成，第一章由教育部考试中心王海东撰写，第二章由北京教育科学研究院林世员撰写，第三章由北京师范大学张伟远和重庆广播电视大学谢青松共同撰写，第四章由江西科技师范大学欧阳忠明撰写，第五章由北京师范大学陈青撰写，第六章由北京大学吴峰撰写，第七章由上海开放大学宋亦芳撰写，第八章由成都开放大学（成都社区大学）刁元园撰写，第九章由北京师范大学谢浩撰写。

张伟远

2021年6月

本书为国家自然科学基金重点课题

"'互联网+'时代的教育改革与创新管理研究"（编号：71834002）之成果

目　录

第一章　构建更加开放畅通的人才成长通道

近年来，我国经济社会快速发展，产业升级和社会转型加剧，信息科技更新换代，教育改革不断深化，人们对于提升教育质量、公平性和流动性都提出了更高要求，学习需求日趋呈现多样化、个性化趋势。2018年，我国高中阶段教育毛入学率达到89%，高等教育毛入学率为48.1%，即将跨入高等教育普及化阶段门槛。如何提升各级各类教育的质量和公平性、个性化，更加以人为本、以学生的学习为本，是这一阶段教育改革的重点。自党的十六大以来，我国政府适应新形势需求，将构建终身学习立交桥、建设学习型社会纳入国家教育改革宏观规划，出台了一系列政策文件。

2010年7月，《国家中长期教育改革和发展规划纲要（2010—2020年）》（以下简称《纲要》）发布，将2020年基本实现教育现代化、基本形成学习型社会、进入人力资源强国行列作为三大战略目标。2019年2月，《中国教育现代化2035》发布，提出“构建服务全民的终身学习体系”，作为面向教育现代化的十大战略任务之一。从国际形势看，联合国教科文组织（UNESCO）在2015年11月举行的第38次教科文组织大会上发布了《教育2030行动框架》。这份纲领性文件中将教育的新使命扩大至全纳、公平和全民终身学习，给每一个人以平等的学习机会。①

---

① 国家教育发展研究中心专题组. 迈向全纳、公平、有质量的教育和全民终身学习——《教育2030行动框架》之前言、愿景、理念与原则［J］. 世界教育信息，2016（1）：7-11.

构建终身教育体系和人才培养立交桥，是指按照以人为本的理念，使教育体系和制度更好地适合社会对于人才多样化的要求和学习者自身多样化的学习需求，调整与铺设通道，搭建平台，将学习成才之路铺设到每个学习者的脚下，使每个人都能得到适性的发展。①人才培养立交桥建设主要是为了解决我国长期以来学校教育与社会用人需求脱节、各类教育形式自成体系互不沟通、工作岗位和生活中学到的知识和技能得不到认可、个人成长成才通道单一狭窄且风险大等问题。从独木桥走向立交桥，重点要打破现行的一些制度性障碍，包括学校教学和管理制度改革、高校对社会人员的机会和资源开放、校内教育与校外教育有机衔接、普通教育与职业教育的转换通道、教育培训模式与用人市场关系重构等，建设和形成一个更加以人为本、开放灵活、支持终身学习的新型教育制度体系。

要构建更为开放畅通的人才成长通道，建设终身学习立交桥，至少需要从两个层面推进改革创新：其一，改革学校教育制度和管理体制，增加制度的弹性和灵活性，拓展人才成长和流动、转换的通道；其二，探索建立新制度形式，如建设国家资历框架、学分银行、个人学习账号、非正规与非正式学习成果认证等制度。本章重点围绕第一层面内容，主要探讨教育系统内部及各类型、阶段之间的改革，解读《中国教育现代化2035》中“构建更加开放畅通的人才成长通道，完善招生入学、弹性学习及继续教育制度，畅通转换渠道”。本章从完善高等学校和中高职学校的弹性学制与学分制、推进高中选修课与大学先修课、改革高等学校的转专业与转学机制，以及创新高等教育自学考试的学分认

---

① 郝克明．跨进学习社会的重要支柱——中国继续教育的发展［M］．北京：高等教育出版社，2011：16-18.

定与转换等四个要点着手，进行分析讨论。

第一节　完善弹性学制与学分制

一、概念界定

我国大多数高等学校目前实行的是固定年限的学年学分制，与国外大学的弹性学制和完全学分制有很大区别。弹性学制，是指学生在校学习的时限具有相对的灵活性，学习年限不局限于固定的3年或4年，而是有一定的弹性，学生若率先修满学分则可以提前毕业，如学分未修满也可以推迟一段时间毕业。而学分制是一种以选课制为基础，以学分为单位计算学生的学习量，以平均绩点制来评价学生的课程学习成绩，学生达到学历学位的最低学分要求即可以毕业的教学管理制度。①

学年学分制又称为计划学分制，是一种既规定修业年限又实行学分制的教学管理制度。学年学分制不但规定了学生毕业所需取得的最低总学分，还规定了学生每学年所修习学分数的上限和下限，只有修习满学年最低学分数的学生才能进入下一年的学习。学生以行政班级为教学单位进行学习，一般不允许跨年级学习，明确规定了修业年限，一般不能提前毕业，学习弹性不大，因而学年学分制属于传统的学年制和完全学分制的一种折中形式，其本质上仍属于学年制。学年学分制具有很强的计划形式，在编制和执行教学计划时按照学时计算学分，将课程分为必修课、选修课和实践课等，最后再通过转换折算成最终学分，在教学计

① 徐中兵，徐金花. 对完全学分制下高校教学管理的思考［J］. 河北师范大学学报（教育科学版），2009（2）：90-93.

划中规定学生修满最低总学分才能毕业。

学分制最早发源于18世纪末的德国，是随着大学选课制的出现和发展而逐步发展起来的。19世纪学分制进入美国高校之后，逐步得到大学的认可。现代意义上的学分制，产生于1872年的哈佛大学，并在美国推广和完善。1918年，教育家蔡元培在北京大学实行选科制，是我国教育史上正式推行学分制的标志。新中国成立后，我国高等院校全面移植苏联的学年制模式，代替了学分制。直到1978年，邓小平同志主持工作，恢复了高考制度，学分制才再次出现在高校中。① 目前，全国大多数高校处于学年制向学分制的过渡时期。复旦大学等高校的完全学分制改革的迹象表明，我国高校教学管理制度改革又进入了一个由学年学分制向完全学分制转轨、探索弹性学制的新时期。

有关弹性学制及学分制改革的政策要求，可以追溯到1999年下发的《中共中央关于深化教育改革全面推进素质教育的决定》。这份文件明确提出："高等学校和中等职业学校要创造条件实行弹性的学习制度，放宽招生和入学的年龄限制，允许分阶段完成学业。"2010年《纲要》对高等教育学分制提出了更加清晰、明确的要求："深化教学改革。推进和完善学分制，实行弹性学制，促进文理交融。""注重因材施教。关注学生不同特点和个性差异，发展每一个学生的优势潜能。推进分层教学、走班制、学分制、导师制等教学管理制度改革。"在近期中共中央、国务院发布的《中国教育现代化2035》中，提出了推进弹性学制和灵活开放成才通道改革的更高要求。这一系列的政策文件，为我国高校推行与深化弹性学制、学分制改革提供了政策上的保障。

---

① 江天肃，张洪波，杨军，等. 关于完全学分制的思考［J］. 现代教育科学，2009（11）：6–8.

二、弹性学制与学分制的重大意义

在传统模式下，高校的教育教学管理以学年学分制、院系分科和班级制为主要特征，个体的自主性和选择性不大，学习较为被动。而弹性学制和完全学分制承认学生的个体差异，尊重和促进学生的个性发展，这种制度更符合人的全面发展教育规律，符合未来教育对人才培养的要求。它的实施与完善，将在我国高等教育大众化走向普及化的进程中发挥重大作用。具体来说，实施这种制度具有如下四个方面的重要意义：

第一，有利于培养多样化、复合型人才。传统学制以教学管理为中心，学生培养类似于“批量化”生产。而完全学分制打破了专业上条块分割的传统，学生可以根据社会需求、个人需要、就业需要来自主选择课程，文理渗透、大量选修，构建自身的知识体系，组成最优化的知识结构，向多样化、复合型人才发展。

第二，有利于因材施教，发展学生的个性与特长。完全学分制之下，学生可以根据自己的基础、兴趣、爱好和特性等个人特点，在教师指导下灵活自主地选择课程，可以跨专业、跨学科、跨年级甚至跨院校选修课程，以求最佳的学习效果，满足自己的学习需求。它可以充分调动学生的学习积极性，有利于优秀学生的脱颖而出。

第三，有利于高等学校引入竞争机制，提高教育教学质量。选课制在高校教师和学生中会带来新的竞争机制，给广大教师带来很大的挑战。一方面，它要求教师多开课、开新课，督促教师不断更新教学内容、改进教学方法、提升自身的科研学术水平来适应时代的发展和知识的更新，否则就会陷入选课学生少甚至无课可上的境地；另一方面，学生也始终处于一种竞争的环境中，学生要想顺利毕业或提前毕业就必须自觉努力学习，并不断调整计划。

第四，有利于解决工学矛盾及加强与生产实践的联系。我国当前的高教改革中鼓励学生创新创业，强调“产学研”结合，学生需要深入社会、科研机构和企业开展调查和科学研究，有的还要中途休学创业，开办公司，这些都需要以弹性学制和学分制作为基础保障。让学生走出校园、走向社会，就要有一套管理制度来支撑，支持他们的暂时离开，而没有后顾之忧。对于贫困学生群体来说，他们可以在学习过程中申请暂时中断学业或暂时少修课程、延期毕业，利用这段时间外出打工，通过自己的劳动获得报酬支付学费。

因此，在我国高等学校进一步推进弹性学制与完全学分制改革，可以更好地实现我国教育现代化和培养多样化人才的目标。它在我国高校管理制度改革中具有基础性地位和作用，决定着其他一系列的教育教学改革，因而十分重要。

三、推进弹性学制与学分制改革的建议

推行弹性学制与完全学分制是一项系统工程，是涉及教育教学改革全局的重大举措。在我国当前的条件和形势下，推行这一改革需要结合国情、校情特点和本地条件，有计划、有步骤地推动和持续努力，而不能一蹴而就。具体提出以下六个方面的建议举措。

（一）转变教育观念，完善制度体系

高校的教育观念要尽早从传统教育强调全体的一致性而否认个体的差异性转变过来，要树立“以人为本”“终身学习”的教育理念，尊重学生的个性发展，为学生提供更好的学习环境和条件。政府和教育主管部门要做好面向学校、企事业单位、人才市场的宣传和引导工作。各有关部门要协调配合，支持高校逐步建立起完全学分制的教学管理工作

体系。

（二）制订科学的指导性教学计划，优化课程结构

学校要制订科学的指导性教学计划，使之具备人才培养的多样性、课程开设的丰富性、教学进度的灵活性、学科专业的交融性、学生个体的可选择性等特点。本着减少必修课、增加选修课的原则，不断提高选修课程的比例。实施分层次、模块化的教学，打破年级和班级的选课界限，根据学生的不同需求和不同能力水平来设置课程，满足各类学生的学习需求。

（三）加强师资队伍建设，丰富课程资源，加强选课指导

鼓励教师不断提升自身的知识水平和能力水平，鼓励教师多开课、开好课，提高选修课的层次和质量，提供数量充足、结构合理、风格多样、内容丰富的选修课程群，满足广大学生的需求。完善导师制，遴选耐心和政治思想素质好、学术水平高的教师担任学生的导师，为学生自主选课提供咨询、建议和指导。

（四）完善教学质量评价体系

要制定与弹性学制、学分制相配套的教学质量评价体系，如建立学生的课堂测评、学生信息员、教学督导、同行评价“四位一体”的质量监控体系；要成立课程管理委员会，开展课程评估；改革学生成绩评价办法，探索新型课程考试；改革学生成绩评价体系。

（五）改革教学管理制度

在学年制之下，学生人数、学习时间、教学安排都是固定的、统一的，教学管理的难度较小。弹性学制的灵活性对于教学管理提出了更高的要求，必须改革原有的教学管理制度：一是要改革学籍管理办法，允许学生提前毕业、中途休学和延长修业年限，并明确规定申请的程序和

要求；二是实施完全学分制要打破班级限制，扩大学生的自主选课范围，考试不合格的还要允许重修课程；三是要根据选修课承担的学生人数，灵活地安排教师授课和教室；四是加强服务职能，能够灵活机动地为学生办理停学、转学和离校手续等。

（六）充分运用现代信息化手段加强管理

实施学分制，将大大增加管理的复杂程度和难度。要提高工作效率，改善服务质量，离不开现代信息化技术手段的应用。首先，要建立一套基于互联网的选课系统，将每学期即将开设的课程都放在网络平台上，指导学生每学期开始前都可以通过网络选择自己喜欢的课程；其次，要尽可能地将学生培养方案、管理制度、课表和学习成绩等发布在网上，使学生能够方便、及时地了解相关政策和教学动态信息；最后，学生还可以通过网络提交各种申请表格，而不必每次都去院系当面申报和查询，方便学生的选课及调整。

总之，实行弹性学制与学分制是世界发达国家中学后教育阶段的通行做法，是世界高等教育的发展趋势。我国高等教育及中高职业院校应顺应国际潮流，逐步推行推广弹性学制，实施完全学分制，并在实践探索中逐步建立适合中国国情、有中国特色的学制体系。不过，在推进改革的过程中，也必须清醒地认识到，弹性学制是一项复杂的系统工程，而不仅仅是某一个方面或局部教学管理制度的改革，它必将从整体上动摇多年建立在学年制基础上的教学管理观念和制度体系，对学校管理者、教师乃至学生都提出了新的挑战。要使弹性学制与学分制名副其实、行之有效，必须从根本上改变传统高等教育管理观念，并逐步构建起与之相适应的制度体系。

第二节　推行高中选修课与大学先修课

一、高中选修课与大学先修课的概念界定

高中阶段开设选修课的设想，在我国最早可以追溯到1991年国家教委制定的《关于在普通高中开设选修课的意见》。这份政府文件就普通高中选修课的内容和形式做了较为详尽的说明，但由于种种原因，在基础教育领域开设选修课时行时废，至今也未全面确立和展开。① 新一轮基础教育课程改革将课程教材改革作为核心，2003年教育部颁布的《普通高中课程方案（实验）》要求：普通高中的“课程由必修和选修两部分构成，并通过学分描述学生的课程修习状况”。开设选修课可以说是这一轮新课程改革的一个亮点，也是一大难点。经过10多年的探索和实践，在高中开设选修课的观念已经得到了广泛认同，但在理论和实操层面仍有不少亟待解决的问题。

大学先修课可以看成是面向高中生的一类特殊的选修课。不同的是它是由高中和大学共同来建设的，内容相当于高校入门阶段的公共基础课，主要面向高中阶段一部分学有余力的优秀学生，而且它的考试评价来自校外机构，不像一般选修课那样定位为校内课程。更多情况下，它被看成是衔接高中和大学的一类选学性课程。

大学先修课的理念和做法来自美国。美国大学理事会管理的大学先修课程（Advanced Placement Courses，AP课程）已有60多年的历史，它是供11、12年级优秀学生先修的大学水平的基础课程，是美国高中

---

① 潘洪建，曹汉斌. 关于高中选修课几个问题的探讨［J］. 课程·教材·教法，2005（7）：3-9.

和大学的衔接课程。美国高中AP课程共包含6大类37门科目，已在美国15 000多所高中普遍开设，成绩被绝大多数美国高校在招生录取时作为参考，并且认可为大学一年级的课程学分。多数高中生参加1—2门的AP课程学习并参加大学理事会定期组织的统一考试。每个科目的成绩评定划分为5个等级，考试得到3级以上即为通过。2007年，美国AP课程考试进入中国，率先在北京二十一世纪实验学校设立考点。2013年，北京大学宣布与全国部分高中合作试点开设了5门“中国大学先修课程”，这标志着我国本土化的大学先修课的起步。随后，中国教育学会、清华大学等分别联合带动一批高校和中学加入大学先修课探索，包括提供网络在线课程等新方式。①

二、高中选修课与大学先修课的重大意义

在高中阶段开设文化类、职业类的选修课，引入大学先修课，不是作为必修课的陪衬或附庸，它们是现代学校课程制度的重要内容和支柱。选修课是一个独特的课程类型，有着不可替代的重要作用。而大学先修课可以实现高中教学与大学知识体系更好地衔接。新一轮课程改革的目标，就是要彻底打破过去那种中学课程结构封闭、僵化、萎缩的状态，重构高中课程结构，使必修课与选修课优势互补、动态平衡，充分释放各种课程的潜在功能，发挥每一个学生的聪明才智，为现代社会输送各级各类的高素质人才。具体说来，在高中阶段开设和推行选修课、大学先修课，具有如下五个方面的重要意义。

① 王振存，林宁. 美国大学先修课程的理念、优势、局限及启示［J］. 课程·教材·教法，2016（9）：114-120.

（一）拓展学生的知识和技能

必修课关注学生基本科学文化素质，注重知识和技能的基础性、全面性、系统性、完整性。而随着科学的不断交叉融合、知识的不断分化，选修课可以弥补必修课的不足，从内容上拓展学生知识视野，发展学生的技能、特长，拓展学校课程的种类和范围，强化学校课程与知识世界的动态联系。

（二）发展学生的兴趣和特长，培养学生的个性

心理学研究表明，随着年龄的增长，个体之间的身心差异如兴趣爱好、性格特长越来越明显。在初中阶段开始分化，到了高中更加明显。学校教育在培养学生全面发展的同时，要考虑到学生的个体差异，赋予学生选择性发展的权利，引导和促进个性化发展。因此，高中教育必须要改变必修课一统天下的僵化格局，在不加重学生负担的前提下，开设丰富多样、富于弹性的选修课，拓宽学生的知识视野，促进其潜在能力和个性特长的充分发展。

（三）促进教师的专业成长

高中选修课和大学先修课的开设，改变了以前教师作为固定课程实施者的角色，对教师提出了新的要求、新的挑战。同时也为教师的专业发展、工作品质和教学质量的提升提供了更多的机遇。它改变了中学教师的传统角色和固定不变的职能分工，要求教师更新课程意识、教学观念，掌握课程开发所必备的知识、技术和能力，吸收当代知识研究的新成果。在这个过程中，教师可以最大程度地发挥专业自主性和创造潜能，发挥自己的优势和特长，获得专业的自主成长和持续发展。

（四）促进学校形成特色与多样化办学模式

高中必修课大多是按照国家规定设立的固定课程，其数量、内容和

范围有限，只有选修课才有可能在科目设置上带来更大的灵活性，在科目的组合和内容的拓展上有很大的自由度。学校根据本校和所在地社区条件、资源、师资状况开设的选修课，有助于高中课程模块的多样化，而课程模式的多样化最终又形成了各自的办学特色。因此，开设多种多样的选修课，是形成学校特色和办学模式多样化的重要途径。

（五）打破学段隔阂，衔接高中和大学学习

在高中阶段设立大学先修课程，一方面，有助于学有余力的优秀学生加速成长和脱颖而出；另一方面，它是连接高中和高校的桥梁，使得两个阶段的教学和学习内容更好地衔接融合，有助于从学生能力和兴趣培养的长远角度来规划学习。从美国的经验来看，大学承认它代表了中等教育的最高质量标准，招生时把AP课程成绩作为最重要的评价指标，4分以上的考试成绩可以在大学本科课程里获得免修相应课程的机会。

三、对高中选修课与大学先修课的改革建议

在高中设立选修课和大学先修课，实施中遇到了一系列的困难。理论设想虽美好，但很难深入推进并取得圆满效果。潘洪建等人在对江苏、山东、广东、宁夏四省、自治区高中生的调查研究中发现，在当前“应试教育”愈演愈烈的形势下，选修课空间十分有限。诸如教材欠成熟、师资培训不足、评价模式单一、选修课管理失范、学分认定较轻率等情况，反映了试点中尚存在着不少问题。① 韩淑靖等人的研究也发现，高中选修课遇到的困难主要包括：思想认识不足，理念改革不到位；学校资源不足，支撑不够；配套制度建设不完善；评价制度单一化，高考

① 潘洪建，李志厚，周福盛. 高中选修课实施现状与对策的研究［J］. 课程·教材·教法，2008（3）：3-8.

指挥棒发挥着决定性作用等。[①]徐东波在研究中提出，面对高考指挥棒的统一指导，中国的大学先修课似乎难以大面积推广，而且更容易出现一系列问题和更多矛盾。[②]如何进一步推进我国高中选修课和大学先修课改革，我们提出如下四点政策建议。

（一）优化选修课模式，加强课程教材建设

本轮高中新课改在吸收国内外先进经验的基础上，设计了国家规定选修和学校自主选修两个层次的模块，初步构建了一个多层次、多类型的选修模式。在实践中如何操作，尚有许多问题亟待研究。特别是在加强学科之间联系的同时，如何既实现课程的内容整合，又避免知识的零散和碎片化，是一个需要深入研究和不断实践的问题。而且，选修课的模式设计要充分考虑国家统一高考和学习水平测试的现实，最好能够结合起来，纳入统筹考虑。同时，由于选修模块数量多、类型多、层次多，选修课程的教材编写也需要进行整体设计。如一个模块一本教材，势必会加重学生负担，难以达到鼓励学生多选多学的目的。

（二）加强对任课教师的系统培训

教师是选修课实施的主体和生力军，没有广大教师的积极参与和创新，选修课的实施就难以有效展开和运行。模块化选修课对教师素质提出了新的挑战。除了学科知识，选修课的开发要求教师具有现代课程意识、较强的课程开发知识和技能，还要求教师转变传统的思维方式、工作方式，主动、积极地参与选修课程的开发、实施和评价工作。因此，

---

① 韩淑靖，殷乐，古丽逊汗，等．论普通高中选修课的设置与实施——基于西安市三所高中的调查研究［J］．新西部（理论版），2013（6）：41–42.

② 徐东波．理想与现实的落差：论美国的“AP”与中国的“大学先修课程”［J］．考试研究，2017（1）：104–110.

加强对任课教师的业务培训和支撑，开展多种形式的培训活动，注重教师素质的提升，是关键性环节。

（三）建立选修课的评价体系，加强对学分认定的指导

选修课评价的主体是学校，学校应根据学生平时表现、成长记录、期中考试或期末考试来对学生的学业成绩、学分进行评定。建立科学、公正的选修课评价体系，非常重要。只有建立一个与高考、学业水平测试相对分离的选修课评价体系，才能摆脱高考和学业水平测试科目、范围对选修课的束缚，让选修与高考脱轨，引导选修课健康发展，释放选修课的潜在功能。教育主管部门应加强对学校选修课程学分的认定指导、督促和检查，建立问责制度，对那些严重违反规定、学分授予极不严肃的学校和个人，及时给予惩处。

（四）切实改善办学条件，为选修课实施提供物质保障

选修课的运行首先需要一定的制度保障，没有健全的选修制度，选修课工作就难以顺利有效进行。除了国家层面的要求之外，学校要建立一套完善的校内选修课制度，包括授课制度、指导制度、修习制度、考核制度等，以规范学生选课活动，提高选修课的授课质量。选修课的实施还需要一定的物力、人力和财力，没有必要的物质条件和财政支持，选修课就难以开展和持久。一些特殊模块如技术选修、化学物理和艺术选修课、体育选修课需要一定的设备、仪器、材料和场地，缺乏这些因素，选修课难以实施。学校要充分利用现有资源，因地制宜，积极开发新的课程资源。社会各界、企事业单位、社区街道等也应支持学校的课程改革，提供必要的支持。

第三节　改革高等学校的转专业与转学机制

一、概念界定

2015年湖南大学17名学生违规转学事件，在社会上引起广泛关注和热议，使得高校转学机制问题浮出水面。多年来，我国高校学生管理模式，一旦学生高考后录取进入某大学某专业学习，就很难再有其他流动性的选择。校内调换专业，要面对诸多条件限制，如时间、名额、成绩排名等；转学到另外一所学校更是难上加难。优秀学生入学之后发现难以适应，退学回炉高考再重新选择，这样的新闻每每见诸报端，令人慨叹。2002年复旦大学首次在我国高校中实施转专业政策。当年，共有244名大学本科生转专业成功。此后，其他高校纷纷开始制定并实施转专业政策。① 近年来，适应新的社会形势需求和学生学习需要，拓展和规范大学中的转专业与转学机制，成为教育体制机制改革的一项新探索。

转专业与转学机制都是高校管理制度人性化的体现。转专业是学校根据学生个人自愿申请，经过学校的相关规定和考核程序，学生从A专业转到B专业学习的一种活动。转学是指学生就读期间因种种原因无法完成在A校的学业，通过考核达到B校的专业门槛和学术标准后，转入B校学习。我国高校学生申请转学主要出于两种原因：一是学业成绩不达标，无法继续在本校正常毕业，只能选择退学或转入低一层次学校就读；二是因心理或身体原因，如不能继续完成在军队院校或体育技能类院校的学习，而转入普通高校。转专业是在一个学校内部发生的，属于

① 周雷．高校转专业政策的改革与前瞻探究［J］．吉林工程技术师范学院学报，2014（4）：1-4.

学校内部的管理制度；而转学机制则涉及两个学校之间的协调合作，其难度更大，程序更为复杂。两者的相同之处在于，都属于学校建立的适合学生个性化需求的学习流动机制。

2005年，教育部公布并施行了《普通高等学校学生管理规定》（以下简称《规定》），其中第十八条规定："学生可以按学校的规定申请转专业。学生转专业由所在学校批准。学校根据社会对人才需求情况的发展变化，经学生同意，必要时可以适当调整学生所学专业。"2017年出台的新一版《规定》更加放宽了限制："学生在学习期间对其他专业有兴趣和专长的，可以申请转专业；以特殊招生形式录取的学生，国家有相关规定或者录取前与学校有明确约定的，不得转专业。"《规定》还要求："学校应当制定学生转专业的具体办法，建立公平、公正的标准和程序，健全公示制度。"

国内各高校中有关转专业的规定和要求，也有很大差别。例如，《中国人民大学本科学生转专业实施办法》规定，在校全日制学习的本科一、二年级学生具有转专业的资格，接收转专业学生的学院或系的接收比例一般不得超过该专业本年级学生总数的10%。中国科学技术大学规定，本科生在校期间有3次自主选择专业的机会。中国农业大学在2011年率先在全国实行无门槛转专业政策，即学校不规定转专业报名的基本门槛，学生只要有转专业的兴趣和愿望就可以提出申请。

二、转学和转专业的重要意义

（一）建立高校之间转学机制的意义

我国高校出于管理上的原因，对于学生的转学活动总体上是限制的。2005年，教育部颁布的《规定》第十九条规定："学生一般应当在被录取学校完成学业。如患病或者确有特殊困难，无法继续在本校学习的，可以申请转学。”2017年版的《规定》略做调整和补充，规定了六种情况不得转学。叶阳永对新中国成立以来我国普通高校学生转学政策的梳理分析发现，1952年确立的转学原则虽然在半个多世纪中几经调整，但变化的幅度不大。① 当前，我国经济社会和教育事业已经发生了翻天覆地的变化：不再实行计划经济体制，政府通过计划调控人才分配已经无法实现；毕业生统一分配制度已经不复存在，学生毕业自己求职找工作成为常态；我国高等教育的资源已经不再缺乏，学生上学自己缴纳学费；高等教育目标除了服务于国家建设和社会发展之外，更需要考虑满足个体受教育的兴趣和需求。以上这些变化，都值得人们认真反思当年的“一般不准转学”原则的恰当性和适用性问题。

建立合理的转学机制，在当前形势下会产生如下的教育和社会效益：首先，为高校日益增加的退学者群体提供一条出路和机会，为每年因为考试成绩不及格而退学的十几万名学生提供继续学习的机会，使他们最终能够拿到与其能力和付出相适应的文凭。学者喻国良提出，我国高校应该为成绩不达标者设置转学通道，让高级别大学的学生能够转学到低一级的大学，使其大学学习能够延续。② 其次，转学机制增加了国家培养人才的数量和成功率，避免因学生退学而造成教育资源损失，避免因退学导致学生自杀、家庭矛盾等。最后，提高总体教育水平，确保教育质量。由于不及格而退学可能带给学生难以承受的后果，教师在监考、评阅卷、论文答辩时会心慈手软、网开一面。而转学制度的建立

① 叶阳永．1949年以来我国普通高等学校学生转学政策分析［J］．中国人民大学教育学刊，2017（1）：5-17．

② 喻国良．我国大学转学机制的探讨［J］．教育教学论坛，2013（31）：144-145．

会减轻教师的压力，使他们在学习评价中更加坚持严格公正、实事求是的原则。

（二）转专业的意义

我国高校转专业现象，与现行招生制度密切相关。学校在高考录取中倾向于总分更高的学生，而学生按学校优先的原则，普遍会选择更知名的高校，在专业选择上往往考虑不周。在这种背景下，允许学生进入大学后调整专业就更加重要和必要。转专业机制可以更好地完成学生和专业的匹配，有助于学生把宝贵的时间和精力用在更加适合自己兴趣的专业学习上去。

黄伟达所做的一项针对本科一年级学生专业意向的调查显示：在被调查的约400名学生当中，只有30.9%的学生是被第一专业录取的，而非第一志愿录取的占69.1%，其中非志愿录取的占42.2%；对所报专业完全了解的仅占2.5%，一点儿都不了解的竟占34.9%；经过一个学期的学习后，只有4%的学生对目前所学专业具有较浓厚的兴趣，而61.2%的学生对本专业的学习兴趣一般，甚至还有26.6%的受访学生出现了厌学情绪。[①] 由此可见，志愿专业与录取专业不一、对填报的志愿不了解和对所学专业的满意程度较低，是导致学生调换专业的主因。究其根本，是志愿填报的盲目性和非自主性使然。

三、深化改革的几点建议

（一）建立制度化、规范化的转专业和转学机制

我国高等教育已经接近于普及化阶段门槛，以人为本、弹性开放的

---

① 黄伟达. 我国高校本科生转专业动因调查研究［J］. 高教发展与评估研究，2005（2）：58-60.

教育模式是高校改革的方向和目标。如同首节中讨论到的弹性学制和学分制一样，在高校建立制度化、规范化的转学、转专业模式，既是我国教育改革的必然要求，也是发达国家高校的普遍做法。例如，美国大学的转专业要求十分宽松，不另设考核环节，对学生的学习成绩、专业排名并没有要求，提交转专业申请表即可。我国高校目前对转专业设置了层层关卡，将成绩作为一种更为隐形的枷锁来限制学生转专业。高校应有计划地逐步放开学生转专业和转学的限制，对保送生、艺术生一视同仁，不再对学生的学习成绩做硬性考核，而应该更加注重考察学生对新转入专业的兴趣及发展潜力；在学校管理制度上要简化转专业、转学的流程，逐步增加转专业的灵活性和自由度。

美国社区学院和四年制大学之间的转学通道和课程学分认证机制，为解决高等教育中的规模、效率和流动性问题提供了方案和案例，也取得了良好的效果。特别是加州高等教育系统的改革，为完善高校之间的转学通道、支持学生的向上学习流动做了大量探索和创新性工作。归纳一下，大概有四个方面的经验和做法对我国高等教育改革有所启示：第一，通过州级的统一立法为高校转学教育改革提供政策保障；第二，高校之间的转学合作协议是课程学分认证的必备条件；第三，标准化课程是学分互认的操作基础；第四，做好各类支持服务，包括建立信息化管理服务平台。①

（二）放宽人才培养口径，逐步建立大类招生制度

要改革高校的人才培养模式，放宽人才培养的口径。大类招生制度，就是高校本科招生中按照学科大类或者文理科大类，不分具体专业

---

① 王海东，刘安．美国高校之间的转学机制与学分认证研究［J］．河北师范大学学报（教育科学版），2015（1）：121-125.

进行招生。进校后，低年级新生进行通识课程学习，高年级学生按照自己的意愿具体选择专业。这种招生办法是世界一流大学都在实行的，我国北京大学的元培学院和复旦大学的复旦学院也实施类似的培养方案。同时，要完善其他专业选择方式，通过设置与提高辅修和双学位的比重，弥补转专业政策的不足，为学生提供额外的选择，也为社会培养越来越多的复合型、创新性人才。

（三）推动高校之间的课程学分互认，支持学生学习其他专业及校外课程

高校之间的课程学分互认，有利于学生跨校选学特色课程乃至学生转学流动。特别是那些同一区域内的联盟高校或者同一类型的系统高校，前者如北京学院路高校共同体、广州大学城高校联盟等，为方便联盟内各成员高校的学生跨校选学课程提供了很多便利。例如，北京学院路高校共同体融合了19所院校300名优秀教师的资源，共同开设课程350多门，包含11大学科门类的跨校选修课程体系。有的高校联盟还设立学分银行，以便于高校之间的学分存储和互认。如中国传媒大学学分银行，共有9家成员单位，面向学校的继续教育学生群体开设了百余门课程。此外，对于国内外非常流行的大规模在线开放课程（也称慕课。原文为massive open online courses，简称MOOC），学生通过互联网来学习别的院校或机构的优秀课程，高校应该制订相应的学分认定办法，鼓励学生广泛学习自己感兴趣的各类优质网络在线课程。

（四）通过院校合作协议，建立军队院校与普通高校的沟通衔接

军队院校作为一类特殊院校，与普通高校之间的转学机制又有所不同。转入普通高校，是军队院校妥善分流安置伤病员的一条途径。2010

年，教育部等国家六部委与解放军原四总部联合发文明确："因身体、心理等方面不能适应军校学习生活和将来不适合从事军队岗位工作，但符合普通高等学校入学条件的青年学生学员，在取得军队学籍后的大学本科学习期间（毕业年级除外），可转入指定的军校所在驻地普通高等学校学习。"推动军地两校的沟通衔接，首先，要建立军队院校与地方院校之间的转学对口关系，签署双方合作协议；其次，应建立双方学校的常态化联系机制，尽可能搜集转学学员的在校表现，为学员尽快适应新的学校环境要求提供指导和支持；最后，还要加强人文类、心理类课程教学内容与辅导，有针对性地解决学员转入新学校之后的心理调适和人际交往等问题。①

① 赵建勋，翟明明，张哲．由军校转学至地方普通高校学生现状探析［J］．继续教育，2017，31（11）：65-66.

第四节　创新高等教育自学考试的学分认定与转换

一、自学考试制度概况

高等教育自学考试（以下简称自学考试）是我国高等教育体系中的一项基本制度，是具有中国特色的学历继续教育形式。它以个人自学、社会助学和国家考试相结合的方式，整合各类社会教育资源，为国民提供接受高等教育的机会和成才途径。自学考试向所有学习者开放，不分年龄、性别、民族和已有教育程度等，采取弹性学分制，不设毕业年限，最大限度地支持个人自主学习，通过定期举办的国家课程考试，考生可获得课程学分，通过学分累积达到毕业标准要求即可获得国家认可的高等教育学历文凭。自学考试制度具有开放灵活、自主学习、宽进严出、费用低廉等特点，多年来受到社会各界的广泛欢迎和普遍认可，不少专家学者认为自学考试制度蕴含着中国式的终身学习的理念，是最能体现终身教育思想的一种制度形式。由于国家考试的认证特点，也有学者提出，自学考试实质上是一项国家有组织地对于公民个人自学高等教育课程，进行学习成果考核检验和给予学历认定的制度。①

自1981年制度创立以来，在教育行政部门和全国高等教育自学考试指导委员会（以下简称全国考委）的领导下，自学考试适应我国社会主义现代化建设不同时期的社会需求，开拓进取、改革创新，制度从无到有，逐步发展壮大，取得了令人瞩目的成就。经过三十多年的改革发展，自学考试制度已成为多层次、多规格、多功能的高等教育形式，为

---

① 乔立娟，李占伦，孔超. 高等教育自学考试制度设计与改革研究［J］. 中国高教研究，2009（4）：14–17.

我国不同时期的经济发展和社会主义现代化建设培养了大批专业人才。据统计，截至2018年底，参加自学考试的人数累计达到6 400多万，其中1 600余万人获得本专科毕业证书。①

进入21世纪以来，随着我国高等教育大众化进程和成人与继续教育多元化发展，自学考试制度面临着多方面的严峻挑战，急需加快向着继续教育和终身教育方向，从发展定位、人才培养模式、考试评价模式和管理工作方式等方面的深刻转型。根据《纲要》提出的“改革和完善高等教育自学考试制度”的要求，作为加快发展继续教育、构建终身学习体系的重要内容，我国自学考试制度进入了综合改革和制度转型的新阶段。

二、推进自考改革的重要性和迫切性

当前，自学考试面临的内外部挑战，可以说主要来自四个方面。

第一，现阶段经济与社会发展和教育改革不断深化，对包括自学考试在内的各类教育发展提出了新要求。首先，国家经济发展和社会建设提出了新的人才培养要求。中国已经成为经济总量世界第二的大国，迈入中等收入国家行列，工业化、城市化、市场化、信息化与国际化快速推进。现阶段重点任务是转变发展方式、实现产业升级、建设人力资源强国与和谐民主法治社会，对人才的要求是培养数以亿计的高素质劳动者、数以千万计的专门人才和大批拔尖创新人才。其次，人民群众对于优质教育资源和教育公平提出了强烈要求。随着建设现代教育体系目标的提出、学习需求的日益多元化，社会各界对高等教育发展提出了更高

① 姜钢. 新时代下的高等教育自学考试转型发展［J］. 中国考试，2018（10）：1-3.

的要求。对规模的强调转变成为对质量和公平的追求，培养拔尖创新人才、复合型人才成为高等教育的目标。最后，构建终身学习体系和促进人的全面个性化发展提出了新要求。各类学校后继续教育和培训蓬勃发展，各类新型机构如开放大学、企业大学、社区教育、老年大学以及各类学习型组织如雨后春笋，企事业单位员工在职学习和岗位培训逐渐形成体系。自学考试必须为满足新时期社会发展急需的各类人才培养服务，必须为满足人的全面发展服务，必须在加快发展继续教育、构建终身学习体系的过程中承担新使命、发挥新作用。

第二，高等教育进入大众化阶段，对自学考试发展提出了新问题。2018年我国各类高等教育总规模达到3 833万人，是世界上在校大学生人数最多的国家，成为名副其实的高等教育大国。上大学难的问题已基本得到缓解，而大批高校毕业生找不到合适工作成为社会问题。多年以来我国高等教育对机会和规模的关注，已开始转变为对人才质量和特色的强调。高等学校逐渐走出象牙塔，面向社会更加开放，以科研、教学和社会服务为宗旨，与政府、企业和社会的联系更为密切，教育资源日趋紧张。社会服务与办学形式的多样化，使得不少重点高校参与自学考试工作的积极性有所下降。此外，民办高校一直是自学考试助学机构的重要组成部分，许多民办高校是从自考助学机构起步、积累资金和经验并不断发展壮大起来的。近些年，一批民办高校列入统招计划，获得了学历教育办学权，或者部分转为普通高校下属的独立学院，纷纷离开了自学考试社会助学队伍。可以说，高等教育大众化所带来的冲击，对自学考试的影响是全方位的、多层面的。

第三，我国成人与继续教育的形式日趋多样化，对自学考试的发展空间构成了空前的竞争压力。当前，我国高等继续教育领域存在多种形式，除了自学考试，还有成人高教（函授、夜大）、广播电大、网络学院等。这几类成人与继续教育形式目标和层次相近，服务对象和群体相同，它们为竞争生源而各想办法，竞争不断加剧。由于缺乏统一的人才培养标准和协调监管制度，急功近利的求学者往往选择更容易获得文凭的求学方式，生源流向比较容易毕业的途径。近年来，自学考试学历教育的报考人数以每年7%—10%的速度减少。

第四，现代信息技术改造着传统学习方式，对自学考试提出了新挑战。现代信息技术的迅猛发展，为广大社会成员接受继续教育提供了更多的选择和更为便捷的学习方式。以互联网、手机和各类电子终端等为代表的信息技术，在教育和培训中广泛应用，从信息发布、远程教学、网络课件、网上答疑、数字化学习资源，到移动学习、网络班级、网络图书馆、虚拟校园等，现代信息技术在不断改变传统的教与学方式，为实现任何时间和地点的泛在学习提供了条件和可能。2012年，慕课的兴起形成了一股浪潮，在国内外引起强烈反响。通过互联网的在线学习，日益成为青年人接受高等教育的一种重要途径。而自学考试传统的学习方式、考试方式、助学模式、学习资料媒体等都受到了来自现代信息技术的严峻挑战，急需在各个环节进行信息化的深度改造和升级。

与这些新形势和新要求相对应，自学考试自身存在着以下四个方面的问题：

第一，人才培养模式与终身学习社会的需求尚不能很好地相适应。对于自学考试的本质和规律性认识以及新时期的目标、定位、任务、地位、作用等重大问题有待于进一步深入研究，自学考试的人才培养模式还需不断改革和完善，多样化的人才观、多层次的质量观尚未完全树立起来，以终结性考试来评判人才培养质量的模式依然是主导；培养目标和专业课程体系主要参照普通高校，以培养学科型、研究性人才为主，部分专业设置相对陈旧，课程设置偏重理论，实践技能培养不足；专业和课程较为强调统一，地域优势和特色体现不充分。

第二，学习支持服务体系相对薄弱，学习资源分散，影响了考生学习成功率。目前，自学考试的学习资源和途径、手段还不够丰富，主要以面授的传统模式和个人自学为主，基层、农村地区的学习资源十分缺乏；网络助学发展还不够充分，网络学习资源主要集中在公共课和部分专业基础课，学习方式主要是教师辅导视频的网络传播，学习内容以教材和历年考题为主，应试倾向比较明显。助学组织也存在良莠不齐的状况，相互之间各自为战，有时还会出现恶性竞争。另一方面，自学考试机构对考生的指导、服务和支持也不够，还不能有效整合各类学习资源形成合力。自学考试学习服务支持体系的分散薄弱，导致考生考试通过率、毕业率较低，流失率较高。例如，据某省统计：部分公共课及格率不到10%，而近几年该省的毕业率一直徘徊在20%左右；新生第二年流失率60%左右，第三年流失率在80%以上。

第三，考试管理模式与评价手段单一，与继续教育多样化的学习方式还不能完全适应。当前，自学考试的管理中还存在行政思维主导、服务意识不够、重考试管理轻学习服务等现象。管理体制上过于强调统一，省级考试机构、主考学校的自主权和特色体现不够，自考办、主考学校、助学单位之间的分工合作，尚不能充分调动起各方积极性。同时，考试评价手段主要采用纸笔考试和终结性评价，学生们过于关注考试的结果，忽视了学习的过程和能力的培养；考核内容偏重于方便纸笔考试的理论知识，命题标准以普通高校为主要参照，试题多采用标准化试题模型，偏重于识记能力的考查，导致考生更关注考试技巧和死记硬背，容易忽略知识的深度、广度和灵活运用。考试管理模式和评价手段单一，与继续教育、终身教育体系中多样化学习需求和学习方式还不能完全适应，考试模式、评价方式急需改革。

此外，我国教育考试机构也在不断改革调整中，绝大多数省份组建了教育考试院，将原来单独设置的自学考试办公室和高校招生办公室合并到一起，资源和人员进行了重组。自学考试如何面对教育改革大潮中的新一轮机构调整，如何转变工作方式，也是一种现实的挑战。

三、创新自学考试学分认定与转换的政策建议

随着我国高等教育大众化进程不断深入和成人继续教育的多元化发展，各类高等教育学历文凭和社会（职业）证书日趋多样化，各类教育形式之间的沟通衔接和成果互认有了更加迫切的现实需求。打破各种系统的限制壁垒、打造以学生学习和成长为本的人才成长立交桥，成为我国继续教育改革的当务之急。在当前的自考生群体中，三分之二的考生考前已经具有大专、本科及以上学历，在职考生占到了报考总数的三分之一。如何认定这些成人考生先前的学习成果和经历，避免让他们再去重复学习和考试本已掌握的内容，减少不必要的人力物力浪费，就显得格外重要。对于今后一段时期，如何进一步做好自学考试课程免考和学分认定工作，我们提出四个方面的改革举措建议。

第一，从构建终身学习立交桥、探索国家学分银行建设角度，重视和统筹规划自学考试的学分认证方面的工作。近二三十年，世界上越来越多的发达国家探索建立起学习成果的认证、转换和累积制度，这已经成为一种国际发展潮流。重视各类正规学习、非正规学习和非正式学习的成果，对它们进行科学的认证和累积，打通教育、培训和就业之间

的桥梁，成为各国努力的方向。我国在《纲要》颁布之后，2016年9月《教育部关于推进高等教育学分认定和转换工作的意见》出台，提出了创新高等教育学分认定与转换的一系列指导意见。在此背景下，加强自学考试与其他教育形式的沟通衔接、推动机制创新就显得更为迫切。充分发挥国家考试作为学习成果认证手段的经验和制度优势，将自考改革纳入国家学分银行建设的总体规划和设计中，尤为重要。

第二，按照以人为本、服务考生的原则，重新定位自考课程顶替和学分认定原则、程序和方法。首先要从认识上进一步明确，课程顶替和免考不是对某一群体考生、某一专业或机构的优惠政策，也不是为了推广某些新项目的鼓励性措施，而更主要的是一切为了考生。考生已经通过多种途径学过和掌握了某一领域的知识，自学考试要避免让他们重复学习、重复考试。顶替的课程与被顶替的课程，应属于同一层次，在内容上应有超过60%相同相似；证书考试测查的能力水平不低于课程要求水平。还有就是要把握好尺度，实施课程顶替是在保证自学考试专业人才培养的前提下针对一部分课程，不宜数量太多或过于宽泛。针对当前存在的突出问题，尽快制定和草拟关于自学考试课程顶替和免考的指导意见，树立新理念，重构新体系，提出课程免考的原则性要求。文件还要对几种主要教育形式的课程认定范围给出明确说法，初步划定权威社会证书或职业证书的认定范围，设定免考课程的最高比例（如不能超过30%），以及重新明确全国考办与省考办的职责分工等。

第三，建设自考学分认定新的工作机制，搭建新的工作平台。首先，为应对申请课程免考日益强烈的社会需求，自考系统应建立新的工作机制，建立若干专家委员会或材料审核的专家小组，在机构内部成立专门的部门或工作岗位来做好研究和管理服务工作。其次，要及时修订更新本省的课程顶替和学分认定管理办法和实施细则，并及时公布宣传，方便广大考生了解并做出选择。尤其是标准的制定要科学、公正、全面和具有可操作性。此外，还要充分利用现代信息技术，研制电子化的管理服务平台，方便考生提交申请材料、查询结果和长期保存资料。

第四，鼓励各省自学考试管理机构在全国统一政策指导下，积极开展课程和学分认证方面的探索工作。大量的课程免考和学分认定案例和良好经验来自基层，很多工作中的创新也来自基层。全国考办要在推进自学考试综合改革的工作中，引导和鼓励各地进行多方面的大胆探索，锐意创新，及时总结和交流，并将好的工作经验和做法向全国推广。

创新自学考试的学分认定和转换，在原有基础上做好自学考试与其他教育形式之间的课程免考和学分认定，在构建终身教育体系、打通各类教育形式间壁垒实现互认衔接的时代背景下，有着重要的战略意义，值得引起各方面的充分重视。在落实《纲要》《中国教育现代化2035》等文件要求、推进新一轮自学考试综合改革的过程中，要在原有制度基础上更新理念、找准问题、创新制度、规范程序，推动自学考试朝着终身学习体系方向转型，使之为我国新时期的学习型社会建设目标做出新的更大贡献。

第二章　拓宽学历教育渠道

继续教育是面向学校教育之后所有社会成员的教育活动，特别是成人教育活动，是终身学习体系的重要组成部分。高校学历继续教育是高校面向社会成员开展的成人教育活动，是我国高等教育的重要组成部分，也是高校履行人才培养、社会服务、科学研究和文化传承功能的重要渠道。在长期发展过程中，高校学历继续教育形成了多种类型的办学形式，函授教育、夜大学（业余）教育、成人脱产班、高等教育自学考试、网络教育、开放教育等为成人学习者提供了多样性的选择。学历继续教育已经成为我国构建终身教育体系、建设学习型社会的重要渠道、有力推手，又是我国终身教育体系的重要组成部分。

目前我国开展学历继续教育的机构包括普通高等学校、独立设置的成人高校两类。根据教育部公布的数据显示，截至2019年底，全国共有普通高等学校2 688所，其中本科院校1 265所，高职（专科）院校1 423所，有成人高等学校268所。全国成人高等学校和大部分的普通高等学校尤其是本科高校开展了学历继续教育。

第一节　鼓励高等学校积极开展学历继续教育

一、高校学历继续教育的历史贡献和现实地位

继续教育是面向现实需要、服务社会实践的教育事业，它着眼于培养与生产、生活实践密切结合的现实人才，而不是未来人才，这是继续教育最本质的特征。高校学历继续教育始终把满足经济社会发展和广大人民群众多样化学习需求作为根本出发点和落脚点，主动服务广大社会成员尤其是一线劳动者更新知识、拓展技能、提高素质的多样化需求，提供知识技能与学历提升教育。

早在1828年，英国创办伦敦大学，首创校外学位制度，集中开设和考核校外课程，被视为高校继续教育的发端。在美国，几乎所有大学都附设继续教育学院，且继续教育规模通常是全日制学生的两倍甚至更多。高校继续教育作为大学服务社会的重要使命和责任，已经在全球范围获得共识。

早在1920年，北京大学就在校长蔡元培的大力倡导下，创办了为工友提供进修机会的“校役夜班”，之后组建了“平民学校”和“平民教育演讲团”。新中国成立之初，在全国只有200多所大学、高等教育资源稀缺的情况下，刘少奇批准中国人民大学创办高等函授教育，函授教育迅速发展，有效满足了现代化建设对专门人才和广大群众对提高科学文化素质的紧迫需求。“文革”后，我国人才出现断层，高校尤其是重点高校适时通过夜大学、函授教育等多种形式，举办了作为学历补偿性质的普通高等学校继续教育，大批从业人员接受了继续教育。改革开放以来，我国继续教育为数以亿计的社会成员提供了学历补偿、职业技

能培训和文化素质教育，为数千万从业人员和其他社会成员提供了接受中、高等教育的机会，缓解了社会成员普遍增长的教育需求与传统教育供给相对不足的矛盾，促进了人的全面发展，促进了教育公平和社会公平，为提高我国劳动者从业能力、增强国民科学文化整体素质、实现从人口大国向人力资源大国转变做出了重要贡献。

鼓励高等学校积极开展学历继续教育是我们国家在新时代的重大战略部署，是要求各级各类高校在已有发展历史和发展成就的基础上，对接新形势、履行新使命、承担新任务、解决新问题，在“构建服务全民的终身学习体系”战略任务中发挥新作为。这一战略部署的提出，是对高等学校学历继续教育历史贡献的充分肯定，是对高等学校学历继续教育在“实现包容和公平的全民优质教育和终身学习”进程中的准确定位。没有高等学校学历继续教育的积极发展和可持续发展，就没有教育的现代化，学习大国的建设就缺乏有力的支撑。

二、高等学校学历继续教育新时代的重要意义

在新中国的发展历程中，尤其是改革开放以来，普通高校学历继续教育为数以千万计的各类社会成员提供了多种形式、多种类型的高等学历继续教育，在提高国民素质、加快经济建设人才培养和提升社会成员科学文化素养等方面做出了重要贡献。在新时代，积极发展高等学历继续教育同样具有重要的意义，在全面建成小康社会、基本实现社会主义现代化、建成富强民主文明和谐美丽的社会主义现代化强国的历史进程中具有重要的、不可替代的重大价值和作用。

（一）提高人力资本水平需要高校学历继续教育的快速发展

人力资本水平提升是促进国家创新驱动发展战略、统筹推进经济建

设、加快建成全面小康社会的重要战略举措。国民受教育程度较低影响我国的人力资本水平，进而影响到我国的整体创新能力，难以为全面建成小康社会提供充足的人才支撑和动力支持。要提升我国人力资本总体水平，必须通过发展教育来提升国民的受教育程度。《纲要》在人力资源开发主要目标中指出，主要劳动年龄人口平均受教育年限在2020年要达到11.2年，受过高等教育的比例要达到20%。从教育的角度看人力资本投资，教育投资包括正规教育和非正规教育以及非正式学习。我国传统教育体系主体服务对象和模式是针对青少年的全日制学校教育，对非正规教育认识不够，对劳动力与成人的教育培训重视不足，已经难以有效满足我国人力资本水平提升的需求。要提升我国人力资本水平，就必须加大对劳动力和成人的教育培训。根据《2019年度人力资源和社会保障事业发展统计公报》，到2019年末，全国就业人员77 471万人。面向近8亿劳动者的继续教育是提升我国人力资本水平的重要渠道，规模巨大的就业人员教育培训必然要依靠继续教育的快速发展。而《全球创新指数报告2015：促进发展的有效创新政策》显示，我国在主要反映终身教育发展水平的“第三级教育”指标上排名仅为世界第121位，与我国建设创新型国家的战略目标形成强烈反差。“第三级教育”主要指的是高等教育水平的继续教育，即目前我国的高校继续教育。因此，要通过大力发展高校学历继续教育来提升国民的受教育水平，进而提升我国的人力资本水平。

（二）促进教育优质资源的社会共享、促进教育公平需要高校学历继续教育的责任担当

当前我国教育发展的区域间、城乡间的不平衡、不充分问题已经成为我国“建设人民满意的教育”过程中的瓶颈之一，人民群众对公平、

优质教育的多样化需求同教育供给能力不足之间的矛盾是当前我国教育的主要矛盾。要破解这一矛盾，就要加大优质教育资源供给，重点解决教育发展不均衡、优质资源相对欠缺、教育结构性矛盾突出等问题。2017年，中共中央办公厅、国务院办公厅印发《关于深化教育体制机制改革的意见》，着眼于促进教育公平、提高教育质量。促进教育公平需要所有教育领域采用多种形式参与，也需要在不同教育领域中充分实现。高校学历继续教育在促进教育公平中具有十分重要的作用：通过灵活多样的教育形式，可以为广大社会成员提供更多的教育选择；通过教育资源共享，可以有效地推进发达地区优质教育资源向中西部地区和民族地区开放，城市教育资源向广大乡村地区开放，学校教育资源向社会开放，各种社会公共文化资源向广大社会成员开放。改革开放四十多年来，高校学历继续教育在高校优质教育资源输出，尤其是面向边远贫困地区和特殊人群提供优质教育资源及服务方面进行了许多开拓性的尝试，取得了显著的效果。在新时代的促进教育优质资源共享、促进教育公平的攻坚中，需要高校学历继续教育的责任担当和充分参与。要鼓励引导高校面向社会积极开展学历继续教育，大力推进学校的优质教育教学资源向社会开放。

（三）满足日益增长的终身学习需求、缓解供给不足矛盾需要高校继续教育的充分参与

改革开放四十多年来，高校继续教育已经由补偿型的教育转向了发展型的终身学习。继续教育宽领域、多形式、广覆盖的优势，能够满足广大社会成员接受多层次学历继续教育的需求，能够满足广大在职从业人员和具有择业、创业、转岗需求的人员接受相应知识和能力培训的需求，能够满足以提升自我素质、科技文化修养和健康生活为主要学习目

的的社会成员接受形式多样的道德规范、科技文化、休闲健康教育的需求。构建终身教育体系、建设学习型社会是我国社会发展的重要任务。继续教育作为面向学校教育后所有社会成员特别是成人的教育活动，在构建终身教育体系中的地位十分重要。一是继续教育可以在构建灵活开放的终身教育体系方面发挥关键作用，增加社会成员的教育机会；二是继续教育可以在学习型组织建设方面发挥主渠道作用，促进人人皆学、处处可学和时时能学；三是继续教育可以在搭建终身学习立交桥方面发挥桥梁纽带作用，促进各类教育的沟通与衔接。因此，满足日益增长的终身学习需求、缓解教育有效供给不足矛盾需要高校继续教育的充分参与，必须把加快发展继续教育作为构建终身教育体系和建设学习型社会重大而紧迫的任务予以全力推动。

三、推动高校学历继续教育持续发展的建议

推动高校学历继续教育持续发展，首先是国家各级教育行政部门的责任，其次是各级各类高等学校的职责。教育行政部门要为高校学历继续教育营造良好的制度环境和政策环境。随着对微观管理领域的逐渐退出，教育行政部门要在如何提升服务水平和质量以及事中事后监管上勇于担当和作为。各级各类高校是学历继续教育的举办主体，更是责任主体，要进一步明确学历继续教育的发展定位，推动学历继续教育健康高质量发展。

（一）健全继续教育管理体制和管理制度

继续教育是一个纵向上涵盖从扫盲到研究生教育各个阶段的教育类型，也是一个横向上涉及最广的人群和覆盖最多的行业领域的教育类型。但是目前继续教育是整个教育领域三类教育（普通教育、职业教

育、继续教育）中最不受重视的一类教育，集中体现在管理体制不健全和管理制度不完善。管理体制不健全表现在：国家层面跨部门协调机构缺失，各级教育行政部门中没有单独设置的专门管理机构，多头管理、力量分散、监管缺位的问题十分突出；各机构、部门之间职责不明确，管理权过度集中，高校缺乏办学自主权。管理制度不健全体现在单独立法的缺失，尽管实现终身教育或继续教育单独立法的现实需要很急迫，呼声也很高，但至今没有实现。没有基本法律的保障，直接导致继续教育的政策保障、制度保障、经费保障、服务保障和监督保障的缺失和不完善，尤其是经费保障的缺失是导致高校学历继续教育质量声誉远低于其实际办学水平的直接原因。

基于以上分析，建议尽快启动继续教育、终身教育的国家单独立法工作，并以此为基础健全继续教育管理体制，尤其是实现各级教育行政部门专门管理机构的设置。完善继续教育的管理制度，重点是投入保障制度。统一学历继续教育收费标准，按照课程学分收费。实行一定的区间定价。优化学费分配结构，明确要求高校继续教育收入主要用于学校继续教育教学和资源建设。按照学分补贴方式，恢复学历继续教育学生的政府财政补贴制度，落实职工参加继续教育工资总额提取制度，制定学费免税政策。对边远地区和贫困、特殊学生的学费给予优惠，实行奖学金、贷学金制度。

（二）推进不同学历继续教育形式的整合发展

我国高校学历继续教育所形成的函授教育、夜大学（业余）教育、成人脱产班、高等教育自学考试、网络教育、开放教育等多种形式共同发展的格局，曾经为我国高等学历教育的发展做出了重要贡献，而且为社会成员多样化学习需求提供了多元选择。在新时代履行新使命、承担新任务的形势下，我国学历继续教育多种形式并存的办学格局需要进一步调整，要推进不同学历继续教育形式的整合发展。

在我国，教育信息化已经由起步、应用阶段进入融合、创新阶段，现代信息技术对教育的影响更为深入，也更加系统。高校网络教育、开放教育作为一种在现代信息技术支撑下发展、探索的教育形式，应该在高校学历继续教育的信息化转型中发挥引领、示范作用，推动高校学历继续教育综合改革。一是利用现代信息技术，整合各类高等学历继续教育资源，逐步实现函授教育、夜大学（业余）的招生入学、教学辅导、管理服务、考试等环节的信息化和网络化，推动高等学历继续教育教学与管理的现代化，实现资源共享、支持服务共享与技术支持共享；二是推进高等学历继续教育证书制度、考试制度的改革和融合，将网络教育、开放教育、成人脱产教育、函授教育、夜大学（业余）等高等学历继续教育类型纳入统一管理，按照宽进严出的原则统一入学标准和毕业、学位授予标准。推动学历继续教育形式的整合发展，其实质就是有步骤地推进以信息化为主导的各类学历继续教育综合改革，逐步统一资源配置、质量标准、教学过程、学籍管理和证书样式，最终实现各类学历继续教育的融合。

（三）加强专业和课程体系建设

教育行政部门要加强统筹协调，引导专业合理布局，形成与区域产业分布形态相适应的专业布局；加强学校办学自主权，引导、鼓励学校的优质学科、专业和课程向社会开放并提供优质服务，建立高校继续教育数字化资源共建共享服务制度机制和平台体系，推进优质在线教育课程资源向社会开放；探索中职、高职、本科课程体系一体化设计，实现继续教育与普通教育、职业教育课程体系的沟通衔接；推进建立在线开放课程质量评价、课程运行保障和效果测评制度。

高校要改变继续教育专业和课程体系沿袭普通全日制教育的局面，推进针对应用型专门人才培养的专业、课程新体系建设；要根据经济转型、产业升级以及岗位能力、职业发展的实际需求，发挥学校学科优势，建设继续教育特色专业；优化课程体系和教学内容，加强新知识、新技术的教学，强化实践环节，促进学生的知识更新、能力提升；加强适应多模式、多渠道、多终端、多类型、个性化、终身化的高质量、高水平、高标准的数字化教育资源建设；重视与行业企业共建专业和课程体系，建成一系列集针对性、前瞻性、模块化、系统性、合理性于一体的融入高校学历继续教育性质与特点的专业课程体系；建立专业设置动态调整机制。

（四）创新教学模式和学习形式

尽管高等学校学历继续教育利用现代信息技术推动教学模式创新，教学活动由单向传播向高交互学习转化，多种网上交互手段和交互方式为师生、生生提供了良好的交互环境，但其教学设计与实施依然沿袭了行为主义的认知模式，其学习评价依然是标准、统一化的终结性和形成性评价，真正基于数字化环境的教学模式、评价模式没有完全建立。而随着大数据技术、学习分析技术的发展，以个体学习者为起点的教学与评价的组织与实施具有了实现的可能，高等学校学历继续教育要摒弃基于大工业生产逻辑建立的标准、统一化的教育服务模式，尤其要打破班级授课制的惯性思维，注重学习效果的同时，更要注重学习体验。真正基于数字化环境的教学如何组织，可能没有一定之规，但把传统教育教学模式数字化仅仅是教育信息化的浅显层次，探索并形成数字化环境的教育教学模式是教育信息化在融合、创新阶段的重要使命。

高校学历继续教育要建立网络教学和面授教学、自主学习和协作学习、个性化学习和师徒传承学习、理论学习和实践实训学习等相结合的混合式教学模式；要加强数字化学习环境建设，开展翻转课堂、在线学习、移动学习、虚拟实验等教学活动；注重参与式、讨论式、案例式教学；要建立以学生自主选课学习为中心，线上与线下结合的学习支持服务模式；在多终端智慧学习环境中，为学习者提供全过程、全方位的学习支持服务。

第二节 完善灵活开放的学习制度

一、当前我国学历继续教育学习制度的现状

从整体来看，我国学历继续教育现行招生考试、学籍管理、教学管理、学习成果评价等制度基本沿袭普通全日制教育的管理模式和方法。这些学习制度在过去曾为我国学历继续教育的发展提供了较好的制度支撑，但随着教育越来越面向全体国民提供包容、公平、优质的服务转型，开放已经成为新时代教育的最主要特征。

相比较时代发展的需求，我国学历继续教育现行的学习制度难以为开放灵活的学习提供有力的支撑。

从招生考试制度来说，目前我国高校学历继续教育的招生模式主要有四种：一是全国统一招生考试，二是以网络教育和开放教育为代表的高校自主招生，三是以高校自主招生为主的区域联合考试，四是以高等教育自学考试为主的注册入学。在这四类招生模式中，高校自主招生的覆盖面较小，只有很少的学校享有相关政策，绝大部分高校依然受到招生计划和全国统一考试的限制。高校办学的活力难以充分释放，其推进学历继续教育转型发展的能力也受到影响。

从学籍管理和教学管理制度来看，尽管学分制是当前我国教育管理制度改革的方向，但学年制依然是高校学历继续教育的基本学习管理制度，学分制仅仅是计算学习量的工具，其自主选择、灵活便捷、开放管理的核心价值没有真正体现。尽管在学年制和学分制之间出现了变通的学年学分制，但其实质还是学年制，真正意义上的学分制远没有实现。

二、完善灵活开放的学习制度的重要意义

（一）灵活开放的学习制度是教育现代化的重要标志

《中华人民共和国教育法》规定，要“建立和完善终身教育体系”。党的十九大提出“办好继续教育，加快建设学习型社会，大力提高国民素质”，这是继党的十六大、十七大提出建设全民学习、终身学习的学习型社会，十八大提出“完善终身教育体系、建设学习型社会”之后又一次突出强调的重大战略决策。构建终身教育体系、建设学习型社会已经成为21世纪我国教育改革与发展的战略性目标。这不仅是适应当代科学技术高速发展、知识更新速度加快、经济和社会不断发展与变革的需要，也是新形势下广大社会成员不断提高自身素质与能力的迫切愿望，更是我国实现全面建成小康社会和中华民族伟大复兴宏伟目标的重要保障。终身教育体系和学习型社会是对传统教育制度的超越和发展，是一种新的教育理念、取向和模式。构建终身教育体系、建设学习型社会是一项宏大和复杂的系统工程，涉及教育观念、结构体系、教育体制机制等一系列深刻变革。

“加快推进教育现代化，建设教育强国，办好人民满意的教育”，是当前我国教育改革创新发展的基本指导思想。教育现代化的实现体现在教育理念、教育体系、教育制度、教育内容、教育方法和教育治理等方面的现代化，其中建设现代化的教育制度既是教育现代化的重要方面，又是实现教育现代化的重要保障。没有以灵活开放的学习制度为核心内容的现代化教育制度，教育现代化的实现将会大打折扣。由于种种原因，我国学校教育体系与社会教育体系之间，普通教育、职业教育、继续教育之间，不同教育机构之间，长期以来形成的自成体系、自我封闭的状态和不够灵活开放的学习制度成为我国构建终身教育体系和建设

学习型社会的重大障碍。

（二）灵活开放的学习制度能够拓宽社会成员终身学习通道

学习型社会建设的核心是构建终身学习体系，它是在对社会各种教育资源进行整合基础上形成的有利于学习者终身学习、灵活学习的系统，能够适应广大社会成员对学习的多种选择和要求，方便其在一生中的任何时间、任何阶段进行学习。终身学习体系的指向，对传统的教育管理体系、制度和模式提出了新的挑战和要求，可以将其归结为“横向沟通、纵向衔接、殊途同归”三大难点。

“横向沟通”难题是指如何在各类教育体系实现沟通。传统的各级各类学校教育特别是普通学校和职业学校之间缺乏相互沟通和衔接的机制，在高等教育体系中多种成人教育模式如电大、夜大、自考、网络教育等和普通全日制教育之间都未实现横向的连接。学生入学后往往被限定在预先设计的教育分类框架内，学习者很少甚至没有重新选择的机会。

“纵向衔接”难题关注如何将继续教育与初始学校教育相衔接。人一生中所需要的知识从学校教育中获得的只是一小部分，大部分知识以及各种技能和能力等，都要在社会实践中通过不断的继续学习才能获得。与传统的学校教育不同，继续教育不仅要适应不同类型学习者的要求，在学习的类别、内容、方式、时间等方面多样化，而且要关注其中部分人在回归学校教育时，继续学习的成果如何计入学校教育的学分，等等。

“殊途同归”难题关注如何实现非学历、非正规学习成果与学历、正规教育的统一体系认证。在终身学习的框架下，学习和教育可以通过多种途径和形式在不同的场合中进行，包括学历教育、正规教育，也包括非学历教育、非正规教育。特别是大部分继续学习和培训是通过非学历乃至非正式学习方式进行的，这就需要建立与之相适应的教育管理体系和制度。目前我国对非正规、非学历教育的各种进修、培训包括自学和通过实践学习提高的成果，还没有建立或完善认证、评估、转换和激励的体系和制度。这种状况不利于广大学习者适应社会和自身发展对终身学习的需求。

三大难题的根源在于我国没有形成学习成果认证、积累与转换制度，这是制约我国终身教育体系构建和学习型社会建设的重大障碍。在终身学习背景下，迫切需要突破传统教育在教育体系、制度和培养模式上的局限，建设符合中国国情的国家资历框架，搭建终身学习立交桥。

三、完善灵活开放的学习制度的具体措施

灵活开放的学习制度的本质是学历继续教育的宽进严出制度，体现在入学的宽口径、过程的灵活性与毕业的严格性，涉及招生考试制度、学籍管理制度、教学管理制度、毕业管理制度等多个方面。

（一）推动招生考试制度改革

《纲要》提出，逐步实施高等学校分类入学考试，成人高等教育招生办法由各省、自治区、直辖市确定。应落实2014年国务院印发的《关于深化考试招生制度改革的实施意见》中“成人高等学历教育实行弹性学制、宽进严出”的规定，改革高校学历继续教育招生办法与学历、学位资格认定办法，理顺招生管理体制，明确教育部、省级教育行政部门的职责权限，建立省级统筹的多样化招生制度；建立新型的省级统考、普通高校自主考试、注册入学等相结合的国家高校学历继续教育多样化招生制度，并逐步走向注册入学；完善招生、录取、备案与审核

的指导与监管制度，教育部要建立高校自主招生准入制度，严格准入，对具备条件的高校，实行自主招生；尽快取消全国成人高等教育统一考试，采取注册入学和考试入学相结合的方式，由学校负责统一入学考试和课程考试。

（二）建立灵活的学籍管理和教学管理制度

灵活开放的学习制度的建立，关键在学习过程中的学籍制度和教学管理制度改革。国家教育行政部门要健全完全学分制、宽进严出、灵活开放的弹性学习制度和管理制度；建立不同类型继续教育学习成果的积累、转换制度和学分银行，推动学校各类教育的学习成果认证、积累与转换，逐步建立课程证书、资格证书、学历证书、学位证书等沟通衔接制度，推进学校和校企之间、继续教育与职业教育和普通高等教育之间、学历与非学历教育之间的学分互认，实现多种学习渠道、学习方式、学习过程的相互衔接，搭建人才成长立交桥。普通高校要建立完善适应终身学习、业余学习的继续教育学习制度，落实和健全弹性学制和完全学分制，实行在教学计划指导下的自主选课、自主学习办法，完善灵活开放的学籍和教学管理办法。

（三）完善学历教育毕业办法

宽进严出制度的建立，需要严格的毕业制度做支撑。但严格的毕业制度不是严格的毕业考试，以全国性的统考为基础的毕业审核方式需要取消。在此基础上，要完善以学分制为基础的毕业办法，高校学历继续教育实行学分制，学习者修满学校规定的学分即可毕业，教育部建立与之相适应的毕业电子注册制度。

推动毕业证书制度改革。当前我国的函授教育、夜大学、网络教育、开放教育、脱产班以及高等教育自学考试都是作为单独的教育形式存在，毕业证书形式多样。实现函授教育、夜大学、网络教育、开放教育、脱产班和高等教育自学考试的完全融合是继续教育办学体制转型的重要方面，完全融合后以上几种教育形式将成为开展继续教育的手段，而不再单独作为教育形式存在。国家教育行政部门应该及时出台毕业证书新政策，颁发全国统一样式的高等学历继续教育毕业证书，为多种继续教育形式的融合发展提供保障。

第三节　创新继续教育服务模式

继续教育是教育的一个领域，其同样遵循教育是服务行业的行业划分规范。根据我国《国民经济行业分类》（GB/T 4754—2011），国家统计局制定的《三次产业划分规定（2012）》把教育划分为第三产业。联合国统计委员会颁布的《国际标准产业分类》也把教育划归到服务业门类。由此可见，教育具有服务产业的属性。教育服务是指教育作为一种精神活动产品的提供、生产和消费活动。此处所指的教育服务并不包括培养的人才和科研成果这些教育产品，而是指教育服务产品。教育提供的非实物劳动成果也是一种产品——服务产品，这种产品具有非实物使用价值。只要它是为交换而生产的，就是商品，也就具有使用价值和价值二重性。其价值是教育服务产品的生产者（教师）的劳动力耗费的单纯凝结，是教育工作者劳动创造的，并不是从任何别的领域转移或再分配过来的。本节所论述的教育服务模式，也指向生产教育服务产品的变革。

一、创新继续教育服务模式的内涵

《国务院关于积极推进“互联网+”行动的指导意见》提出要“推动高等教育服务模式改革”。教育服务模式是指教育服务产品的提供者与生产者为教育消费者提供教育服务的解决方案。互联网作为教育生态体系数字化重构的起点与要素，推动了教育系统中的办学与服务主体、学术主体、教育内容等要素及其关系的变革，内在保证了服务模式创新的可能性。而从提高教育生态系统生态承载力和教育开放性、灵活性的要求角度，又外在地要求继续教育创新服务模式，以更好地应对经济社会发展新常态和构建终身教育体系的挑战。正如继续教育的消费者组成多元，且消费需求差异一样，教育服务亦有多种模式，不同模式针对不同的问题构建形成，而且从不同的层面展开，相互之间有交叉、融合，共同为学习者提供教育服务。

新型的教育服务以学习者的需求和消费满足为核心出发点，通过现代信息技术供给丰富的教育资源、在线的教师服务、个性相投的学习同伴、促进思维发展的学习认知工具、权威的知识与信息源、促进社会性成长的学习社区，等等。从统一模式的学校教育供给到多元化教育服务的精准供给，教育公共服务不是仅发生在教室和学校里，而是终身、全面、按需获得。

二、创新继续教育服务模式的动力

（一）技术发展为继续教育服务模式创新提供技术支撑

技术哲学的研究对于技术本质的认识存有争议，存在着“技术不是物”和“技术就是物”这两种颇为相左的观点。①技术构成要素包括实体要素、智能要素和工艺要素，技术不仅仅是工具，还包括使用主体关于技术的认知以及使用技术的工艺。从哲学的角度来看技术的本质，技术不仅展示了人对自然的能动关系，也是人类社会生活关系的形成、存在、发展的根本力量和度量尺度。②从这个意义上来说，技术不再仅仅是工具技术，它因改变了人与人以及人与物之间的关系，引发了不同的

① 陈昌曙. 技术哲学引论［M］. 北京：科学出版社，2012：78.

② 杨瑛霞，田爱奎，夏天，等. 从技术哲学看教育技术的内涵与本质［J］. 电化教育研究，2007（3）：17-21.

组织方式，因而技术也是各种社会关系的体现。这种关于技术本质的认识，走出了单纯工具论的狭隘视野，把技术视为更具生态性的创新要素。

对于技术本质的这一认识有助于我们认识“互联网＋”的本质。把“互联网＋”的本质归结为关系及其智能连接方式，是对互联网技术要素中智能要素和工艺要素的重新认识与界定。随着互联网尤其是移动互联网的兴起与普及，越来越多的实体、设备和个人都被连接在一起，并且发生了越来越多元、深入的连接与应用。互联网重新解构了过去的组织结构、社会结构与关系结构，互联网支撑的虚拟世界与现实世界的界限逐渐模糊，一种全新的世界存在方式正在形成。“互联网＋”在注重互联网技术的支撑作用时，更注重协作、开放、跨界等互联网思维在传统行业改革中的作用，是把互联网作为创新要素纳入传统行业的改革。简单地说，就是以互联网为基础设施和创新要素，促进信息交流技术与各行各业进行跨界融合。这不是两者的简单相加，而是创造传统行业新的发展业态。

（二）个性化学习需求是继续教育服务模式创新的内驱动力

当教育与学习越来越关注个体的发展，而不仅仅是通过教育来培养合格的劳动者时，以大工业生产规模化、标准化为特征的教育服务提供方式将越来越不能满足学习者的学习发展需求。个性化教育的提出正是从推进个体发展和实现个人价值的角度，将教育的价值取向关注重心从社会转向了个人。时代呼唤的个性化教育必然要求一种新的教育服务模式与之相适应。为这种个性化的学习需求，提供基于学习者需求的定制化教育服务模式将成为未来教育领域的主流。

教育服务除了具有一般服务业的特性之外，还具有自身的一些特征。其中之一即是，教育服务产品的消费者具有多层次性与多元性。教育服务产品在市场上消费，其购买对象是多层次的、多方面的，从消费对象上看具有多元化特性，包括国家、社会、家庭及个人等；从个体消费对象的角度来看，其学习需求也是多元的。个性化学习是学习者基于自身学习需求的终身化学习，体现了纵向的延展性与横向的多维性，它是一种立体化的学习。从横向的多维性来看，不同的学习者具有不同的学习需求，这规定了个性化学习价值追求的多元性；为了满足不同学习者的多元学习需求，必须有相应的学习资源做支撑，这规定了个性化学习资源的丰富性，以及学习方式的自主性、学习进度的个性化等特点。

三、创新继续教育服务模式的两个方向

（一）构建充分满足学习者个性化学习的服务模式

个性化学习的含义可以概括为以下两方面：第一，个性化学习是指针对学生个性特点和发展潜能采取恰当的方法、手段、内容、起点、进程、评价方式，促使学生各方面获得充分、自由、和谐发展的过程；第二，个性化学习强调，学习过程既是个性的展现和养成过程，也是自我实现和追求个性化的过程。这一关于个性化学习的解读也为定制化教育服务的组织实施指明了目标与路径。定制化教育服务模式组织的逻辑起点是个体学习者，而不是群体，更不是教育机构，是从个体学习者出发进行的教育实施与服务提供，它迥然不同于传统教育生态中以班级（群体）为逻辑单元的教育服务方式。

教育价值的追求以及学习者的个体发展，依靠的是教育内容的组织、教育资源的配给以及教与学环境的设计和教学的实施。个性化、定制化服务的提供最终要落实到内容、资源、方法、环境等教育的环节之

上。这些教育环节的组织围绕着学习者个体展开，根据学习者的学习需求提供不同的教育资源与内容，根据不同学习者的学习动机选择不同的评价方式，根据不同的学习能力和学习风格安排不同的学习进程与教学方式。以学习者个体为起点的定制化服务，从传统的教育成本与效率的视角来看似乎并不是最理想的模式，但教育服务有其本身的特殊性，其服务价值最终还是要体现在学习者的个体发展上，从促进学习者个体发展的角度来看，定制化的服务模式拥有无限的价值潜力。现代信息技术在教育中的应用让定制化服务的实现更加容易，信息技术正在促进并将持续影响教育的组织模式，资源的配给方式会更加灵活与开放。

（二）构建“草根”服务“草根”的同伴互助模式

从技术的角度来看，Web2.0强调个人并非孤立的，而是彼此相连以自组织的方式让人、群体、内容和应用等充分“动”起来，带来更多的用户互动并产生服务内容，使网站服务的使用价值与吸引力都大为增加。Web2.0开放分享的基因更为明显。依托交互广度和交互强度都更加凸显的Web2.0工具，人与人之间形成了某种形式的社会联通网络，在这一网络中，人们可以进行各种程度与深度的交互，Web2.0技术的发展为“草根”服务“草根”的同伴互助模式提供了技术支撑。

正是在Web2.0技术的支撑下，基于用户交互过程所贡献的大量新信息和数据以及社会性交互的广泛性，基于联通主义的慕课（简称cMOOCs）创新了教育服务模式。cMOOCs服务模式的创新体现于其学习者之间相互服务的设计。学习者不仅要积极参与自己的学习，还要主动参与其他学习者的网络连接，并成为其他学习者网络中的节点与信息来源，在这个过程中联通主义学习者是知识的创造者，通过创造知识与其他人进行连接；学习者要参与其他学习者学习结果的评价，以同伴互评的方式实施教学评价是慕课的一大特色。在整个学习过程中，教师知识权威在解构，学生与教师的权威依附关系解除。在cMOOCs学习中，更多依赖学习者之间的连接与互助，实现了“草根”服务“草根”的同伴互助模式创新。这种同伴互助式的学习模式由来已久，只不过在信息技术高度发达的今天，人与人之间的沟通、联系更为便捷，信息交互更为顺畅、广泛，交互、互助的同伴已经跨越了地域、年龄、专业的限制，成为一个无限可能的社会网络。

第四节　鼓励开放大学与高水平大学合作

邓小平同志亲自倡导并批准创办的广播电视大学，经过40多年的发展，已经成为我国高等教育的重要组成部分和发展现代远程教育的骨干力量。1999年，教育部决定实施“中央广播电视大学人才培养模式改革和开放教育试点”项目。作为国家“现代远程教育工程”的重要组成部分和中央电大改革人才培养模式、发展现代远程教育的重要实验，它给电大的发展注入了生机和活力，推进了电大教育的改革和发展，实现了电大从广播、电视单向传输向数字化、多媒体、交互式现代远程教育的跨越。2010年，随着全国教育工作会议的召开和《纲要》的颁布实施，广播电视大学的发展迎来了一个新的重大历史机遇。《纲要》中明确提出“基本形成学习型社会”“加快继续教育发展”“办好开放大学”等，为广播电视大学的发展指明了方向。

开放大学建设是我国教育体制改革试点的重要内容之一。2012年起，随着国家开放大学、北京开放大学、上海开放大学、云南开放大学、广东开放大学和江苏开放大学的相继挂牌成立，广播电视大学向开放大学转型发展的历程迈出了坚实的步伐。时至今日，我国已经形成了1所国家开放大学和5所地方开放大学协同发展的格局，而且越来越多的地方广播电视大学正在谋求和推进向开放大学的转型发展。开放大学建设是紧紧抓住当前信息技术高速发展的机遇，为适应构建国家终身教育体系、建设人力资源强国的需要，在广播电视大学基础上进行的重大战略转型，是对原有学校功能定位、发展机制、办学模式等方面的重大改革。以现代信息技术为支撑的开放大学，不仅有利于整合全国乃至全世界的优质教育资源，促进教学质量整体水平的提高，而且通过现代信息技术与教育的深度融合，进一步突破传统教育方式的时空限制与机制藩篱，为广大社会成员提供更加灵活便捷的学习途径和接受高质量教育的机会。

一、充分认识开放大学与高水平大学合作在新时代的新内涵

从广播电视大学创办之日起，与普通高等学校的合作就伴随着广播电视大学的办学历程。近百所高校和千余名专家学者，直接参与了电大人才培养方案的制订和学科及专业的建设；来自普通高校和科研院所的1 300多名专家学者直接参与电大的课程建设，担任课程主讲和教材主编；全国电大还从普通高校聘请了近4万名兼职教师，承担电大的教学辅导工作。应该说，与普通高校尤其是高水平大学合作始终贯穿于广播电视大学的办学历程。

从广播电视大学转向开放大学，从办学层次上看，开放大学具有了独立的本科学历授予权，相比较广播电视大学只拥有专科层次文凭授予权，其办学层次更高，对开放大学的学科专业水平尤其是师资水平提出了更高的要求。但相对高水平大学而言，开放大学在学科专业水平上要逊色一些。因此，从现阶段来说，开放大学与高水平大学合作的直接目的是通过整合高水平大学的学科专业优势和优质师资，尽快提升开放大学的学科专业实力。国家开放大学鲜明地提出与国内若干所大学合作，成立大学支持联盟，依托其师资、专业、课程资源优势，全面促进国家开放大学建设。

启动探索开放大学建设重大教育改革项目，以广播电视大学为基础，充分发挥现代信息技术优势，整合高等学校及社会优质教育资源，

面向广大社会成员建设高质量、高水平的开放大学，其目的不仅仅局限在建设几所开放大学，更在于充分整合各方优势建设以现代信息技术为载体的终身学习公共服务平台。以国家开放大学为例，它在阐述其历史使命中提到，经过10年努力，把国家开放大学建设成为我国高等教育体系中一所新型大学、世界开放大学体系中富有中国特色的开放大学、我国学习型社会的重要支柱。开放大学成为学习型社会的重要支柱，其作用发挥主要集中在充分发挥自身的系统集成优势，依托其覆盖全国城乡的办学网络，整合高水平大学的优质资源，面向全体社会成员提供形式多样、内容丰富的教育服务。新时代鼓励开放大学与高水平大学合作，是“构建服务全民的终身学习体系”的重要内容和有力推手，不仅是开放大学健康可持续发展的需要，更是开放大学、高水平大学优势互补、资源整合，共同致力于确保包容、公平优质教育和全民终身学习机会的需要。

新时代开放大学所承担的角色不仅仅是一所新型的大学，更是一个互联互通的资源节点。开放大学需要大力挖掘社会教育资源，开放和扩展学习资源，连接各种类型、多种渠道的学习资源，形成服务全民终身学习的资源库和学习服务平台。根据不同群体学习者的需要设置丰富多样的课程，提供针对性的学习指导服务。从链接资源的角度来看，开放大学也要与高水平大学合作，充分整合高水平大学的优质课程资源，丰富服务全民终身学习的资源库。

二、鼓励开放大学与高水平大学合作的原因分析

（一）是由开放大学性质决定的

开放办学、合作办学是开放大学的属性。开放大学不只追求形成一

所高等学校，开展学历教育，不局限于“学历补偿”和提供一般性的继续教育服务，更强调是一所新型大学，强调优质教育资源的集聚、整合和共享，强调学历继续教育与非学历继续教育并重，推进现代信息技术与远程开放教育的深度融合，致力于满足多样化学习需求、个性化学习需要，运行学分银行制度，全面开展学习成果认证，为学习型社会建设提供有效服务和支撑的终身学习立交桥。开放大学不只强调依靠自身力量办学，更强调依托各种社会力量支持和参与办学、协同办学。开放大学探索建立各种支持与合作联盟，与国内若干所大学合作，提升办学能力和水平；与若干行业协会合作，引入行业资格证书，加强在职成人教育培训工作；与若干大型企业合作，加强“双师型”教师队伍建设，开发特色专业、课程；形成政府、高校、社会共同参与的办学体制，把大学办在社会中。

开放大学也不只强调办学的开放性，更强调责任、质量、多样化和国际化。强调向所有社会成员开放，为每一个有愿望、有能力学习的人提供教育机会和便捷服务；特别关注广大基层、农村、边疆和少数民族地区的教育需求，承担社会责任，促进教育公平；更加强调质量是生命线意识，通过现代信息技术手段，整合优质教育资源，加强过程保证，形成质量品牌；强调适应学习主体多样化和学习需求多样化的趋势，为不同学习主体提供不同层次、不同形式、不同类型的教育服务；更加强调借鉴国际经验，拓展国际空间，提升国际影响力。

（二）是网络教育和开放教育共生发展的需要

普通高校的网络教育与开放大学（广播电视大学）的开放教育其本质是同一类型的教育，其面向对象、政策制度、实践形式基本一致，而且普通高校、开放大学（广播电视大学）又有着彼此需要、互补的优势，普通高校的学科、师资优势，开放大学（广播电视大学）的系统优势以及在终身教育体系建设和公共服务平台建设中被各级政府赋予重要任务的优势，二者本应该优势互补、资源整合，实现共赢，但过去近二十年的发展过程中，二者并没有进行实质的深入合作。在现代信息技术推动教育正在发生整体系统性变革的今天，教育的组织模式和服务模式都在发生深刻的变化，单一机构的封闭办学再也难以满足大规模、个性化的学习需求。在网络教育或者开放教育发展的过程中，普通高校尤其是高水平大学、开放大学（广播电视大学）如何准确定位，真正突破机构壁垒，需要认真考虑。

三、推动开放大学与高水平大学的全面、深度合作

（一）进一步明确开放大学的发展定位

在教育部关于开放大学设立的批复中提到，开放大学是以现代信息技术为支撑，主要面向成人开展远程开放教育的新型高等学校。建成一所新型的高等学校，是开放大学建设的基本定位。除转型建设成为开放大学外，开放大学还要建设成为国家和省市终身教育公共服务体系的有力建设者和中坚力量，通过发挥覆盖全国各个地域的办学系统优势，以终身学习公共服务平台、终身学习数字化资源库为重要抓手，为全民终身学习和学习型社会建设提供重要支撑。开放大学还要承担建设学分银行和学习成果认证体系的重要职能，促进各级各类教育纵向衔接与横向沟通，实现不同类型学习成果互认、衔接与转换，成为终身学习立交桥的重要支撑力量。

（二）落实教育部的文件要求

《教育部关于办好开放大学的意见》提出，要着力体制机制创新，

鼓励开放大学通过联盟、共建等形式，与国内外高校、科研院所、行业企业等开展全方位的合作办学，引进课程、专业、师资、技术等方面的优质资源，形成社会广泛参与、资源共建共享、与行业企业紧密联系的办学模式。加快推进与各类高水平在线教育的合作，建立协同创新机制，实现优质课程资源共享，满足学生多样化、多途径获取知识的选择。深入开展与行业企业的合作，充分发挥行业特色优势和职业资源优势，开展职业培训合作，探索开发多种适合学生网络学习的工具和软件，增强自主学习的交互性和有效性。加强引进各类教育培训机构的视频公开课、精品课程、各类非学历教育教学资源，实现优质教学资源的共享。加强“数字化学习资源中心”建设，研究制定网络教育数字化学习资源共享机制、标准、技术与平台。整合国家和高等学校网络教育精品课程及相关学习资源，推动优质网络教育资源开放与共享。积极探索股份制、混合所有制等多种形式，允许以资本、知识、技术、管理等要素参与办学服务并享受相应的权利。以上规定，对开放大学的合作办学提出了相对明确的要求，各开放大学及其管理部门应该认真落实，制定相应政策和措施，推动任务的落实。

（三）推进三个体系建设

一是开放、灵活的办学服务体系。广播电视大学的转型发展或者开放大学的创新发展，首先要基于现代信息技术强力支撑下的办学服务体系建设。开放、灵活的办学服务体系，一方面，要紧紧围绕既有电大办学体系搭建；另一方面，开放大学要加强与普通高校、职业院校、行业企业以及其他社会教育机构的合作，实现优势互补、资源共享。

二是强大高效的学习支持服务体系。作为创新的教育形式，开放教育的组织实施都是基于学习者与施教者的准时空分离，因此建立完善的学习支持服务体系显得尤为重要。而广播电视大学的核心竞争力之一即是要建立强大高效的学习支持服务体系。首先，要依托开放大学系统完善的办学体系，有针对性地与区域、行业、企业、学校开展合作，形成遍布城乡的学习中心网络，满足不同学习者多样化、个性化的学习需要；其次，充分利用计算机技术、通信技术和网络技术，建立和完善以学习者为中心的开放数字化学习支持服务体系，为学习者提供无处不在的学习服务。

三是沟通各级各类教育的学习成果认证体系。《教育部关于办好开放大学的意见》提出的开放大学建设主要任务之一是“建设‘学分银行’，实现学习成果积累和转换”，要适应全民终身学习需求，不断拓展开放大学办学功能，为学习者学习成果转化提供便利服务。开放大学在发展过程中，也要成为国家和各省份学分银行建设的主力参与者和鼎力支持者，助力国家和地区终身教育体系构建和学习型社会建设。

（四）不断完善质量保障体系

开放大学的质量目标是培养应用型人才，致力于成为开放、卓越的高等远程教育机构。以应用型人才培养为质量目标，适应社会发展的需要，在高等教育大众化的背景下，以社会需求为导向，以满足社会需要和学生个体在知识技能、生涯发展、职业提升等方面的发展作为判断教育质量的依据。因此，在质量结果上，开放大学的学生毕业时必须达到与传统高等院校相一致的质量，也就是说无论一个学生来到开放大学之前的学术水平和背景如何，当他从开放大学毕业时，必须达到和其他任何高校毕业生同样的质量。开放大学要建立健全以质量保障标准和质量保障机制为核心的质量保障体系；要建立信息化质量监管平台，加强教学过程规范管理，建立健全教学过程质量监管的有效措施；要严肃考风考纪，建立考试的信息化监管模式；要建立健全开放大学学院、学习中心的资质认证及定期复核制度。建立健全政府、行业、企业和第三方机构参与的开放大学质量监测评估体系。

（五）完善相关学习制度

探索建立先进的教学与学习管理模式，推行学习者自主选择专业（培训项目）、自由选择课程；积极探索推进学历与非学历继续教育沟通衔接，推进课程互选以及学分认证、积累与转移的学分银行制度，推动校际以及学校与社会各类继续教育的沟通衔接；建立完善课程证书、结业证书、毕业证书、学位证书等多证书衔接和多出口、多渠道的管理架构。

健全宽进严出的学习制度。探索“宽进严出、注册入学”的弹性学习制度，建立以课程学习为基础、强化学习过程的教学管理制度，建立以提升岗位职业能力为主，注重实践能力、综合能力的多样化考核评价制度。各级教育行政部门要积极推进招生考试制度改革，建立与学分银行制度相适应的招生考试、学籍管理和学历认证制度。对于注册进入学分银行的学历教育学习者给予学籍认证；对按照要求完成学习任务，取得毕业所需学分的学生颁发相应的毕业证书，并给予电子注册。

第五节　持续提升学历继续教育质量

从国际教育发展来看，确保包容、公平和有质量的教育，促进全民享有终身学习机会，成为世界教育发展的新目标。从国内教育发展来看，我国教育进入了以提高质量、优化结构、促进公平为核心的新发展阶段。在新的发展阶段，学历继续教育如何提高质量、优化结构，进一步完善办学服务体系，为广大社会成员提供终身学习机会，既是继续教育综合改革的重要问题，更是《国家教育事业发展“十三五”规划》（以下简称《“十三五”规划》）提出的“形成更加适应全民学习、终身学习的现代教育体系”主要目标的重要方面和关键支撑。没有完善、合理的继续教育服务体系，就不可能有真正意义上的现代教育体系。要构建完善、合理的继续教育服务体系，就必须重视长期以来困扰继续教育的质量问题。

党的十九大报告明确提出要“办好继续教育”，好的继续教育必须以高质量为战略支撑。我国继续教育正在转向以质量提升为核心的内涵发展新阶段，提升办学质量和人才培养质量是继续教育综合改革的核心任务。《纲要》提出要“制定教育质量国家标准，建立健全教育质量保障体系”，“把提高质量作为教育改革发展的核心任务”。《“十三五”规划》也提出要“建立健全各级各类教育质量保障体系”。

一、我国高校学历继续教育质量现状

（一）继续教育质量保障措施

进入21世纪以来，以提高质量为核心的内涵式发展是我国学历继

续教育的主线。各级教育行政部门、各类办学机构、行业组织和社会媒体，以不同方式推动学历继续教育的健康、稳定发展。

从教育行政部门来看，改革开放40多年来，教育部及其他有关部门相继出台成人教育政策文件近300个，网络教育政策文件100多个，形成了较为完善的政策法规。2016年11月，教育部出台了《高等学历继续教育专业设置管理办法》。该文件是教育部规范高等学历继续教育专业设置的首份专项文件，文件统一了各类高等学历继续教育专业设置管理政策。通过专业目录管理和专业设置的材料申报、公示、审批、结果公布、信息查询的全程信息化管理与服务平台建设，规范了学历继续教育专业设置。2018年，教育部启动了全国高校继续教育质量年度报告相关工作，开始着手推动高校继续教育的质量监管。在简政放权、放管结合、优化服务的总体背景下，以政府购买服务的方式开展高校继续教育质量年度报告工作，是完善高校继续教育质量保障制度、全面提高继续教育人才培养质量的重要举措和关键环节，是强化高校办学主体责任意识和质量保证意识、践行信息公开、回应社会关切、接受社会监督的重要体现，是加强教育行政部门事中事后监管和服务、提高科学决策水平的有效途径。在省级教育行政部门，像北京、山东等已经开始了辖区内的继续教育质量监管工作。这些监管措施有力地引导、规范了继续教育的发展。

从高校的角度看，各级各类高校在严格教学管理、确保教学质量方面做了大量的、细致的工作，进行了许多有益的探索与尝试。一是继续教育在高校中逐步被纳入学校人才培养整体规划，在控制规模和提升质量的结合点上进一步取得新的平衡；二是建立规范的教学管理制度，加强教学过程实施与监控，基本形成了有效的校内质量保证体系；三是进行高校继续教育教学改革，形成了具有特色的教学模式、管理模式；四是高校继续教育开发立体化、多样化、标准化的教学资源，为提高高校继续教育质量提供保障；五是许多高校探索建立了校内继续教育质量保证体系，出台了相关文件，形成乃至发布了年度学校继续教育质量报告。

从社会媒体的角度看，各级各类新闻媒体在持续发挥监督职能的同时，更注重发挥宣传和引导作用，营造了有利于继续教育健康发展的社会环境和鼓励全民终身学习的舆论氛围。

（二）学历继续教育质量长期受到社会质疑

学历继续教育是高校面向在职从业人员开展的业余形式的高中后和大学后学历教育，包括成人高等教育（函授、夜大学、脱产）、现代远程教育（网络教育和开放教育）和高等教育自学考试等多种形式。多年来，各高校通过多种形式的学历继续教育为国家培养了数以千万计的人才。尽管高校学历继续教育为国家教育大众化做出了重要贡献，为经济社会发展培养了大批人才，但一个不容忽视的问题是学历继续教育质量长期被社会质疑，同样是国家承认的学历文凭，学历继续教育文凭相比普通全日制高等学历教育文凭要“逊色”许多，甚至出现学历继续教育文凭遭受用人单位歧视的现象。质量问题似乎是悬在高校继续教育之上的达摩克利斯之剑，让高校学历继续教育战战兢兢。2013年9月23日，《中国青年报》以《继续教育被指成为高校“钱袋子”》为题，报道了高校学历继续教育办学的“乱象”。一时间高校继续教育声誉滑入低谷，买卖文凭似乎真的成为高校继续教育尤其是学历继续教育的真实写照。围绕学历继续教育，社会上有众多的机构、网站等组织进行辅导助学等活动，其中相当一部分为招揽生源进行各种虚假宣传等违法活动。教育、工商、税收等有关部门对此缺乏有效监管，在社会上造成混乱。如此种种报道，以及一些不法机构的虚假宣传所引发的负面效应，深刻影响着学历继续教育的质量声誉。较低的质量声誉极大降低了人们的价值期望，也影响到参与者的学习投入热情，学历继续教育陷入恶性循环之中。

究其原因，固然有人们观念和认识上的主观因素，但更为深层的原因在于学历继续教育乃至继续教育自身的不足。

二、影响学历继续教育质量问题的深层次原因

分析学历继续教育质量问题的深层次原因，我们认为有如下几点。

（一）继续教育缺乏宏观统筹管理

继续教育涉及多个部门，覆盖范围较广，是最为复杂和多元的教育领域。加强政府领导和统筹是健全继续教育机制体制、推动继续教育科学发展的根本保证。尽管《纲要》提出“政府成立跨部门继续教育协调机构，统筹指导继续教育发展”，但长期以来国家层面跨部门协调机构缺失，各级教育行政部门中也很少有单独设置的专门管理机构，多头管理、职责不明、力量分散、监管缺位的问题十分突出。

（二）质量保证制度体系不健全

质量保障制度确保教育活动符合标准要求，同时让外部确信教育机构能够提供质量合格的教育服务，得到外部对教育质量的认可。长期以来，我国继续教育质量保障制度体系不健全，质量观不明确，质量保证标准缺失，质量保证机构不健全，质量保证措施不到位。这些问题的存在，在很大程度上影响了我国继续教育的质量声誉。

（三）继续教育办学定位存在误区

当前我国经济社会发展进入了新阶段，经济体制改革、产业结构调

整和生产方式转变以及学习型社会建设对继续教育提出了新要求、赋予了新使命，继续教育的内涵和任务发生了深刻变化。但相当一部分高校未能与时俱进，还按照学历补偿的传统思路开展继续教育；大多数高校没有将继续教育作为履行高校四大职能的重要途径以及学校人才培养体系的重要组成部分，没有纳入学校整体发展规划，继续教育在高校中仍然处于边缘地位。

（四）高校办学自主性缺失

伯顿·克拉克曾把高等教育系统的协调看作是国家、市场和学术三股力量之间博弈、制衡的三角关系，并构建了学术权威、国家权力以及市场三足鼎立的“三角协调模型”。①长期以来，我国高校和国家之间的关系呈现出典型的国家控制特征，教育行政部门努力把高校纳入行政的管理范畴，规定高校按照其要求进行办学。尽管近年来教育治理体系改革在探索构建政府、学校和社会之间的新型关系，并写入了《纲要》，开始重新分配政府和高校之间的权力，扩大高校办学自主权，但受长期以来国家控制模式的影响，我国高校办学自主权的落实还有较长的一段路要走，高校办学自主性体现得还不十分充分。大学声誉的形成最重要的是学校办学的自主性。②办学自主性的缺乏使得高校在办学过程中更多地关注政府及相关部门的要求，对学校与社会之间良性关系的建立积极性不高，对社会需求的关切程度不够。这就进一步加剧高校和社会之间的信息不对称，而声誉的形成依赖于信息的传递，当公众无法有效感

① 吴佳妮. 美国高等教育质量保障体系中的权力博弈：学术、国家、市场的三角关系变迁［J］. 比较教育研究，2012，34（7）：30-35.

② 闫凤桥. 大学的办学质量与声誉机制［J］. 国家教育行政学院学报，2012（12）：16-20.

知高校教育服务的质量信息时，就容易对教育质量做出错误的猜测。

（五）对继续教育办学规律认识不足

继续教育是面向在职成人的学校后教育，其人才培养规格、专业课程体系、教学手段方法、评价标准方式应符合在职成人业余学习的特点。但是受教育部《关于大力发展高等学校函授教育和夜大学的意见》（1980年）文件中关于“高等学校举办的函授教育和夜大学，要参照全日制高等学校相关的教学计划和教学大纲进行教学”规定的影响，我国学历继续教育的专业设置和培养计划基本沿袭普通高等教育，只是进行了有限调整，对于继续教育办学规律和人才培养的认识不足。从学习者的角度看，学习者参加继续教育的价值追求正在由获取文凭证书向掌握知识、提升技能和提高素质转变，继续教育的教育、学习属性愈加凸显，其育人功能进一步发挥。继续教育办学机构如何尽快适应这一转变是一个急迫的问题。

三、健全质量保证制度是推动继续教育健康发展的唯一选择

《纲要》提出的继续教育发展主要任务包括三个方面：一是加快发展，二是建立健全体制机制，三是构建灵活开放的终身教育体系。发展主要任务的实现必须以质量为前提和支撑，建设一个完整而科学有效的质量保证体系，对提高继续教育质量和提升继续教育社会声誉起着决定性的作用。基于此，我们认为当前要推动我国继续教育的持续健康发展，就必须建立健全继续教育质量保证制度。尤其是在目前“简政放权、放管结合、优化服务”的大背景下，如何既赋予办学机构办学自主权，充分激发办学积极性、主动性，又能切实加强事中事后监管，提供高效服务，是我们在设计继续教育质量保证制度时要充分考虑的问题，

需要加强顶层设计。

质量保证体系的建立能够从宏观上解决国家继续教育发展中现存的问题，明晰继续教育的质量观、基本质量框架和质量标准，促进各级各类教育纵向衔接、横向沟通；从微观上使得继续教育办学机构能够在质量管理工作中有法可依、有理可循。同时，国家质量保证体系的建立也使得政府、社会和机构之间形成良好的沟通环境，提升教育质量和社会声誉。

继续教育质量保证制度包括质量管理机构、质量保证的目的、质量保证的组织模式、质量保证的流程、质量保证标准框架等。

（一）健全继续教育质量保证机构

继续教育质量管理机构可以是政府直接管理下的机构，也可以是社会第三方认证机构，国家教育行政部门可以设立直属事业单位，专门负责此项工作，也可以在直属高校内成立专门的机构，配合教育部开展高等教育质量管理工作。质量保证的目的不仅要关注机构质量的改进，同时也要定期向社会公布质量认证和评估结果，以提升社会声誉。基于“管办评分离”原则，建立健全质量保证体系，形成政府依法管理、学校依法自主办学、社会各界依法参与和监督的格局，使继续教育治理体系和治理能力现代化水平明显提升。

（二）制定继续教育质量保证标准

质量保证标准框架是继续教育质量保证制度的核心内容，应尽快调研国际教育质量保证标准的内容框架，结合中国特色，制定全面、科学的继续教育质量保证标准框架，并向社会公布。加快研究各类继续教育办学形式的评估指标体系，建立相应评估标准。研究制订学历继续教育的评估（检查）工作计划、方案、指标体系及标准，征求意见、开展试点，探索继续教育第三方评估认证机制。要尽快制定我国继续教育的质量保证国家标准，作为基础的质量保障标准，在质量保障中发挥基础性和引导性的作用。

（三）完善继续教育质量保障运行机制

要探索建立我国继续教育质量保障运行机制，明确规则与程序，实现彼此间的分工、协作和对接，尤其要注重加强和发挥第三方机构的作用。质量认证和评估的内容包括两个层次：机构层次和专业层次。之前，我国继续教育质量评估只在机构层面进行。应该增加评估层次，不仅要对机构进行质量评估，还要建立专业认证和评估的制度。要在教育部继续教育办公室领导、高等教育教学评估中心指导下，由继续教育领域专家、评估专家、相关学科领域专家共同组成“高等学校继续教育评价工作专家委员会”，负责统筹协调、组织实施继续教育领域的各项评估、检查、认证工作。要组织制度化、常态化的继续教育评估、检查、认证，完善多样化的教学质量评价制度和方法。

（四）完善继续教育改革发展专家咨询制度

要建立健全继续教育专家组织，完善继续教育改革发展专家咨询制度。可遴选全国高校有关学科专业、继续教育、远程教育专家及部门、行业企业相关专家，成立继续教育改革创新发展委员会、教学指导专家委员会、质量认证评估专家委员会等专家组织。研究全国高等学校继续教育发展规划、重大改革方案和政策建议，作为教育行政部门的决策依据；研究制定高校继续教育资质和质量标准，包括办学、机构、人才培养、教学、专业建设、师资、课程资源等；研究制定认证、评估、检查等教育教学评价制度、方案、指标和标准，参与继续教育质量检查、评估工作等。

（五）高校应充分发挥继续教育质量保障主体作用

高校继续教育办学体系要服从服务于国家战略，紧紧围绕国家战略实施，更新观念，科学规划，统筹安排。在高校继续教育的目标定位、改革基本原则、重点工作任务等方面认真梳理，通过改革使高校继续教育服务国家战略和人的全面发展的能力得到大幅提升。

高等学校学历继续教育应始终坚持质量第一的原则，以提高高校学历继续教育质量为核心任务，正确处理质量、规模、结构、效益的关系，建立高校内部的教学质量研究、质量标准制定和质量检查评估机制，形成与高校定位和品牌相匹配的高校继续教育质量保障体系。进一步推动专业课程体系、教育教学模式的改革创新，不断提高人才培养质量。加强高校软硬件建设，优化继续教育的办学条件，提高培养能力，真正实现学校资源的公平使用；建立信息化的继续教育的教学、管理与服务系统。

第三章　建立全民终身学习的制度环境

《中国教育现代化2035》提出了建立全民终身学习的制度环境，是新时代推进终身教育现代化的纲领性文件，为终身教育现代化的发展和改革提供了方法论指导，为构建全民终身学习社会提出了清晰的策略发展规划。互联网技术的发展和在教育领域中的应用，产生了多元化的灵活学习形式，促进网络学习资源的共享共建，达到良好的教育成本效益。终身教育的理念也从最初的关注学习资源和条件的提供，转向终身学习的质量和学习成效，强调正规教育、非正规教育、非正式学习（也称为无一定形式学习）的学习成果认证，形成各级各类教育之间横向沟通、纵向衔接的终身教育立交桥，为所有人提供持续学习、不断向上的终身学习阶梯，也就是国际上统称的资历框架。在建立终身教育资历框架中，基于质量保证体系的学习成果认证制度成为关键，包括制定各类学习成果的认定标准、学分标准、学分积累办法，并通过建立存储学习经历和学习成果的学分银行制度，为所有人提供能够记录的个人学习账户，以学分的形式进行积累、互认和转换。

终身学习是涵盖人一生的学习，灵活开放的学习模式尤其适合高中后教育，需要在高中后教育中全面开展学分制，采用弹性的学制和学习者自主选课的方式，同时开展各类非学历教育学习成果认定和转换，衔接和开展高中后各类教育和培训的学分对接，鼓励人们参与灵活多样的终身学习的热情和动力。在建立全民终身学习的制度环境中，政府需要出台相应的终身学习激励政策，分享鼓励终身学习的有效实践，形成人人皆学、处处能学、时时可学的学习型社会，让学习成为每一个人的生活习惯，让学习成为人们生活方式的一部分。终身学习现代化需要充分应用现代信息技术，大力开展终身教育信息化建设，探索以大数据、云计算和人工智能为基础的终身学习需求与能力监测，为发展一体化、智能化和个性化的终身学习服务提供决策支撑服务。

第一节 构建终身教育资历框架，促进优质和灵活的终身学习

一、资历框架的概念界定及意义

（一）资历框架的概念界定

资历框架也称学习成果框架，是由教育部门联合各行各业共同制定的、反映各类学习成果的等级和通用标准体系，包括人们通过正规教育、非正规教育、非正式学习获得的各类学习成果，旨在建立教育系统和劳动力市场之间认证制度的衔接。建立资历框架是推动终身教育现代化的基础性制度，既是为满足更加开放灵活的终身学习需求，通过各类学习成果的认证、积累和转换，实现学业提升通道、职业晋升通道、社会上升通道更加畅通的基础性制度，也是实现国际人才标准对接，扩大我国教育的国际影响，实现人才的国际交流，推动教育国际化的基础性制度。

在资历框架的构建中，要把各种学习成果统一到一个框架中，这就要建立统一的资历等级划分和相应的学习成果要求。资历等级的划分一

般是由低到高，第一级可以是相当于小学水平的资历，最高级相当于博士层次的资历，在第一级和最高级资历中间划分的资历等级数量，是根据本国的教育和培训体系而定的。如以普通教育为参照系，包括小学、初中、高中、大专、本科、硕士研究生、博士研究生等级。

在划分资历框架等级的基础上，为了保证各类学习成果的可比性和可转换性，需要建立资历框架中每一等级的通用标准。资历等级标准通常从知识、技能、能力三个维度表述，不同的专业或职业领域可以增加相应的维度，如教师行业可以增加态度维度。资历框架等级标准中的知识、技能和能力有特定的含义。知识是指与学习或工作有关的理论、事实、技术和实践四个维度的知识。技能是指在学习或工作环境中，应用相应的知识和方法，通过练习完成任务和解决问题的活动方式，包括认知技能和实践技能。能力是指在学习或工作环境中所需要的自主能力和担负职责的能力。资历等级越高，对学习成果的知识、技能和能力的要求也越高，每一等级的资历都要制定详细的通用标准说明。资历框架等级标准的建立，为教育和培训机构开设不同资历等级的课程、为非正规教育和非正式学习所获得的学习成果进行认证提供了统一的通用核心指标。在终身教育资历框架中，作为各类学习成果对接的单位是学分，学分是对课程或单元学习量的描述和计算。在资历框架中要确定统一的学分计算和转换标准，才能进行标准化的资历学分的积累、互认和转换。

为了鼓励从业人员持续进修和终身学习，在资历框架中把在职人员进修和培训的学习成果转换成个人相应资历等级的学分，畅通个人不断上升的通道，这就要建立统一的基于资历框架的行业通用标准。例如，我国香港地区基于香港资历架构的等级和通用标准，把行业内的培训课程归属到资历框架中。目前，香港政府已协助23个行业建立了资历框架行业培训咨询委员会，开发了行业资历框架通用标准，称为行业能力标准，列明行业中各级资历框架所需要达到的知识、技能和能力标准。建成资历框架标准的行业已经涵盖香港整体劳动人口的53%。①

基于资历框架等级和通用标准，为了保证资历学分的对等性，需要建立严格的教育和培训机构内部的质量保证系统和外部的学术和职业评审机制。在内部质量保证体系中，成效为本是课程建设、教学过程以及评估的基本原理和方法。成效为本强调基于资历框架的等级和等级通用标准，确定每门课程的学习目标。学习目标必须是清晰具体和可测评的，要准确地表述学生需要掌握的相应资历等级的知识、技能和能力的要求，要让学生清楚地了解学习要达到的成效目标。根据预期学习成效目标进行的教学，能确保教学过程及评价与学习成效目标的一致性。无论是采用面授教学，还是混合式学习，抑或完全在线学习的方式，根据成效为本的原理，只要学生达到某门课程设定的预期学习成效目标，就可以获得相应的学分。

过往学习的认可是资历框架的一个重要组成部分。过往学习的认可，是指通过非正规教育和非正式学习获得的知识、技能和能力，通过政府认可的机构进行评审。② 评审包括知识、技能和能力的笔试和操作考试。按照资历框架的要求，通过评审获得相应的资历学分，达到要求的学分量获得相应等级的资历。资历框架通过对过往学习的认可，促进非正规教育和非正式学习，让在职人员在工作中获得的资历得到社会和

---

① 张伟远，傅璇卿. 搭建终身学习立交桥的七大任务：基于香港的实践［J］. 中国远程教育，2013（19）：5-10.

② 彭炳鸿. 香港资历架构和学分互认的理念与运作［J］. 终身教育研究，2017（4）：58-61.

雇主的认可，让人们不需要重复学习，有助于畅通学业上升、职业上升、社会上升的通道。

（二）建立国家资历框架的重大意义

制定国家资历框架的目的，在于实现各级各类教育纵向衔接和横向沟通，认可人们各种学习形式获得的学习成果，认可人们在工作和生活中所掌握的知识、技能和能力的成果和业绩，是破解我国终身教育的制度瓶颈、切实推进我国终身教育实践的关键，更是实现教育和劳动力市场有效互通和衔接的制度基础。①

2016年3月17日发布的《中华人民共和国国民经济和社会发展第十三个五年规划纲要》（以下简称《"十三五"纲要》）强调，建立个人学习账号和学分累计制度，畅通继续教育、终身学习通道，制定国家资历框架，推进非学历教育学习成果、职业技能等级学分转换互认。《"十三五"纲要》提出制定国家资历框架，国家资历框架是国家层面上的终身教育体系，也是国家终身教育资历框架。2016年7月，教育部《推进共建"一带一路"教育行动》更加明确地提出，"加快推进本国教育资历框架开发"。在"一带一路"沿线国家共同发展中，教育和培训的合作和联合是重要的发展战略目标之一，这对我国建立国际化的终身教育资历框架和学分互认机制提出了新的要求，同时带来了实现国际教育一体化的契机。②

2016年10月，全国教育科学规划领导小组办公室批准设立国家社

---

① 陈丽，郑勤华，林世员．"互联网+"时代中国开放大学的机遇与挑战［J］．开放教育研究，2017，23（1）：15-20.

② 张伟远．工作为本学习：突破终身学习立交桥瓶颈［J］．开放教育研究，2016，22（6）：58-64.

科基金教育学重点课题“国家资历框架研究”，由教育部学位与研究生教育发展中心主持，旨在推动国家资历框架的实践探索研究。2019年1月，《教育部2019年工作要点》明确提出“做好学习成果认证、积累与转换试点总结，推动开展国家资历框架研究”。①2019年2月，国务院颁布的《中国教育现代化2035》再次强调“建立全民终身学习的制度环境，建立国家资历框架”，明确了建立国家资历框架是我国教育现代化发展的重要内容之一。

2019年2月，国务院印发《国家职业教育改革实施方案》，提出在职业院校和应用型本科高校中，启动“学历证书+若干职业技能等级证书”（即“1+X”证书）制度试点，该工作于2019年3月启动。“1+X”证书制度鼓励学生在获得学历证书的同时，积极取得多类职业技能等级证书。②这是推动资历框架发展、畅通职业教育和培训系列衔接和沟通的新举措。2019年3月27日，教育部职成司委托教育部职业技术教育中心研究所，启动“国家资历框架在职业教育领域的研究和实践”项目。

由此可见，资历框架建设已经上升为国家教育发展战略，通过构建国家资历框架可以融合我国正规教育、非正规教育和非正式学习的各级各类学习成果，建立起所有人在学校、家庭、社区、工作场所中学习成果认证的立交桥和资历阶梯，是推动我国终身教育体系和学习型社会建设的重要方略，对实现伟大中国梦和建设教育强国具有重要意义。

---

① 郑炜君，王顶明，王立生．教育国际化语境下的资历框架构建——跨境教育国际论坛综述［J］．大学（研究版），2017（12）：17–24.

② 邱同保．从高职教育文本政策的解析看高职教育的发展轨迹［J］．教育与职业，2008（17）：5–8.

二、国外终身学习资历框架的制度建设

（一）国外资历框架的发展和模式

在20世纪80年代，全球教育界都在探讨如何应对知识经济社会来临的机遇和挑战。知识经济社会是相对工业经济社会来讲的，在工业经济社会中，教育结构是金字塔式的，企业依靠聘用教育金字塔顶尖的精英高校毕业生，作为新知识和新技能的主要来源，设计和开发新产品。企业的员工结构也是金字塔式的，只有位于最顶层的少数精英员工需要终身学习，而大部分的员工终身从事简单重复的技能操作。① 到了知识经济社会，为了保持经济竞争力，工业经济社会金字塔式的员工结构被打破，知识经济社会的企业需要的是不断学习的、灵活发展的、自主的员工，要求所有员工都持续不断地学习新知识、新技能，这就对人们提出了终身学习的要求。各国政府、教育机构、各行各业都积极回应知识经济社会的要求，为全社会人们提供终身学习的机会。为此，资历框架作为发展终身教育的策略开始出现。

资历框架的发展始于20世纪80年代末至90年代中期，最早推行资历框架的国家和地区是新西兰、英国的苏格兰、澳大利亚、南非，为人们提供灵活弹性的个性化的终身学习阶梯。从90年代后期开始，资历框架在全球兴起，尤其在爱尔兰、马来西亚、马尔代夫、毛里求斯、墨西哥、纳米比亚、菲律宾、新加坡、威尔士、特立尼达和多巴哥等国家和地区迅速发展。② 根据联合国教科文组织等机构2017年联合发布的

---

① 张伟远，傅璇卿．搭建终身学习立交桥的七大任务：基于香港的实践［J］．中国远程教育，2013（19）：5-10.

② 张伟远，傅璇卿．搭建教育和培训的资历互认框架：东盟十国的实践［J］．中国远程教育，2014（5）：46-53.

《全球区域和国家资历框架目录》的统计，全球资历框架的发展规模达到前所未有的水平，建立和实施资历框架的国家总数达到154个，覆盖联合国193个缔约国的四分之三。同时，终身教育资历框架的国际发展已经进入跨国的资历和学分互认阶段，全球建立了7个区域资历参照框架，126个国家参与了跨国资历和学分的对接。①

纵观国际上的资历框架，可以划分为四种模式：单一类型的资历框架、地方资历框架、国家资历框架、区域资历框架。单一类型的资历框架是指同一类型教育之间的衔接和沟通，如高等教育资历框架、职业教育和培训资历框架等。例如：英国不同地区并存着五个资历框架，包括职业教育和培训国家资历框架、职业教育和培训资历和学分框架、高等教育资历框架、苏格兰学分和资历框架、威尔士学分和资历框架。②其中英国高等教育资历框架是属于高等教育类型的资历框架，于2001年由高等教育质量保证署负责开发和推出，2003年在英格兰、威尔士和北爱尔兰三个地区实施，2008年8月进行修订。高等教育资历框架包括第四级到第八级五个层次的资历，第四级是高等教育证书/国家高等教育证书，第五级是高等教育文凭/国家高等教育文凭/基础学位，第六级是本科证书/本科文凭/学士学位/荣誉学士学位，第七级是研究生证

① UIL. Global inventory of regional and national qualifications frameworks 2019 Volume I, Thematic chapters [EB/OL]. (2019−05−22) [2020−06−17]. https://www.etf.europa.eu/sites/default/files/2019−05/03%20P221543_Volume%20I%20−%20PROOF%202_IC%20−%20080519%20−%20x%20copies.pdf.

② 张伟远，段承贵. 英国实施各级各类教育衔接和沟通的实践与教训 [J]. 中国远程教育（综合版），2014（4）：11−18.

书/研究生文凭/硕士学位，第八级是博士学位。[①] 在高等教育资历框架的细则中，对各级资历的等级标准有详细的描述。

地方资历框架是相对于国家资历框架而言的，典型的如加拿大安大略省资历框架。加拿大的政治体制属于联邦制，根据宪法规定，教育完全由各省自治。安大略省资历框架于2010年建立，是加拿大全国范围内完成的第一个地方资历框架。[②] 安大略省资历框架由低到高分为13个资历等级，包括职业教育和培训系列的9级和高等教育系列的4级。第一级是一级证书，第二级是二级证书，第三级是学徒证书，第四级是资历证明，第五级是三级证书，第六级是一级文凭，第七级是二级文凭，第八级是进修证书，第九级是文凭后证书，第十级是学士学位，第十一级是荣誉学士学位，第十二级是硕士学位，第十三级是博士学位。[③] 安大略省资历框架中的每一个资历等级都有对应的资历等级标准，包括六个维度：知识的深度和广度，理论和方法论的认知/学术研究，沟通技巧，知识的应用，专业能力和自主性，对知识局限性的认识。

许多国家是先有同一类教育的资历框架，再把各类教育资历框架整合起来，形成各级各类教育之间衔接和沟通的国家终身教育资历框架。例如：马来西亚资历框架起源于高等教育认证，马来西亚政府在1996年颁布《国家认证法令》，据此教育部成立马来西亚国家认证委员

---

① QAA.The framework for higher education qualifications in England, Wales and Northern Ireland [EB/OL]. (2008-08) [2019-03-03]. http://www.qaa.ac.uk/en/Publications/Documents/Framework-Higher-Education-Qualifications-08.pdf.

② 张伟远，段承贵，傅璇卿. 搭建终身学习立交桥：国际的发展和比较 [M]. 北京：中央广播电视大学出版社，2014：299-305.

③ 张伟远，傅璇卿. 建立教育公平的终身学习体系：南非的经验和教训 [J]. 中国远程教育，2014 (2)：16-23.

会，对私立高校的学位、学历和专业进行认证。2007年，马来西亚政府颁布《马来西亚资历认证法令》，通过了马来西亚资历框架，同年成立马来西亚资历局，负责制定国家资历框架。此资历框架属于全国范围内教育和培训机构都适用的统一资历系统，涵盖普通高校、职业院校、专业团体，以及其他公立和私立的高等教育机构，也包括在职培训和终身学习。① 由于马来西亚资历框架起源于高等教育领域，马来西亚资历局也设置在高等教育部。② 马来西亚资历框架包含三个子框架和八个等级，三个子框架分别是技能培训、职业教育、高等教育。在八个资历等级中，技能培训有五个等级，分别是一级技能证书、二级技能证书、三级技能证书、文凭、高级文凭。职业教育有三个等级，属于资历框架的第三到第五等级，分别是职业技术证书、文凭、高级文凭。高等教育系列有六个等级，属于资历框架的第三级到第八级，分别是证书、文凭、高级文凭、本科阶段的证书和文凭/学士学位、研究生证书和研究生文凭、硕士学位、博士学位。③ 马来西亚资历框架不同等级的资历标准从五个维度进行描述，称为资历框架标准通用能力：知识的深度、复杂性和全面性，知识和技能的应用，决策过程中的自主程度和创造性，交流技能，实践的广度和复杂程度。

随着资历框架理念和实践在国际上的广泛流行，全球人口流动性的

---

① Malaysia. UNESCO Institute for Lifelong Learning [EB/OL]. (2015) [2019-03-03]. http://uil.unesco.org/fileadmin/keydocuments/LifelongLearning/en/UIL_Global_Inventory_of_NQFs_Malaysia.pdf.

② Keating J.The Malaysian qualifications framework. An institutional response to intrinsic weaknesses [J]. Journal of Education & Work, 2011, 24 (24): 393-407.

③ Malaysian Qualifications Agency. Malaysian Qualifications Framework [EB/OL]. (2011) [2019-03-05]. http://www.mqa.gov.my/PortalMQAv3/document/mqf/MALAYSIAN%20QUALIFICATIONS%20FRAMEWORK_2011.pdf.

增强，很多地区探讨和实施跨国资历的认可和转换，即建立区域资历参照框架。终身教育资历框架从一国发展到区域跨国资历和学分的互认，最早是欧盟在2008年建立的欧洲资历框架，2011年实施，目前有39个欧洲国家参照欧洲资历框架开展本国和跨国的资历和学分互认。①2009年，太平洋资历框架正式发布，15个成员国开展跨国的资历框架对接。2010年，英联邦学习共同体创建英联邦小国虚拟大学，并开发了资历框架和质量保证机制，为32个成员国提供资历和学分认证。2012年，加勒比区域制定资历框架，2016年得到批准，为15个成员国提供资历和学分的对接。2014年，海湾区域资历框架在沙特阿拉伯正式发布，为6个成员国开展本国与区域资历框架的对接工作。②2014年底，东盟资历参照框架正式建立，为东盟10个成员国之间进行跨国资历和学分互认提供了参照标准，逐步实施东盟10国之间跨国的资历和学分互认。③2017年，南部非洲发展共同体资历框架正式推出，并建立了区域资历认证网，作为南部非洲发展共同体成员国资历认证的工具。④

资历框架立法和建立管理机构是资历框架可持续发展的关键，这就

① CEDEFOP. National qualifications framework developments in Europe 2017 [EB/OL]. (2018) [2019-03-05]. http://www.cedefop.europa.eu/en/publications-and-resources/publications/4163.

② CEDEFOP.Global inventory of regional and national qualifications frameworks 2017. Volume II [M]. Thessaloniki：The European Centre for the Development of Vocational Training, 2017: 106-107, 161，285，286，343-344，621-653.

③ SHARE. ASEAN Qualifications Reference Framework and National Qualifications Frameworks [EB/OL]. (2016) [2019-03-05]. http://share-asean.eu/wp-content/uploads/2015/10/AQRF-NQF-State-of-Play-Report.pdf.

④ SADC. Summary of Deliberations Meeting of the SADC Technical Committee on Certification and Accreditation [EB/OL]. (2017) [2019-03-05]. http://www.sadc.int/files/4214/9327/4413/Final_Summary_of_the_meeting_TCCA_19-20_April_2017.pdf.

需要政府机构主持和统筹资历框架的运作。例如：澳大利亚联邦政府和州政府进行立法，而澳大利亚资历框架委员会监管澳大利亚资历框架的实施，质量保证分别由高等教育、职业教育和培训以及普通教育三个领域的质量保证机构各自负责。南非在1995年通过《南非资历当局法》，1996年南非资历局开始运作，负责发展和推行国家资历框架。有的国家或地区是由政府的教育主管部门承担资历框架统筹的职责，而有的国家或地区是由政府委托的专门机构负责，称为"资历局"或者"资历主管部门"。①

（二）"一带一路"沿线国家资历框架的制度建设

基于联合国教科文组织等机构2017年发布的《全球区域和国家资历框架目录》的数据，在"一带一路"沿线的71个国家中，62个国家建立了终身教育资历框架，占总数的87%，这表明"一带一路"沿线国家已经广泛推行终身教育资历框架。同时，"一带一路"沿线国家的资历框架正在进入从本国向跨国资历框架对接的阶段，在71个"一带一路"沿线国家中，37个国家已经加入了所在区域的资历和学分互认系统，其中有19个国家与欧洲资历框架进行对接，10个国家与东盟资历框架进行对接，1个国家与英联邦小国虚拟大学跨国资历框架对接，6个国家与海湾资历框架进行对接，1个国家与太平洋资历框架进行对接。通过与区域资历框架的对接，可以实行本国与区域内其他国家的资历和学分互认。

为了保证资历框架的推行，建立资历框架的"一带一路"沿线国家

---

① European Training Foundation. Qualifications Frameworks: From concepts to implementation [M]. Luxembourg: Publications Office of the European Union, 2012.

都在政府层面上进行资历框架立法。[①]资历框架的立法包括内容和过程两个维度。资历框架立法内容是指资历框架的法律、条例、适用范围和目的，并对八个关键内容做出规定，分别是目的和原则、组织管理机构、利益群体、资历的开发、实施资历框架的关键议题、质量保证、非正规和非正式学习的认证、资历的认证。过程是指资历框架立法的构思和设计，在起草法律中需要研究如何建立新的法律，与相应法律的对接，如遵循上位的国家教育法的条款，与下位的职业和培训法的衔接，确保终身教育资历框架与各级各类教育、培训和劳动力市场已有的相关法律和政策一致。此外，资历框架立法基于各国国情在以下方面存在差异化：初级和二级立法，初级立法制定基本原则，二级立法规定详细条款；法律松散和紧张之间的平衡；参与立法的主体和利益群体。[②]

"一带一路"沿线实施终身教育资历框架的国家以法律为保障，保证国家资历框架能在全国范围内广泛推行和实施。例如：2012年10月1日，菲律宾政府颁布了"83号行政令"；2000年8月14日，马尔代夫政府颁布了"总统法令"；2012年10月19日，哈萨克斯坦政府颁布了"8022联合令"；2012年2月1日，保加利亚政府颁布了"部长理事会第96号决定"。埃及在2006年政府颁布的"82号法律"和2007年颁布的"25号总统令"中，提出了资历框架的技术蓝图，宣布建立国家质量保证和认证委员会。在2015年由总理提议、国家质量保证和认证委员会主办的高端会议上，决定草拟埃及资历框架法律。

---

① 张伟远，谢青松. "一带一路"沿线国家资历框架的发展现状和管理模式研究［J］. 现代远程教育研究，2019（1）：11–17.

② Graham M, Deij A. Organising to Deliver National Qualifications Frameworks［EB/OL］.（2017）［2019–03–05］. http://www.cedefop.europa.eu/files/2221_en.pdf.

“一带一路”沿线国家在构建终身教育资历框架中，采用政府主导、各利益群体全面参与的管理模式。利益群体是指在资历框架政策制定和实施过程中具有特定作用或既得利益的团体或实体机构。没有利益群体的参与，资历框架将会缺少可信度，资历框架的实施也难以落实。利益群体包括政府不同部门、行业机构和商会、教育和培训机构等。资历框架由政府指定的部属机构或特设部门管理，为不同的利益群体搭建咨询和商讨的平台，讨论资历框架体系中的问题，制订国家资历框架实施计划，制定改革目标，识别新资历的需要，评估资历课程提供机构的能力和措施，决定资历体系的改革等。①

从“一带一路”沿线国家的终身教育资历框架的管理模式来看，在各国资历框架法律中，都规定了由政府部门作为资历框架的管理机构。例如：菲律宾资历框架由菲律宾国家协调委员会管理，协调委员会主席由教育部部长担任，成员包括技术教育和技能发展署、高等教育委员会、劳动和就业部以及专业监管委员会的官员，这些成员分管全国不同类型的教育和培训事务，以管理和统筹利益群体共同参与资历框架的建设和实施。协调委员会成立四个工作组，分别承担菲律宾资历框架的不同职责，所有的组织机构致力于发展一个协调的、符合国际标准的资历框架，覆盖基础教育、职业教育与培训、高等教育以及更广泛的终身学习。② 马尔代夫在2000年组建了教育认证委员会，而此前资历认证由

① ETF.Getting organised for better qualifications: a toolkit.Turin: ETF [EB/OL]. (2016) [2019-03-05]. http://www.etf.europa.eu/web.nsf/pages.

② Isaac I. The Philippine national qualifications framework.Paper presented at the International conference on implementation of NQF policies and strategies [EB/OL]. (2011) [2019-03-05]. http://www.unescobkk.org/fileadmin/user_upload/epr/TVET/PHILIPPINES_Paper.pdf.

公共考试部负责。随着马尔代夫资历局的建立，2005年资历局启动了对各级资历的修订，经过广泛的研究和与利益群体的讨论和咨询，2009年完成资历的修订工作。2010年，马尔代夫认证委员会的资历认证的职责正式移交给马尔代夫资历局，2011年，马尔代夫资历局完成了原有认证体系和新的国家资历框架体系的对接。①

在“一带一路”沿线国家中，各国都建立了资历框架等级和资历等级通用核心标准：新加坡在2003年建立了6个等级的劳动力技能资历框架，马来西亚在2007年建立了8个等级的国家资历框架，菲律宾在2012年建立了8个等级的国家资历框架，印度尼西亚在2012年建立了9个等级的国家资历框架，柬埔寨在2012年建立了8个等级的国家资历框架，文莱在2013年建立了8个等级的国家资历框架，泰国在2014年建立了9个等级的国家资历框架，越南在2014年建立了8个等级的国家资历框架计划书，老挝在2015年建立了8个等级的国家资历框架计划书，缅甸在2015年建立了8个等级的国家资历框架的草案。②

在“一带一路”沿线国家中，有些国家的资历通用标准是5个维度。例如：马来西亚的资历等级通用标准维度包括知识的深度、复杂性和全面性，知识和技能的应用，决策过程中的自主程度和创造性，交流技能，实践的广度和复杂程度；柬埔寨的资历等级通用标准维度包括知识，认知技能，心理运动技能，人际交往技能和责任，交流能力、信息

① MQA. The Maldives National Qualifications Framework（MNQF）[EB/OL].（2017）[2019-03-05]. http://172.16.24.178/mqa.gov.mv/static/uploads/Maldives-National-Qualifications-Framework-V2_2-witheffectfrom01stJan2017_2018-06-26T00-49-48.pdf.

② 张伟远，谢青松，王晓霞. 东盟终身教育资历参照框架和质量保证系统的构建及启示［J］. 现代远程教育研究，2017（5）：12-20.

技术能力和计算能力。有些国家的资历通用标准是4个维度。例如：新加坡的资历等级通用标准维度包括知识和技能，知识和技能的应用，解决问题或完成任务所需的责任、独立性、自我组织或管理他人，认识相关工作所需的知识和技能的职业水平、广度和深度；印度尼西亚的资历等级通用标准维度包括伦理和道德、工作能力、知识理解、自主性和责任；文莱的资历等级通用标准维度包括知识和技能，知识应用和理解的通用认知技能，交流、信息通信技术和计算能力，自主、责任和合作能力。还有些国家的资历通用标准是3个维度。例如：菲律宾的资历等级通用标准维度包括知识，技能、价值观、应用，独立性。此外，即使是相同数目的维度，其维度的内容和表达也不尽相同。如泰国的三个维度的描述是知识、技能、特性，缅甸的三个维度的描述是知识和技能、应用和能力、责任。①

三、我国终身学习资历框架的制度建设

2012年6月，教育部职业教育与成人教育司委托国家开放大学开展“国家继续教育学习成果认证、积累与转换制度的研究与实践”项目。为此，国家开放大学建立了终身教育资历框架。②国家开放大学资历框架包括10个等级：第一级是初中毕业，第二级是高中一年级/中职一年级，第三级是高中二年级/中职二年级，第四级是高中毕业/中职毕业，第五级是高专二年制/高职二年制，第六级是高专三年制/高职三年制，

① 张伟远，谢青松，王晓霞. 东盟终身教育资历参照框架和质量保证系统的构建及启示［J］. 现代远程教育研究，2017（5）：12-20.

② 国家开放大学学分银行（学习成果认证中心）. 学习成果框架［EB/OL］.［2019-03-05］. http://cbouc.ouchn.edu.cn/gkcms/wwwroot/cbank2/kj/xxcgkj/index.shtml.

第七级是本科/应用本科，第八级是学士学位，第九级是硕士研究生/硕士学位/专业硕士，第十级是博士研究生/博士学位/专业博士。①国家开放大学资历框架的等级标准从知识、技能和能力三个维度进行描述。知识维度描述学习成果所获得的事实性、技术性和理论性知识，技能维度描述学习成果能达到的认知、技术、沟通和表达等技能，能力维度描述学习成果在知识、技能应用方面表现出的自主性、判断力和责任感。

2016年，广东开放大学、广东省教育研究院、广东机电职业学院、广东交通职业学院、中山大学、华南理工大学、华南师范大学等机构联合编制《广东终身教育资历框架等级标准征求意见稿》，制定了等级标准的范围、术语与定义、资历框架等级划分、资历框架的维度和等级标准等要求。②2017年3月，广东省正式发布了《广东终身教育资历框架等级标准》，这是国内第一个资历框架等级地方标准。广东终身教育资历框架等级标准在内容上参考采用了欧盟资历框架的知识、技能和能力三个维度以及各等级的通用标准，在编写格式上遵循我国国家标准的有关规定。在资历框架标准的制定中，广东省经济和信息化委员会、省民政厅、省财政厅、省人力资源和社会保障厅、省考试院、省教育研究院、省标准化研究院、省公共服务标准化技术委员会及有关市教育局、中小学、普通本科高校、职业院校、行业协会、企业等单位参与了

---

① 董奇，黄芳. 第三只眼睛看中职学生——上海市中职学生心理健康与发展调查［J］. 职业技术教育，2015（6）：55-59.

② 张伟远，谢青松. 资历框架的级别和标准研究［J］. 开放教育研究，2017（2）：75-82.

咨询工作。①广东终身教育资历框架涵盖普通教育、职业教育、培训和业绩三大领域，其中培训和业绩包括职业资格证书、专项证书、培训和业绩。资历等级分为七级，第一级是小学，第二级是初中，第三级是高中/中职/中技，第四级是专科/高职，第五级是本科/应用本科/学士，第六级是硕士研究生/学术硕士/专业硕士，第七级是博士研究生/学术博士/专业博士。广东终身教育资历框架明确了普通教育、职业教育、培训和业绩相互之间的关系，从地方上构建了各级各类教育沟通和衔接的人才成长立交桥，为国家资历框架建设提供了宝贵的本土经验。江苏省终身教育学分银行编制了与广东资历框架等级基本一致的学习成果框架。

在职业教育领域，重庆工商职业学院首次建立了职业教育和培训的资历框架，包括初中、中职（含技工）、高职、应用本科四个等级，并基于资历框架的知识、技能、态度和价值观三个维度的通用标准，建立职业教育人才培养方案和企业岗位人员要求匹配的大数据平台，对46个专业在知识（课程）、技能（实训）、态度和价值观三个维度进行动态化匹配，把国际标准、中国创新、本土需求三者结合起来。

四、对我国建立国家资历框架的建议

（一）成立跨部门领导小组，推动国家资历框架建设

终身教育资历框架的实施是对人们通过正规教育、非正规教育和非正式学习的学习成果进行认证，学习者获得的学分得到积累、互认和转

① 广东省教育厅. 广东终身教育资历框架等级标准广泛征求意见［EB/OL］.（2016-10-25）［2019-03-03］. http://www.gdhededu.cn/publicfiles/business/htmlfiles/gdjyt/gdjy/201610/502007.html.

换。由于正规教育一般有完整的学习成果评价体系，资历框架中学习成果认证关注的是非正规教育和非正式学习的学习成果认证，包括职业教育和培训、继续教育、技能证书和各类业绩的学习成果认证。我国是一个发展中大国，有着大量纷繁复杂的各类学习成果，教育和培训牵涉的部门和机构广泛，这就需要建立政府层面的资历和学分认证管理机构，各类教育机构和跨部门跨行业的人员和单位全面参与，从而得到政府、行业企业以及全社会的认可。

资历框架是连接教育与行业需求、教育与市场需求、教育与社会需求的桥梁，构建国家资历框架是一项国家层面的复杂的系统工程，需要多部门通力合作方能实现。建议由国务院主管领导牵头成立由教育部、人社部、民政部、国家发展改革委、工信部、财政部等多部门领导组成的国家资历框架建设领导小组，负责组织协调工作，制定工作路线和时间表。组建来自不同领域的专家委员会，制定终身教育资历框架的法规条例、管理机构、质量标准、体制机制等。

（二）整合已有法律条文，建立国家资历框架保障体系

从国际经验来看，立法是实施资历框架的保障，缺乏立法的资历框架难以在实践中得到广泛持续的开展。在拟定我国资历框架法律中，需要遵循资历框架的上位法律和对接下位法律，上位法如《中华人民共和国教育法》《中华人民共和国劳动法》《中华人民共和国就业促进法》等，下位法如《中华人民共和国高等教育法》《中华人民共和国职业教育法》《中华人民共和国民办教育促进法》等。在资历框架法律中，要明确指定资历框架的政府管理和统筹部门，通常由教育部负责和社会利益群体全面参与，包括资历框架的政策制定、落实、实施和评估。利益群体包括与教育和培训相关的政府其他部门、行业和企业学会、教育和

培训机构等，由此保证资历框架的政策、标准、制度具有公信力，并能在教育和培训机构、行业和企业中得到实施。

（三）整合地方资历框架，建立国家资历框架参与标准

我国存在着不同的地方资历框架等级和标准。如国家开放大学10个等级的资历框架，广东7个等级的广东终身教育资历框架，重庆工商职业学院4个等级的职业教育和培训资历框架，香港7个等级的资历框架。即使资历等级的数目是同样的，但层次并不相同。如广东和香港的资历框架都是7个等级，广东资历框架的第一级相当于小学，香港资历框架的第一级则相当于初中。同时，地方资历框架中的资历标准维度和通用标准描述也是不同的。在构建我国国家资历框架中，基于国际的经验，我们不是推翻已有的地方资历框架，而是要在地方资历框架的基础上，建立与不同地方资历框架都能对接的国家资历参照框架，通过国家资历框架作为参照系，形成各地资历框架之间的对接，让所有学习者的学习成果能够得到全国范围内的认证和认可。

（四）建立国家资历标准，保障与国际资历标准的对接

资历框架跨国对接的发展趋势，对我国境外学习成果认证和认可带来了新的挑战。随着人才流动的加速，我国每年都有大量的人员出国学习和回国工作。据统计，2016年我国出国留学人员总数达到54.45万人，较2012年增长14.49万人，增幅为36.26%。2016年留学回国人员总数为43.25万人，较2012年增长15.96万人，增幅为58.48%。2016年来华留学的人数达到44万人。[①]同时，我国每年到境外进修的各行各业人员不计其数。随着资历框架的全球性发展，我国学习者在境外获得

① 教育部涉外监管信息网. 我国形成最大规模出国留学人才“回国潮”[EB/OL].（2017-03-01）[2019-03-05]. http://www.jsj.edu.cn/news/1/945.shtml.

的各类资历，在回国后如何认证和认可是一项艰巨而复杂的任务。根据教育部留学服务中心的数据，开展境外学历学位证书和高等教育文凭的认证咨询服务以来，截至2014年末，已累计完成68万份涉及123个国家和地区的近百种文凭证书的认证评估。[①]随着工作场所学习和职业技能的资历出现，资历认证的范围和复杂性极大增加。因此，在构建我国国家层面的资历框架中，我们需要考虑打通中国资历标准和国际资历标准，使我国学习者在境外获得的学历、资历、技能等学习成果，通过认证得到认可，从而从根本上促进我国教育国际化和终身学习社会的建立。

（五）建立质量保证体系，保障各类学习成果互认的对等性

要实施各级各类教育和培训之间衔接和沟通的终身教育资历框架，质量保证是关键。只有建立了共同的可以遵循的质量保证机制，学习成果的认证才具有透明性、公平性和对等性，学习者获得的资历和学分才能得到互认和转换。质量保证机制一般包括机构内部的质量保证机制和外部的质量评审。我国的内部质量保证机制和外部的资历评审机制尚未完善，尤其在继续教育、职业教育和培训领域刚刚起步，外部也还没有设立我国政府认可的第三方质量评审机构，建立质量保证机制将成为我国建立国家层面资历框架的核心任务之一。[②]我国职业教育领域中推动的校企合作、产学合作、科教融合为资历框架的发展奠定了基础，在职业教育“1＋X”证书的试点中，尤其要通过保证质量获得企业和社会

---

① 教育部留学服务中心．中国国（境）外学历学位认证（可）报告［R］．北京：人民教育出版社，2015.

② 张伟远，谢青松，王晓霞．东盟终身教育资历参照框架和质量保证系统的构建及启示［J］．现代远程教育研究，2017（5）：12-20.

的认可。

（六）配合国家发展，同步发起研制“一带一路”资历互认框架

“一带一路”沿线已经有87%的国家建立了资历框架，52%的国家的资历和学分与区域资历框架进行了对接。近年来资历框架发展最为迅速的是东盟10国。东盟资历参照框架为10个成员国之间进行跨国资历和学分互认提供了参照标准，但由于东盟各国已有的资历框架的差异性，东盟资历参照框架尚处于实验阶段。建议在构建国家资历框架的同时，联合东盟资历框架管理机构，统筹外交部、教育部等相关部委共同发起，客观正确传达中国国家层面的共同发展信息，引导配合相关国家共同制定“一带一路”资历参照框架。

第二节　建立学习成果认证机制，健全国家学分银行制度

一、建立学习成果认证机制是有效实施资历框架的关键

（一）学习成果认证的概念界定及意义

1. 学习成果认证的概念界定

终身教育包括正规教育、非正规教育和非正式学习三种类型。正规教育是由政府教育部门和规定的教育系统组织，以年龄划分所开展的有目标、有计划、有组织、有系统的教育活动，如初等教育、中等教育、高等教育，以学历教育为主。非正规教育是在正规教育体制之外，对特定学习对象开展有目标和有组织的教育活动，以证书为主，典型的是企业和培训机构提供的各种职后培训，学习者获得各类职业资格证书或者培训证书等。非正式学习是在没有预定目标和没有组织的情境中，个人在日常生活、工作场所、社区、家庭等环境中获得的知识、技能、态度和价值观。

学习成果认证也称为学习结果评价或者学习成就认证，这是将个人在学习和工作场所中通过多种方式获得的知识、技能、能力，按照资历框架的等级和标准，经过评价给予认可的机制。学习成果认证制度也就是按照资历框架的等级和标准，对人们在不同场所、通过多种多样的学习方式所获得的各类学习成果进行认可和评价，并授予相应资格证明的一项管理制度。[①]学习成果认证主要是对非正规和非正式学习的学习成效进行认证。例如，我国香港地区从2007年开始建立资历框架的等级

① 王海东. 学习成果认证制度研究［M］. 北京：中国人民大学出版社，2017：1–2.

和通用标准，并逐渐与行业的各类职业技能等级对接，通过学习成果认证制度，在我国香港地区获得所有企业的认可，成为员工晋升的依据，甚至成为企业招聘员工的要求，并开始与其他地区进行职业技能资历互认，在资历框架中职和高职等级的部分技能考试已经实施一试三证，即职业技能等级证书在香港、广东和澳门三地都获得认可，为粤港澳资历和学分的对接和互认奠定了基础。

2. 建立学习成果认证机制的重大意义

学习成果认证对个人、社会和国家来说，都有着重大的经济和社会效用。2012年6月，联合国教科文组织发布的《对于非正规与非正式学习成果的识别、验证和认证指南》指出，学习成果认证对于提升个人自尊、激励终身学习、增强就业能力以及建设灵活开放的教育培训系统具有重要意义。2009年，欧盟委员会在发布的《欧洲非正规与非正式学习成果认证指南》中指出，学习成果认证的开展将有助于克服资格缺乏、解决技能人才短缺和实现欧盟成员之间的社会融合。2007年，经济合作与发展组织在《资历认证体系：通向终身学习的桥梁》报告中，强调学习成果认证制度是终身学习政策制定推进中最关键的问题。2010年，在经济合作与发展组织发布的《认证非正规和非正式学习：成果、政策和实践》的报告中，详细阐述了学习成果认证的经济效益、教育效益、社会效益以及对于个体学习者的心理激励作用。①

我国正在进入云计算、大数据、移动互联网、人工智能、物联网等信息技术推动下的后信息时代，终身学习的理念发生着根本的变革，呈现出多样化、泛在化、个性化、智能化的特点和趋势。非正规和非正式

① Werquin P. Recognising non-formal and informal learning: qutcomes, policies, and practices [M]. OECD publications, 2010.

学习越来越成为人们重要的学习形式，在终身学习的学习型社会中，个体的终身学习大部分是通过非正规和非正式学习的途径。建立非正规和非正式学习成果认证的机制，能够激发人们终身学习的积极性，减少重复学习的时间、精力和成本。例如，一位高中毕业后工作多年的资深员工利用业余时间长期进行非正规和非正式学习，通过学习成果认证获得专科层次的资历等级，于是他就可以开始本科资历等级的学习。对非正规和非正式学习的学习成果认证，能帮助人们制定终身学习的发展规划，朝着自己的学习目标不断努力，有助于畅通学业上升、职业上升和社会上升的通道，为所有人提供灵活弹性和不断上升的终身学习阶梯。从社会的角度来看，由于学习成果认证能够减少人们的重复学习，社会提供的学习资源能让更多的学习者受益，从而降低社会的平均教育成本。

（二）国外学习成果认证的制度建设

国际上推动学习成果认证制度的主要是欧盟和联合国教科文组织。欧盟在2002年推出的《哥本哈根宣言》，提倡欧洲各国的职业教育和职业技能的学习成果认证。[①]2004年，欧盟出台《认证非正规和非正式学习倡议书》，制定了一系列认证非正规和非正式学习的共同原则，成为各成员国建立校外学习成果认证制度的行动指南。[②]

2009年，在巴西贝伦举办的第六届国际成人教育大会上，联合国教科文组织通过了《贝伦行动框架》。这一宣言提出认证所有形式的学

① 王海东，韩民．学习成果认证制度相关概念及问题探讨［J］．开放教育研究，2016（5）：61-67.

② 杨娟，苑大勇．挪威非正规学习成果认证的评估策略与实施保障［J］．职业技术教育，2012，33（25）：89-93.

习成果，尤其是非正规和非正式学习成果，呼吁联合国教科文组织研制对于所有学习成果的指导原则。同时，各成员国也承诺通过建立等值的框架来开发和改进各种学习成果认证的机制。2012年，联合国教科文组织终身学习研究所组织多国知名学者，共同研制并发布了《非正规与非正式学习成果的识别、验证和认证指南》，指导各国学习成果认证的研究和实践。①

此外，经济合作与发展组织、欧洲职业培训发展中心、国际劳工组织、世界银行组织等也对非正规和非正式学习的学习成果认证开展了大量研究，并发表了相应的研究报告和指导性文件。

（三）我国学习成果认证的制度建设

我国的学习成果认证始于国家职业资格证书制度。1994年，劳动部和人事部联合颁布《职业资格证书规定》，开始启动职业资格证书制度。②1995年，《职业资格证书制度暂行办法》颁布，规定了职业资格包括从业资格和执业资格。1996年，《中华人民共和国职业教育法》出台，规定实施职业教育应当根据实际需要，同国家制定的职业分类和职业等级标准相适应，实行学历证书、培训证书和职业资格证书制度，从法律上确立了职业资格证书的地位。2010年，国务院颁布的《纲要》“组织开展改革试点”章节提出“终身教育体制机制建设试点。建立区域内普通教育、职业教育、继续教育之间的沟通机制……建立学习成果认证体系，建立学分银行制度等”。《纲要》提出建立学习成果认证体

① 联合国教科文组织终身学习研究所，王海东．非正规和非正式学习成果的识别、验证与认证指南［J］．开放教育研究，2012，18（6）：109-110.

② 劳动和社会保障部于1998年3月在原劳动部基础上组建，根据2008年3月全国人民代表大会通过的国务院机构改革方案，劳动和社会保障部与人事部合并为人力资源和社会保障部。

系，以保证各级各类学习成果的可比性、对等性和转换性。

教育部在2011年工作要点中提出："积极搭建终身学习立交桥，促进全民终身学习，深入开展继续教育课程认证、学分积累和转换试点。"[①]在2012年工作要点中强调："推进终身学习、考试与评价公共服务平台建设。深入开展继续教育课程认证、学分积累和转换试点。"[②]在2013年的工作要点中要求："积极推进继续教育学习成果认证、积累与转换制度的研究与实践。"2014年8月18日，习近平总书记在主持召开的中央全面深化改革领导小组第四次会议上，提出要深化考试招生制度改革，构建衔接沟通各级各类教育、认可多种学习成果的终身学习立交桥。[③]2015年12月27日，第十二届全国人民代表大会常务委员会第十八次会议通过了《关于修改〈中华人民共和国教育法〉的决定》，并在2016年6月1日正式实施。在新修订的教育法中，"继续教育"替代了1995年版教育法中"成人教育"的名称，同时增加了"促进不同类型学习成果的互认和衔接，推动全民终身学习"的法律条款。[④]可以看出，建立基于学习成果认证的终身教育资历框架，促进正规教育、非正规教育、非正式学习之间的衔接和沟通，已经进入我国教育最高层次的法律条例之中。

---

① 教育部. 教育部2011年工作要点［EB/OL］.（2011）［2019-03-09］. http://old.moe.gov.cn//publicfiles/business/htmlfiles/moe/moe_164/201102/114836.html.

② 教育部. 教育部2012年工作要点［EB/OL］.（2012）［2019-03-09］. http://www.moe.gov.cn/jyb_xwfb/moe_164/201202/t20120202_129875.html.

③ 中国网. 习近平：促进教育公平深化考试招生制度改革［EB/OL］.（2014-08-18）［2019-02-13］. http://news.china.com.cn/txt/2014-08/18/content_33271883.html.

④ 中国政府网. 全国人大常委会关于修改《中华人民共和国教育法》的决定（主席令第三十九号）［EB/OL］.（2015-12-28）［2019-11-08］. http://www.gov.cn/zhengce/2015-12/28/content_5029900.htm.

2012年6月，国家开放大学接受教育部职业教育与成人教育司的委托，启动了“国家继续教育学习成果认证、积累与转换制度的研究与实践”项目。为此，国家开放大学建立了终身教育资历框架，开展非学历教育和非正式学习的学习成果认证。目前，国家开放大学在全国建立了70个学习成果认证分中心或认证点[①]，覆盖31个省、自治区、直辖市和20个行业。[②]完成审定中国邮政集团公司培训中心、中国汽车维修行业协会、中国煤炭工业协会和物流与采购联合会4个行业的部分认证单元129条。同时，还有铸造、信息安全、物流、社会工作、养老、化工、机械、软件、建筑等20多个行业也已初步形成560余条认证单元。

2017年，基于《广东终身教育资历框架等级标准》，广东省启动了汽车业、机械制造业学习成果认证机制的试点工作。广东交通职业技术学院、广东省道路运输协会共同主持汽车业的学习成果认证机制，广东机电职业技术学院、广东省机械行业协会、广东科尔技术发展有限公司共同主持机械制造业的学习成果认证机制。

江苏省终身教育学分银行与江苏美容美发协会美甲分会合作，完成了《美甲职业能力等级标准》。该标准详细梳理了美甲与手足护理从2级到6级能力发展所需要的知识、技能与综合能力，开发了88个学习成果认证单元，完整覆盖了美甲与手足护理的职业范围，清晰界定了各个单元之间涉及的知识内容、技能要求边界，提供了学习单元量参考和评

① 国家开放大学学分银行. 国家开放大学举办“第二期学习成果认证分中心（认证点）工作人员培训”[EB/OL].（2016-06-15）[2019-03-05]. http://cbouc.ouchn.edu.cn/gkcms/wwwroot/cbank2/gg/gykx/253925.shtml.

② 国开在线. 期待国家学分银行的建成——专访国家开放大学校长杨志坚[EB/OL].（2014-11-24）[2019-03-05]. http://dianda.china.com.cn/news/2014-11/24/content_7393165.htm.

价指标。

重庆工商职业学院基于初中、中职（含技工）、高职、应用本科四个等级的职业教育和培训资历框架，正在编制轨道交通和软件工程的学习成果认证单元。

在各行各业建立学习成果认证制度，进行学历证书和职业技能等级证书之间的互通和衔接，是畅通技能人才成长通道的有效途径。为了畅通技术工人成才成长通道，2019年人力资源和社会保障部职业能力建设司选定中国核工业集团有限公司等18家工作基础较好的中央企业进行技能等级评定试点，这些企业评定的职业技能等级证书享受国家职业资格评定同等待遇。2019年9月公布第二批试点机构目录，并于10月开始在全国开展职业技能等级认定，建立职业教育个人学习账号，实现学习成果可追溯、可查询、可转换，并从2019年起，在有条件的地区和高校探索实施试点工作。①这表明我国行业和企业将全面参与资历框架和学习成果认证的行列。

二、学分银行制度建设

（一）学分银行的概念界定及意义

1. 学分银行的概念界定

学分是用于计算学习量的一种计量单位，它是以学习者的学习量（学习时间）为基础来确定的，用于表明获得某种证书或者学历达到某个等级所需要的学习量。学分制是以学分为单位，并以修满规定的下限

① 李林曙．建设“学分银行”，畅通人才成长渠道［EB/OL］.（2019-03-12）［2019-03-16］. http://news.gmw.cn/2019-03/12/content_32629034.htm.

学分为学生获得毕业资格的基本条件的课程管理制度。[①]学分银行是模拟银行的"储存—提取—转换"系统的概念，通过对学习者的学习成果进行认证，转换为统一的存储学分。根据一定的规则，学习者可以将储存的学分兑付为资历证书。学分银行制度是基于学习成果认证标准，对学习成果通过学分为计量单位进行认证、积累和转换的管理制度。通过学分银行，每个人可以建立个人终身学习账户，实行学分的认定、积累和转换，规划个人的终身学习发展道路。

2010年，《纲要》的"组织开展改革试点"章节提出"建立学习成果认证体系，建立学分银行制度"。2016年9月，《教育部关于推进高等教育学分认定和转换工作的意见》指出："未来，普通本科院校、高职院校与成人高校等各类高校学生，除学习本校课程获得学分外，还可通过学习外校课程、参加高等教育自学考试、转换非学历学习成果等方式获得学分。其他社会成员可通过学习高校课程、参加高等教育自学考试、转换非学历学习成果，经所申请的高校认定后获得学分。"2017年1月，国务院发布的《"十三五"规划》提出："推进国家学分银行建设，为每一位学习者提供能够记录、存储自己的学习经历和成果的个人学习账号，对学习者的各类学习成果进行统一的认证与核算，使其在各个阶段通过各种途径获得的学分可以得到积累或转换。"2019年2月，国务院印发的《国家职业教育改革实施方案》明确提出：加快推进职业教育国家学分银行建设，从2019年开始，探索建立职业教育个人学习账号，实现学习成果可追溯、可查询、可转换。"有序开展学历证书和职业技能等级证书所体现的学习成果的认定、积累和转换，为技术技能

① 余燕芳，葛正鹏．基于国际比较的学分银行学分内涵及学习成果转换研究［J］．远程教育杂志，2017（2）：66–73.

人才持续成长拓宽通道。”国务院和教育部颁布的一系列文件，明确了我国学分银行的含义、范围和内容。

2. 建立学分银行的重大意义

建立学分银行对于建立全民终身学习社会起着重要的作用。第一，学分银行通过弹性学习，保障学习者的学习权益，保障学习者自由学习，学习者具有学习内容和学习方法的选择权。第二，学分银行能够促进教育公平，所有人可以通过不同的途径和方式进行学习，促进学习机会均等，促进学习成功机会均等。第三，学分银行鼓励人们参与职后培训，满足个人职业发展的需求。人们可以在业余时间学习，学完一门功课，可将获得的学分存入学习银行，累积到规定学分总数后即可“支取”相应资历。同时学以致用，提高工作的水平和效率。第四，推动企业新的考评和激励机制，允许员工采取多样化的学习方式参与培训学习，将学分和业绩、考核、晋升相挂钩，提升企业员工学习热情和内在动力。

（二）国外学分银行的制度建立

学分银行的概念起源于19世纪80年代美国的社区学院，当时美国人口激增，高中在校生每十年翻一番，高校学生录取率和容纳量的增幅却远远低于高中毕业生的增幅。为解决面对的巨大压力和社会矛盾，一种介于中学和大学之间的学院，即美国社区学院诞生，其主要特色是以转学为目的的社区学院学分转换制度。为了与社区学院进行教育衔接，有的高校提出并使用学分银行概念。到20世纪80年代，美国终身教育观念确立，社区学院的学分转换制度再次受到政府和教育界的重视，原有的学分转移从几所院校之间扩大到美国整个高等教育系统，各层次的高等学校互签协议，互认课程和学分，学生的学分转换有了更便利的条件和更宽广的选择。社区学院的学分转换制度还拓展到社区教育与成人教育、远程教育、非学历培训之间的流通与转换。① 目前，包括州立查特尔奥克学院、伊克塞尔希尔学院、俄亥俄大学和托马斯爱迪生州立学院在内的众多美国大学提供学分银行服务。②

加拿大学分银行的理念源起于开放大学。1987年，加拿大不列颠哥伦比亚开放大学提出学分银行的概念："学分银行机制是为以下两个目标而设：一是评价和记录由非正式学习而获得的知识和技能的学分，或者在常规学分转换机制中未被承认的机构中学习所获得的学分；二是颁发基于学分的资格证书，学分的获得可以是通过正式学习等方式获得，不需要某一特定院校的最低学习期限。"③④

为了满足全球化的挑战和教育自身发展的需求，1989年，欧洲学分转换与积累系统作为"伊拉斯莫斯计划"的试点项目被引入，其目的是通过学分认定与转换，促进学生的学习成果认证，提高学习成果的透明度和可比性，协助在合作伙伴学校中获得的学分的认可和转换。1999年，"博洛尼亚进程"的签约国将欧洲学分转换与积累系统确定为最广泛地促进学生流动的适当方法。在2002年欧盟苏黎世学分转移和积累会议上，欧洲学分转换与积累系统在转移和积累中的作用得到了

---

① 邓玲芳，江颖. 美国社区学院学分转换制度对学分银行学分认证设计的启示［J］. 当代继续教育，2015（6）：28−33.

② Back to college. How to accelerate your degree plan［EB/OL］.［2019−03−13］. http://www.back2college.com/accelerate4.htm.

③ 王海东. 学分银行的概念溯源与模式划分［J］. 中国考试，2017（10）：41−48.

④ 克里斯汀・威哈克，张铁斌. 基于远程教育的先前学习评估及认证［J］. 开放教育研究，2012（1）：36−41.

认可。[①] 欧洲学分转换与积累系统承认学生在欧洲不同大学所获得的学分，建立欧洲高等教育区，实现欧洲区域学位制度的灵活性，允许学生在任何时间、以不同背景入校，提升学历，在实践中发挥了学分银行的功能。

韩国于1995年在教育改革总统委员会报告中，提出建立学分银行制度。1997年政府批准并通过了《学分认证法案》，标志着韩国学分银行制度的建立。[②] 在1999年出台的《终身学习法》中，明确规定了学分的认定标准，明确了制度的实施细则。此外，韩国教育部于2000年颁布了《终身学习法》之执行条例。韩国学分银行成立初衷，旨在解决阻碍终身学习的两个现实问题：一是众多获得多所教育机构学分的学生无法获得一个学位，二是因服兵役而中断学习的学生在获得学位中的困难。[③] 韩国学分银行制是一个开放的高等教育体系，政府认可校内外各种类型的学习成果，并可以转换成学分进行积累，最终获得专科或本科学位。韩国国家终身教育振兴院是韩国教育科学技术部为发展终身教育而设立的国家级终身教育研究机构，负责学分银行的研究和运行。韩国国家终身教育振兴院属下有三个部门：评估和鉴定办公室、教学管理办公室、监控办公室。学分银行提供的服务包括：咨询、管理项目、组织审查委员会、进行学分认定、学分鉴定、后续管理。

---

① SPANEAS S.ECTS–The European Credit Transfer and Accumulation System for digital inclusion [EB/OL]. (2018-05-30) [2019-03-13]. http://www.comunidad.madrid/sites/default/files/aud/servicios-sociales/13.evaluacion_curso_en_linea_di._.pdf.

② 王海东. 学分银行的概念溯源与模式划分 [J]. 中国考试，2017 (10)：41-48.

③ Usher A.The Korean Academic Credit Bank：A model for credit transfer in North America? [EB/OL]. (2014-08) [2019-02-13]. https://higheredstrategy.com/wp-content/uploads/2017/11/Intelligence-Brief-8-Korea-Aug-17.pdf.

韩国建立学分银行的目的在于通过增加高等教育机会，实现终身学习型社会，为社会弱势人群提供可替代的高等教育机会，赋予人们进行终身学习的权利，使学习经历多样化，强化学校体制内部与外部的衔接。学分银行的服务对象主要有四类：高校退学学生，希望对在校学习时获得的学分进行认定；希望获得专业资格证书的人，如希望获得社会福利工作资格证书或婴幼儿看护工作资格证书；已经获得学位但想获得新的学位的人，如希望获得第二学位；获得学士学位准备继续攻读硕士学位课程的人。根据2016年的数据，韩国学分银行中的学习者已经达到1 276 607人次（包括大专和本科），具有鉴定学分资格的学分银行机构数量达492家。①

（三）我国学分银行的制度建设

20世纪80年代，我国的自学考试采取累积学分制，考生达到规定学分数量后可申请学历文凭和证书，对学习时间、地点、过程、方式等没有强制性要求。②据统计，截至2018年10月，全国高等教育自学考试报考学生达到4 400万人，全世界有40多个国家和地区承认我国的高等教育自学考试文凭，自学考试已成为世界上规模最大、体现终身学习理念和学习型社会特点的一种学习成果认证制度。

我国关于学分银行的探索始于职业教育领域。2004年，《教育部关于在职业学校逐步推行学分制的若干意见》提出："探索和建立职业学校学分累积与转换信息系统（学分银行）。依托教育信息化平台，逐步

---

① 张伟远，张璇．推进终身学习和建立学分认证制度的最新发展与实践探索［J］．江苏开放大学学报，2017，28（2）：11–16.

② 王海东，韩民．学习成果认证制度相关概念及问题探讨［J］．开放教育研究，2016（5）：61–67.

建立职业学校学习者的学习和职业实践经历信息库，为学习者转换学分、取得学历、终身学习和就业提供服务。”这是学分银行首次出现在我国国家文件中，界定了学分银行进行学习成果积累和转换的功能，是学分银行功能定位和发展方向的指南性文件。在《教育部2006年职业教育工作要点》中，再次明确提出了“中等职业学校要进一步完善学分制和选修制，进行‘学分银行’试点”，鼓励地方探索和建立学分认可方案。

2010年，《纲要》提出建立继续教育学分积累与转换制度，实现不同类型学习成果的互认和衔接。2012年，教育部在《关于加快发展继续教育的若干意见（征求意见稿）》中，进一步提出要“研究建立各类继续教育学习成果认证、学分积累和转换的‘学分银行’制度，有计划、分步骤地推进不同类型继续教育间的学分积累与转换工作”；在2012年工作要点中，做出了“深入开展继续教育课程认证、学分积累和转换试点”的工作部署。2013年，《中共中央关于全面深化改革若干重大问题的决定》提出试行普通高校、高职院校、成人高校之间学分转换，拓宽终身学习通道。

我国各地政府在发布的地方性教育发展规划纲要中，提出促进学分银行建设的相关政策。北京市提出“建立学习成果认证体系和学分银行制度”①，“推动课程学分互认，建立学分银行和学习成果认证机制”②，

---

① 北京市委，北京市政府. 北京市中长期教育改革和发展规划纲要（2010—2020年）[EB/OL].（2011-03-25）[2019-02-13]. http://edu.ifeng.com/gundong/detail_2011_03/25/5365024_0.shtml

② 北京市总工会等. 首都职工素质建设工程五年规划（2011—2015年）（京工发〔2011〕47号）[EB/OL].（2011-05-26）[2019-02-13]. http://zheng-wu.beijing.gov.cn/xxt/gggs/t1217471.htm.

“深入推进‘学分银行计划’，探索建立学分银行与学习成果认证体系”①。上海市建立了学分银行制度，进一步打通不同教育类型之间的壁垒，促进优质资源的整合，加快推进终身教育体系的构建。②广东省在“十二五”规划纲要中提出：“推进教育资源社会共享，扩大现代远程教育规模，加强覆盖城乡的社区教育机构和网络建设，开展针对职业、生活的继续教育和培训；促进学历教育和非学历教育协调发展、职业教育和普通教育相互沟通、职前教育和职后教育有效衔接，不断完善终身教育体系。”③

为了推动正规教育、非正规教育和非正式学习的学习成果的学分积累、互认和转换，2010年12月，国务院发文将北京市、上海市、江苏省、广东省、云南省及中央广播电视大学作为开放大学试点省份和学校，提出进一步“探索开放大学建设模式，建立学习成果认证和‘学分银行’制度”。国家开放大学学分银行自2012年启动，按照教育部的部署，设计具有中国特色、国家层面的学分银行制度模式和技术路径，研制以学习成果为导向的学习成果认证框架，开发一系列具有独立知识产权的工具与方法，设计一套完备的学分银行制度架构。2016年7月，国

① 北京市教委，北京市发改委. 北京市“十二五”时期教育改革和发展规划（京教计〔2012〕1号）[EB/OL].（2012-05-01）[2019-03-28]. http://zheng-wu.beijing.gov.cn/ghxx/sewgh/t1222812.htm.

② 上海市委. 上海市中长期教育改革和发展规划纲要（2010—2020年）[EB/OL].（2010-09-14）[2019-03-28]. http://www.shanghai.gov.cn/shanghai/node2314/node2315/node4411/userobject21ai442103.html；上海市人民代表大会. 上海市终身教育促进条例（上海市人代会常委会公告第32号）[EB/OL].（2011-01-05）[2019-03-28]. http://baike.baidu.com/view/5292558.htm.

③ 深圳市工业和信息化局. 广东省十二五规划纲要 [EB/OL].（2013-11-20）[2019-03-28]. http://www.sz.gov.cn/sjxw/ghjh/ndgh/201205/t20120514_1913444.htm.

家开放大学联合北京开放大学、上海开放大学、云南开放大学、广东开放大学、江苏开放大学、中国社会工作联合会、中国物流与采购联合会等11个单位组建了学习成果互认联盟①，推动了开放大学课程和企业培训之间的学分认证和转换。国家开放大学学分银行先后与70多家机构开展标准制定与应用、学习成果互认联盟建设、资源共享与学分互认、信息化平台建设等工作，在全国建立了覆盖31个省、自治区、直辖市以及20个行业的70个学习成果认证分中心，为近480万学习者建立了学分银行账户，全面探索不同类型学习成果之间的横向沟通与纵向衔接。

北京市成人高等职业教育校企合作学分银行计划项目始于2006年，是北京市教育委员会批准的高校教育教学改革立项重点项目，由北京市总工会职工大学和北京燕山石化公司合作实施。2006年10月，学分银行计划首次在北京燕山石化公司试点招生，到2010年4月，2007级的86名学员已完成教学计划的全部内容。他们入学前有94.3%是中专、技校、职高毕业生，96.5%年龄在30岁以上，经过学分银行计划项目的3年学习，都获得了大专学历证书，其中2人荣获中石化集团公司金奖、银奖，7人破格报考技师；与入学时相比，中级工增加了13.8%，高级工增加了17.3%，技师增加了3.5%。②目前，学分银行计划项目已由燕山石化一家推广到北汽福田公司、北京燃气集团等6家大型企业，共开设11个专业，1 008名企业职工参与学习。北京市西城区在2011年

---

① 国家开放大学学分银行. 学习成果互认联盟［EB/OL］.（2016-07-15）［2019-02-28］. http://cbouc.ouchn.edu.cn/gkcms/wwwroot/cbank2/hrlm/lmzc/index.shtml.

② 北京考试报. “学分银行计划”首批86名工人大学生毕业［EB/OL］.（2010-05-05）［2019-03-28］. http://www.bjeea.cn/html/ksb/chengzhaozhuanban/2011/0307/32586.html.

组织实施“市民终身学习成果认证制度”，将学分银行建设分为三个阶段：第一阶段（2011—2013年），在市民学习积分卡的基础上，实现积分卡向学分银行的过渡，初步建立市民学习成果认证运行体系，实现持卡人数达到10万的目标；第二阶段（2014—2015年），将持卡范围扩展至全区各个年龄段人群以及学习型组织，基本建成市民终身学习成果认证运行体系，实现持卡人数达到30万的目标；第三阶段（2016—2020年），探索正规教育、非正规教育、非正式学习之间的学习成果互通、互认，着力解决各类型学分之间的通兑问题，实现总人数70万的目标。

上海市终身教育学分银行由上海市学习型社会建设与终身教育促进委员会指导，上海市教育委员会主办和管理，委托上海开放大学具体运行。学分银行面向上海市学习者，包括以学习成果认证、积累、转换为主要功能的学习成果认证管理中心和转换服务平台。学分银行于2012年成立，目前实名开户的学习者超过73万人，存入学习成果数近4 400万条。上海市终身教育学分银行是学习成果认证与管理的实体机构、学习成果转换的服务平台，覆盖终身教育（包括学历教育和非学历教育）。上海市终身教育学分银行建立了以继续教育和成人教育机构为主的学分认定和转换机制，参与的机构包括62所继续教育和成人教育学院、14所独立设置的成人高校、1所中等学校。学习者在学分银行积累的学习成果可以到这些联盟成员的继续教育和成人教育机构申请学分转换。①

2013年12月，《江苏省终身教育学分银行管理办法（试行）》出台，

① 上海教育. 上海市终身教育学分银行［EB/OL］.［2019-03-01］. http://www.shcb.org.cn.

组建了学分银行管理委员会和专家委员会。2015年，《江苏省终身教育学分银行实施细则（试行）》颁布，提出职业资格证书、职业技能大赛获奖成果、社会职业培训课程、老年大学培训项目与学历课程学分对接的规则。江苏省终身教育学分银行以合作联盟的形式，共同研究非学历学习成果分级质量标准，探讨联合评估制度。

广东终身教育学分银行由省教育体制改革领导小组统筹领导和协调，由省教育厅主办和管理，由政府、高校、行业、专业机构共建，属于省级终身教育学分银行，内容包括建立资历框架等级和等级标准，建立组织体系、标准体系、制度体系、服务体系以及信息平台，强调权威性、中立性、质量、公正和协同性，选择“地方标准”的颁布形式来确保“资历框架＋标准”模式的推广与应用，以标准作为学分转换的基础，引领教育教学改革，规范教育和培训市场，实现多形式转换。①

云南省在2012—2014年完成学分银行方案、组织架构、平台一期建设等基础性工作，建立终身学习档案库，学分银行账号的人数已达124 124名，存储学习成果921 085条。2015年成立云南省学分银行高职院校示范联盟，开展学分银行制度下的“中高衔接”“专本衔接”试点项目，探索职业教育不同层次课程学分、非学历学习成果的衔接与转换，以职业标准、资格标准为依据，建立职业教育学习成果等级指标。开展职业资格证书、培训课程、地方特色实践课程、工作实践经历、技能创业成果的认证和转换工作，制定相关学分认证细则。②

2015年，浙江省学分银行成立，学分银行管理委员会在浙江广播电视大学设立学分银行管理中心，负责学分银行各项业务的开展和运

---

①② 张伟远，张璇．推进终身学习和建立学分认证制度的最新发展与实践探索［J］．江苏开放大学学报，2017，28（2）：11-16.

行，学分银行建设逐渐覆盖浙江全省。例如：杭州市按《浙江省教育厅办公室关于开展成人学校社会培训成果信息存入学分银行工作的通知》文件要求，所有区县都已开展2016年和2017年的成人学校社会培训成果信息录入工作，2017年共计完成录入732 160人。

我国还有很多开放大学和电大都建立了学分银行。普通高校、社会组织、行业企业单位等社会机构也纷纷建立学分银行：（1）社区学分银行，如北京市丰台区开阳里第四社区推出学分银行；（2）高校联盟的学分银行，如清华大学继续教育学院与云南大学、福州大学、太原理工大学、南京工业大学、内蒙古工业大学以及河北工业大学等达成协议进行学分互认；（3）企业内部的学分银行，如北京控股集团有限公司所属燃气集团公司、浙江奥康集团、北京燕山石化公司、安徽省马鞍山市烟草公司等企业为每位员工建立学分账户。此外，2016年11月，全国高等农林院校继续教育研究会提出为农民工设立学分银行，畅通继续教育、终身学习通道。①

三、对我国学习成果认证和学分银行制度建设的建议

（一）尽快出台国家资历框架，为学习成果认证确立标准和制度

在终身学习社会中，非正规和非正式学习逐渐成为个体掌握新知识和新技能的主要学习方式，建立有效的学习成果认证制度，既是对学习者学习活动成效的认可，也是对人们终身学习的激励，营造终身学习的

---

① 三湘都市报．“互联网+”为农民工设立“学分银行”[EB/OL].（2016-11-03）[2019-03-02]. http://epaper.voc.com.cn/sxdsb/html/2016-11/04/content_1157455.htm?div=-1.

文化和氛围，满足人的教育获得权和学习权，推动教育公平。然而，非正规和非正式学习的学习成果认证具有复杂性、分散性和无序性的特点，如果缺乏严格的、科学的认证标准和制度，学习成果的含金量难以评价，学习成果的认证难以公平和公正，难以获得全社会和各行各业的认可。因此，学习成果的认证必须基于最权威的国家资历框架的等级、标准、评价体系，保证学习成果认证的公正和公平的量化及对接。

（二）建立学习成果认证机构，科学管理非正规和非正式学习成果的认证

终身教育资历框架的实施目的是对人们通过正规教育、非正规和非正式学习的学习成果进行认证，学习者的学分能够得到积累、互认和转换。由于正规教育有着完整的学习成果评价体系，资历框架中学习成果认证关注的是非正规和非正式学习的学习成果认证，包括职业教育和培训、继续教育、技能证书和各类业绩的学习成果认证。这就需要建立政府层面的资历和学分认证管理机构，负责学习成果的标准制定、监督认证过程，保证认证的对等和公平，从而得到政府、行业企业以及全社会的认可。

（三）建立质量保证机制，保障非正规和非正式学习成果认证的可持续发展

为了保证非正规和非正式学习的学习成果认证的健康和可持续发展，需要建立一套质量保证系统。目前，各类教育和培训机构众多，生源竞争加剧，非正规学习的成果质量参差不齐，非正式学习的成果认证更是困难，因此，质量保证是学习成果认证的关键，是学习成果获得社会认可的生命线。质量保证体系包括内部质量保证体系和外部质量评审机构，一般都有严格的质量标准、评审指标和程序。

（四）建立公开的监管机制，成立政府认可的第三方权威认证机构

学习成果的认证采用公开的监管机制，由学习者提出申请，政府认可第三方权威机构对学习成果进行评估，如果符合标准要求，发放学习成果凭证，包括资历证书。学习成果认证机构必须做到透明、公平、公正，保证认证过程和认证结果的权威性。第三方权威机构应具有可靠的执行认证制度的能力，并在认证过程中能够客观、公正、独立地从事学习成果的认证。认证机构享有独立行事的权力，可以从一个客观的角度对学习者的学习成果进行指导、评估和鉴定。但第三方机构是政府认定的，有公认的认证资质和明确的认证职责，可以保证学习成果认证的权威性和公信力。

（五）健全国家学分银行，逐步实现学分银行一站式和个性化精准服务

国家学分银行是从国家层面对各类学习成果进行学分积累和转换的电子数据库，学分银行的核心在于各类非正规和非正式学习成果的公平和等价的兑付，关键是学习成果认证的标准和制度。学习成果认证的标准和制度要依据国家资历框架的标准和制度。在建立终身学习体系过程中，国家资历框架、学习成果认证、学分银行建设三者之间是环环紧扣的关系。目前，我国学分银行的实践发展很快，研究和制度建设滞后，许多学习成果认证具有随意性，学分认可缺乏对等性和权威性，导致学分积累和转换的实践限制在特定的领域，难以全面推广。因此，我们需要建立国家资历框架的标准和制度，建立学习成果认证的标准和机制，在保证学习者获得的学分可转换的基础上，健全国家学分银行制度，覆盖全国已有学分银行的功能，辐射现有学分银行的服务区域和人群，从

宏观层面推进学分银行制度的实施，拓展学习成果框架及标准运用的途径，搭建服务不同颁证机构之间的合作平台，推动企业之间学习成果的互认和转换，提高学分银行的社会认可度和服务社会的功能。在建立国家学分银行数据库时，采用互联网、大数据、人工智能、区块链等新兴技术，为全社会提供一站式的智能化和个性化的学分银行服务。

第三节 建立灵活弹性的学习制度，创造全民终身学习环境

一、建立高中后灵活弹性的终身学习制度

（一）高中后教育学分制的概念界定和重大意义

1. 高中后教育学分制的概念界定

高中后教育学分制，指学生在高中后学习的所有课程都有一定的分值，学生只要修满规定的学分，达到了教育目标和课程的要求，完成了学习任务，即可获得相应的学历或者文凭。学分制是一种将毕业最低总学分作为衡量学生学习量和毕业标准的教育管理制度，每一门课程的分值，由课程的难度、内容以及所投入的时间、精力决定，这些学分是等值的。在基于学分制的学校教育中，学校只需要将必须取得的毕业总学分作为标准，并按照培养目标和教学计划中各门课程及教学过程中的学时量，设置课程的类别，确定每门课程的学分，规定各类课程的比例，以及准予学生毕业的最低总学分。

2. 推行高中后教育学分制的重大意义

1985年，《中共中央关于教育体制改革的决定》提出“减少必修课，增加选修课，实行学分制和双学位制”。1994年，国务院在《关于〈中国教育改革和发展纲要〉的实施意见》中提出“逐步实行学分制，在确定必修课的同时，设立和增加选修课”。2010年，《纲要》提出“推进和完善学分制”。推行高中后教育学分制，对于培养创新人才、构建终身学习社会，具有重大的意义。

第一，推行高中后教育学分制，能为学生提供学习自由的制度环

境，维护学生受教育选择权。受教育权是公民权的重要组成部分，包括学习机会权、学习条件权、学习成功权。教育选择权是学习机会权的基本内容，有助于学生自主选择学校、专业和课程。

第二，推行高中后教育学分制，能够引入教学服务竞争机制，让学生分享优质教育资源，分享精品课程和名师教学，并倒逼高中后教育开发优质课程资源、提高教学质量。同时，实行以选课制为核心的学分制，能够激励教师开新课、上好课，同时让认真负责、教学效果好的教师获得更多的收益和激励，全面提高高中后教育的质量。

第三，推行高中后教育学分制，能尊重学生教育主体地位，符合创新性人才成长规律。在学分制条件下，在有指导的前提下，学生根据个人兴趣和能力自由选择专业、课程甚至教师。[①] 这有助于充分发挥每个人的潜能，有利于创造性人才脱颖而出。同时，学分制给学生提供跨学科的学习机会，打破单一学科思维，才能有所创新、有所创造。

（二）建立高中后教育弹性学制的概念界定及其意义

1. 高中后教育弹性学制的概念界定

高中后教育的弹性学制，是指在高中后教育体系中学习年限有一定的伸缩性、学习内容有一定的选择性、学习方式有一定的自主性的管理模式。弹性学制是学制的进一步发展，其最大特点是在学习时间安排上具有弹性和可伸缩性。学生可提前毕业，也可滞后毕业，可以半工半读、工学交替、分阶段完成学业；在学习内容和学习方式上机动灵活，学习课程有必修和选修，学习方式有校内和校外，学习内容有理论和实践。弹性学制的目的在于满足人们对教育选择的个性化和多

① 晏维龙，吴明忠. 高校学分制改革的理论基础与制度保障［J］. 教育研究，2015（7）：57-63.

样化需求。

2. 建立高中后教育弹性学制的意义

1999年，《中共中央国务院关于深化教育改革全面推进素质教育的决定》提出："高等学校和中等职业学校要创造条件实行弹性的学习制度。高等教育要加快课程改革和教学改革，鼓励跨学科选修课程，培养基础扎实、知识面宽、具有创新能力的高素质专门人才。"2015年，国务院办公厅印发的《关于深化高等学校创新创业教育改革的实施意见》明确提出："实施弹性学制，放宽学生修业年限，允许调整学业进程、保留学籍休学创新创业。"2017年，教育部修订的《规定》提出："新生可以申请保留入学资格开展创新创业实践，入学后也可以申请休学开展创业。参加创新创业等活动及发表论文、获得专利授权等与专业学习和学业要求相关的经历或成果，可以折算为学分，计入学业成绩。"

在弹性学制的管理模式中，学生、教师、管理者的角色都发生很大的变化。高中后教育采用弹性学制，能够促进以个性化发展为目的的创新型人才的培养，给学生提供多元化、立体化、个性化的课程体系和灵活的教育管理，发挥学生在学习中主体精神，体现教育的人本精神和教育公平的理念。弹性学制赋予教师更大的教学自主权和专业化发展空间。在课程标准的基础上，教师可以自主研发和开设新课程，也可以在原有课程基础上建构新的知识体系，探索全新的教学模式，不断提升专业化水平和职业素养。弹性学制有利于实现校内学习与校外学习的融合与衔接，充分拓展学生的学习视野和知识储备。弹性学制管理在考核方式上更加开放和多元，除了传统的考试形式，研究报告、创新作品、实验成果等都可以作为学分考核和认定的重要依据。这不仅使得考核和管理形式多样化，也为学生的综合素养发展提供全面的引领和导向。

（三）建立高中后教育自主选课的概念界定及其重大意义

1. 高中后教育自主选课的概念界定

自主选课是让每个学生根据自己的知识、兴趣和能力，基于学校课程方案的要求，在有指导的情况下，自由选择课程。选课制将学习的权利返还给学习者，充分尊重学生作为个体学习者进行学习选择的权利，保证学生最大限度地根据个性特征选择合适的课程，最大限度保证教学效果的最大化，保证学生智力、精力和时间的科学合理配置。选课制体现了生本教育、因材施教、分层教学等教育理念，强调教育的人性化、个性化、科学化，是新时代对创新型人才发展和培养的客观要求。

2. 建立高中后教育自主选课的意义

在19世纪初，德国的大学迅速成为世界学术中心，重要原因之一是基于教的自由和学的自由的理念，在洪堡大学创立了选课制度。德国大学的自由选课制度，只有对最低限度的必修科目的规定，没有统一的教学大纲，没有固定的学习年限，学生可以自由选择各种课程和授课教师，甚至可以随意转学。自由选课制度给予学生学习时间、学习进度、学习内容最大的选择灵活性，营造了自由而宽松的学习环境，为学生从学习到工作、从理论到实践提供了良好的发展路径，最大限度地激发了学生的学习潜能。

我国已经进入互联网时代，建立高中后教育自主选课有着重大的意义。

第一，选课制打破了自然的班级限制，让每个学生拥有自己不同的课程与目标，不再存在分数排名带给学生的优等生和差生问题，防止分数排名带给部分学生挫败感和精神压抑，从以人为本的视角赋予学生自我生涯发展的权利，在彼此尊重的氛围里让所有学生获得学习带来的成就和快乐。

第二，鼓励教育机构的创新型管理和评价。课程评价从注重结果到重视过程，发挥学生学习的内在热情与自主性，自主选课让学校在课程设置上有一定的自主权，赋予学生课程选择权，充分发挥学校、教师和学生的积极性。

第三，推动教师素质提升和教学质量提高。互联网的发展促进了教育的根本性变革，优质在线课程要求教师提升教学素质和质量。在网络学习环境中，学生可以自主选择本校和外校的课程和授课教师。选课制给教师带来前所未有的挑战和压力，增加教师的危机感与竞争意识，强化教师的责任心与敬业奉献精神。自主选课让学生有机会选择优秀教师，而教学效果差的教师很少有学生选择，出现优胜劣汰的现象。因此，教师必须不断努力，学习新知识和新技能，提高教学的水平和质量。

二、推动各类非学历教育学习成果认证和转换

（一）非学历教育学习成果的概念界定

非学历教育学习成果指除正规学历教育外，通过在工作场所、社区、家庭等情境下进行的岗位培训、职业训练、社区教育、工作实践、自主学习、讨论交流，甚至通过生活阅历、志愿服务、外出旅游所获得的自我提升或知识及技能进步的各类学习成果。非学历教育学习成果有别于学历教育学习成果，没有统一的学制，没有被授予学历证书。非学历教育没有时效性，其教学目标直接针对生产、建设、服务、管理等领域一线人才培养，具有很强的实用性和针对性，注重解决具体的工作问题，满足个体的发展，提升个人的生活品质。在终身学习社会中，个体一生中获得的大部分学习成果来自非学历教育，对其成果进行的认证尤为重要。

（二）非学历教育学习成果认定和转换的重大意义

非学历教育学习成果与终身学习中非正规和非正式学习的成果基本是一致的，通过对非学历教育学习成果的认定和转换，可以提升学习者的自信心与终身学习的信念，将非学历教育的成果通过评价转化为相应的学分，激发在职人员的终身学习，鼓励人们持续学习和实现自我价值。开展非学历学习成果认证和转换，有利于化解工学矛盾，融合工作和学习的通道，鼓励在职人员不断学习新知识，掌握新技能。

我国是互联网大国，也是微课程和慕课大国。2012年，美国和英国开始大规模开展慕课实践，并以数字海啸的方式在北美洲、欧洲、亚洲、南美洲、非洲、大洋洲的广大地区大规模推广。我国是一个发展中大国，微课程和慕课的灵活多样、资源共享、成本效益的优势，尤其适合我国建立终身学习社会的需求。据教育部数据显示，经过7年时间发展，中国慕课数量已达3.4万门，总量居世界第一。高校学生和社会学习者选课已突破5.4亿人次。①这个数据让中国在慕课的应用、制作和学习上遥遥领先于世界。慕课是非学历教育学习成果，通过对这些课程的学习成果认证，鼓励人们学习这些免费的学习资源，提高开放教育资源和慕课的利用率。

三、制定激励全民终身学习的政策

（一）激励全民终身学习政策的概念

激励全民终身学习政策是指由政府或者国际组织制定和发布的促进终身学习的条例、文件、报告、指南等，具有权威性、官方性和广泛

---

① 教育部，中国慕课数量和应用规模居世界第一［EB/OL］.（2020-12-13）［2021-03-24］. http://www.moe.gov.cn/jyb_xwfb/s5417/202012/t20201214_505232.html.

性的特征。联合国教科文组织在1972年发布的《学会生存——教育世界的今天和明天》和1976年发布的《关于发展成人教育的建议书》，宣布了终身学习理念的诞生。1973年，经济合作与发展组织发布了《回归教育：终生学习的策略》，把终身学习的早期理想有效地转化为具体的图景和策略。1993年，在欧盟发布的报告《成长、竞争、就业：迈向21世纪的挑战与途径》中，首次确认终身学习的战略地位，随后发布的系列政策文本推动了终身学习理念的进一步发展。例如：1995年的《教与学：迈向学习型社会》白皮书，把终身学习看作最为重要的教育发展焦点；1999年的《博洛尼亚宣言》，致力通过资源整合实现欧盟各国高等教育的一体化；2002年的《终身学习》决议书，呼吁各国政府加强对终身学习相关活动的管理；2006年的《终身学习整体行动计划（2007—2013年）》，再次重申人人都有终身学习的机会，并在2007年前的相关计划的基础上，形成了覆盖各类教育的四个单项计划即“夸美纽斯计划”“伊拉斯莫斯计划”“达·芬奇计划”“格兰特威格计划”，以及一个辅助性计划即“莫内计划”；2008年的《欧洲终身学习资历框架》，为欧盟成员国之间终身学习的学习成果互认提供了参照等级和标准。①

2001年，在我国教育部制定的《全国教育事业第十个五年计划》中，提出“调研、起草终身教育法”的任务。2014年，《教育部等七部门关于推进学习型城市建设的意见》提出：“推进终身学习立法进程，进一步明确政府、企事业单位和个人在终身教育方面的权利、义务和责任。推动地方政府根据实际情况，研究出台学习型城市建设和终身学习的相

① 欧阳忠明，雷青，朱虹．国际终身学习战略推展：历程、现状与发展思考［J］．远程教育杂志，2016，34（4）：74-84.

关地方法规与政策。”

我国各地出台了一系列促进终身学习的地方政策文件。例如：2005年，福建省出台了《福建省终身教育促进条例》；2011年，上海市出台了《上海市终身教育促进条例》；2012年，太原市出台了《太原市终身教育促进条例》；2014年，河北省出台了《河北终身教育促进条例》；2015年，宁波市出台了《宁波终身教育促进条例》。2017年，成都市出台了《成都市社区教育促进条例》，提出了公益目标与市场机制相结合的指导原则，多渠道加强社区教育经费保障，建立健全政府投入、社会捐赠、学习者合理分担等多种渠道筹措经费的社区教育投入机制，拓宽社区教育经费来源渠道。

（二）激励全民终身学习政策的重要性

制定激励全民终身学习政策对于建立终身学习社会有着重大的意义：第一，为全民终身学习提供政策支持和资源保障。开展终身学习需要管理理念更新和硬软件的投入，政府的政策文件对下级部门和机构的工作具有纲领性指导，是终身学习规划纳入地方发展战略的保证，是对终身学习发展的经费和配套投入的支持，是有效开展全民终身学习活动的根本保障。第二，为全民终身学习提供过程指导和质量监督。终身学习理念推广和政策落实需要具体的实施导向，终身学习面向所有人的学习和全面发展，涵盖范围广泛，学习者的心理、素质、能力不尽相同，具有高度的复杂性和不可预知性，这需要政策支持和持续指导及监督。第三，提供终身学习的激励和服务。政策自带的权威性和公众性往往代表着一种行动激励和鼓舞，全民终身学习政策必然代表着对终身学习的认可和支持，有利于提高学习者的学习信心和学习的持久性。同时，终身学习的政策推动终身学习的实践，为终身学习的可持续发展提供各方面的支持。

四、开展基于大数据的全民学习需求与能力监测

（一）大数据的概念界定

大数据概念起源于20世纪90年代，指包括各种格式（例如数字、文本、图像、视频等）经常更新而海量的数据集，其大小超出常用软件工具在常规时间内搜集、清洗和处理数据的能力，包括非结构化、半结构化和结构化数据，尤其是非结构化数据。大数据的“规模”是一个不断变化的过程，从最早的几十TB到如今的数十亿TB数据不等。大数据代表的信息资产具有如此大的数量、快的速度和多样性，需要特定的技术和分析方法才能转化为价值。

大数据具有以下特征：（1）大量（volume）。指生成和存储的数据量，其大小决定了数据的价值和潜在的解释力，以及它是否可以被视为大数据。（2）高速（velocity）。指生成和处理数据的速度可以满足增长和发展道路上的需求和挑战，通常是实时可用的，与小数据相比，大数据不断产生，相关的两种速度是生成频率和处理、记录和发布的频率。（3）多样（variety）。指数据的类型和性质有助于分析人员有效地使用由此产生的解释力。大数据来自文本、图像、音频、视频等，通过数据融合完成缺失部分的整合。（4）准确（veracity）。指数据质量和数据值，捕获数据的质量可能差别很大，影响准确分析。

（二）采用大数据探索全民学习的需求和能力监测

发挥大数据的优势推动全民终身学习的深度发展，是新兴技术给终身教育领域带来的新机遇。大数据技术可用于收集教育提供者、学习者、学习场域和学习媒介的基础数据信息，了解学习者的学习需求、能

力特征、学习基础等信息，发现彼此之间的关系和规律，为学习者提供精准的学习服务和支持；通过对学习者学习过程数据进行收集和挖掘，可以实时了解学习者的兴趣点和学习难度，及时调整教育供给策略。应用大数据技术，可以科学和准确地对学习者的学习成果进行记录和认证，促进非正规教育和非正式学习成果的认证，并为与正规教育的衔接提供最直接的证据。将大数据应用至全民学习，对政府部门和教育机构也有直接意义，有助于进行科学决策和管理规划，有利于资源的合理配置和成效监测。

五、建立全民终身学习制度的建议

（一）建立灵活弹性的高中后教育，实行学历教育和非学历教育衔接和沟通制度

在高中后教育全面采用学分制，给学习者提供灵活弹性的学制和自主选择的课程，把校内和校外学习结合起来，有助于学生的个性化发展，让每一个学生的兴趣、能力和潜力得到充分的发挥，满足新时代培养创新创业人才的社会需要。为了给学生提供终身学习的阶梯，建议在全面实行高中后教育学分制、弹性学制、自主选课制的基础上，建立非学历教育和学历教育学习成果相互衔接的制度。学分制、弹性学制、自主选课为学生离开学校后的非学历教育的学习成果认证做好对接基础，同时，为在职人士的非学历教育的学习成果与学校正规教育对接做好准备。为此，我们需要建立相应的体制机制，促进高中后教育与非学历教育通过学习成果认证进行对接和量化，在质量保证体系的有效监督和严格的评审机制下，保证所有的学分累积和转换的对等性和公平性。

（二）提供生涯发展规划咨询服务，指导学习者建立终身学习阶梯和实现途径

在高中后教育全面推行学分制、弹性学制和自主选课，学生面对大量的选修课程、校外多元的学习机会、自主创业的各种机会，做出明智和合适的选择是有困难的，许多学习者甚至会无所适从、感到茫然。这就需要学校尽早为学习者提供生涯规划指导和创新创业指导，帮助学生规划合适的终身学习阶梯和实现途径。生涯规划教育可以帮助学生认识自己，了解自己的兴趣、能力和性格，认识自己的优势和不足，了解和探索社会需求和职业要求及发展趋势，把自己的兴趣特长、学业水平、专业性向、生涯发展意向与社会需求及职业要求进行匹配，选择最合适的生涯发展道路。同时，生涯发展和规划的指导，能够提高学生的职业意识、创业精神、人生规划以及终身学习的能力。

（三）出台互联网时代的国家终身学习促进条例，提供全民终身学习的政策保障和支持服务

教育立法代表了政府的意志和决心，影响着配套资源和措施，指导着发展方向和策略规划。我国现有的终身学习促进条例，还只是停留在地方层面上。我们急需出台国家层面的终身学习促进条例，作为各地终身学习政策和实践发展的指南，保障全国终身学习实践的有效和可持续发展。同时，无论是国外的终身学习法，还是我们目前的地方终身教育促进条例，尚未跳出几十年前的传统终身学习理念的框框。当今，互联网、大数据、人工智能、区块链、物联网等新兴技术正在对终身学习产生根本性的影响，为终身学习社会的发展带来了前所未有的契机。因此，我们需要制定“互联网+”终身学习的促进条例，充分利用我国互联网应用国际前沿的优势，改变传统的终身学习实施理念的局限性，以

新思维研究和出台互联网时代的具有中国特征的国家终身学习促进条例，为所有社会成员提供一站式、智能化、可持续的终身学习服务。

（四）采取新兴的信息技术手段，提供一站式、智能化和个性化全民终身学习服务

现代信息技术为终身学习提供了新的策略和路径，我们需要采用云计算、大数据、人工智能技术，建立一体化的终身学习统筹管理平台、一体化的终身学习支持服务平台、一体化的终身学习开放教育资源平台、一体化的市民终身学习平台，为全民提供一站式的终身学习服务。通过一站式的管理、资源和学习的服务，采用区块链技术构建开放教育资源新生态，保证开放教育资源的质量和共享。采用大数据分析和人工智能开展学习者行为分析，可以为不同群体的学习者提供相应的智能化和个性化的资源精准推送和学习支持服务，满足不同类型学习者个性化和多元化的终身学习需求。

第四章　强化职业学校和高等学校的继续教育与社会培训

终身教育、终身学习、学习型社会理念是我国教育改革和规划的基本指导思想。早在1993年,《中国教育改革和发展纲要》就明确提出了大力发展成人教育的举措。“加强职业教育和培训，发展继续教育，构建终身教育体系”被写进了党的十六大报告。《纲要》倡导:“发展和规范教育培训服务，统筹扩大继续教育资源。鼓励学校、科研院所、企业等相关组织开展继续教育。”

《“十三五”规划》强调，要明确各类高等学校和职业学校发展继续教育的职责任务、考核标准，推动高等学校和职业学校进一步开放办学，面向城乡从业人员广泛开展教育培训服务，特别是面向行业企业，持续开展职工继续教育，重点增强职工的职业理想，提高职业道德、技术技能、管理水平以及学历层次。

作为终身教育体系重要组成部分，继续教育与社会培训发挥着重要的功效。然而，正如《“十三五”规划》所描述的,“学前教育、职业教育、继续教育仍是教育体系中的突出短板”。为此,《中国教育现代化2035》提出,“大力发展继续教育。强化职业学校和高等学校的继续教育与社会培训服务功能，面向行业企业开展多种类型多种形式的职工继续教育”。同时，面向社会各类群体，提供多样化的教育与培训服务，帮助他们提升学历、知识和技能，从而更好地适应社会发展诉求以及融入社会。

第一节　继续教育与社会培训的概念界定及意义

一、继续教育与社会培训的概念界定

（一）继续教育的概念界定

史料表明，现代意义上的继续教育发端于第二次世界大战前后的英、美两国。之后，在科技、经济、政治、人口、文化等不断发生剧变的国际背景下，无论是发达国家还是发展中国家，都对这个全新的教育领域投入了极大的关注。①经过70多年的发展，继续教育在全球领域取得了显著的成就。然而，关于继续教育的内涵，不同的国家、组织对其界定有所差异。例如，在英国，继续教育指“义务教育后的全日制教育或非全日制教育，比高等教育的标准要低”②；在德国，继续教育指“在全职工作以后，完成第一阶段教育以后所有的继续和补偿教育形式”③；在美国，继续教育指“包含对已离校者进行的各种教育和训练，凡对已离校者讲授高等教育课程以外的其他课程划为继续教育”④。联合国教科文组织出版的《职业技术教育术语》一书写道：“广义的继续教育是指那些已脱离正规教育、已参加工作和负有成人责任的人所接受的各种各样的教育。它对某个人来说，可能是接受某个阶段的正规教育；对另外的某个人来说，可能是在一个新领域内探求知识和技术，也可能

① 高志敏. 继续教育概念辨析［J］. 河北师范大学学报（教育科学版），2001（1）：93-102.

②③ Jarvis P. International dictionary of adult and continuing education［M］. Kogan Page, 2002：22.

④ 顾明远，石中英. 国家中长期教育改革和发展规划纲要（2010—2020年）解读［M］. 北京：北京师范大学出版社，2010：67.

是在某个特殊领域内更新或补充知识；还有的人可能是在为提高其职业能力而努力。”[①]《国际成人与继续教育大辞典》把“全日制初始教育结束后的学习机会”视为继续教育。[②]在我国，《成人教育辞典》将其表述为：“对受过大专以上高等教育和中级以上职称的专业技术人员和管理人员进行最新知识的教育活动。”[③]《纲要》明确地对继续教育的内涵进行了界定：“继续教育是面向学校教育之后所有社会成员的教育活动，特别是成人教育活动，是终身学习体系的重要组成部分。”由此观之，继续教育主要针对那些离开学校后的成人，形式包括学历教育、非学历教育、职业教育、闲暇教育等，在教育形式上呈现多样化的特征。

（二）社会培训的概念界定

我国培训行业自20世纪80年代植根于中华大地后，便始终伴随着中国经济的发展，特别是进入21世纪后，培训行业进入一个快速发展期，催生了许多社会培训机构。从投资的主体来看，社会培训主要依靠社会力量办学，是指具有法人资格的社会团体、企业（各类体育俱乐部）、民主党派，以及经国家批准的私人办学者举办的各级各类的教育培训机构。社会培训主要实施以职业技能培训为主的职业资格培训、技术等级培训和劳动就业职业技能培训。从经济学观点来看，社会培训机构作为一个社会经济体，主要立足点是通过培训这种方式获得一定的经济效益。因此，其关注点在于培训项目能否得到更多学员的认可和参与，即课程设置对提高学员工作技能的有效性。通过学员接受培训后对

---

①③ 高志敏. 继续教育概念辨析［J］. 河北师范大学学报（教育科学版），2001（1）：93-102.

② Jarvis P. International dictionary of adult and continuing education［M］. Kogan Page, 2002: 23.

其的正面评价，不断扩大社会影响，争取良好的社会声誉，进而不断扩展规模以获得更高的效益。

二、继续教育与社会培训的价值

（一）继续教育与社会培训是实现人才强国战略的重要途径

新中国成立以来，党和政府对人才问题高度关注，相关领导对人才问题提出了建设性的意见，并由一种人才思想演绎为一国之策。人才强国战略作为21世纪的重要国策，对我国从“人口大国”向“人力资源强国”转变具有重要的战略意义。2001年，在九届人大四次会议上通过的“十五”计划纲要明确提出了“实施人才战略，壮大人才队伍”的重要目标。2002年5月，中央下发的《2002—2005年全国人才队伍建设规划纲要》明确提出了“人才强国战略”，并对“人才强国战略”做了详细部署。2010年6月，《国家中长期人才发展规划纲要（2010—2020年）》颁布，提出了10项重大政策和12项重大人才工程，标志着我国人才强国战略迈入全面实施的阶段。从实践发展看，伴随着城乡免费义务教育的全面实现、高等教育大众化水平的提升和职业教育的快速发展，我国劳动力资源不断丰富，规模不断扩大（见图4–1）。然而，国民总体教育水平与科学文化素质偏低，劳动力文化程度偏低（见图4–2），高中低端技术人才数量严重不足，这些都对人才强国战略宏伟目标的实现提出了严峻挑战。继续教育与社会培训能够为进入工作岗位的劳动力提供完善知识体系和提升专业技能的路径，也能够为那些没有获得高等教育机会甚至没有接受过基础教育的广大民众提供学历补偿教育，还能在社会教育领域做出相应的贡献。2017年，全国接受各种非学历高等教育的学生927.37万人次，当年已毕（结）业980.84万人次；

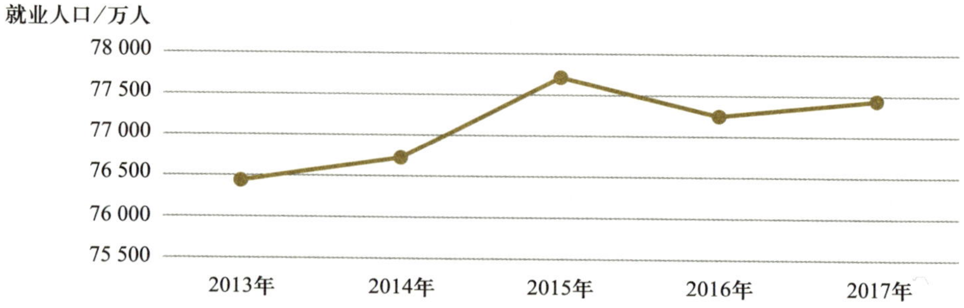

图4-1　2013—2017年全国就业人口

资料来源：《中国劳动统计年鉴》（2013—2017年）

单位：%

年龄	就业人员	未上过学	小学	初中	高中	中等职业教育	高等职业教育	大学专科	大学本科	研究生
总计	100.0	100.0	100.0	100.0	100.0	100.0	100.0	100.0	100.0	100.0
16—19	1.4	0.2	0.4	2.0	1.9	3.2	2.1	0.4	0.1	0.0
20—24	7.5	0.5	1.4	6.8	9.9	15.5	13.7	14.3	10.3	1.9
25—29	12.9	1.5	2.9	11.3	15.4	19.7	21.5	23.8	24.3	19.3
30—34	12.8	2.4	4.0	12.4	13.1	17.9	17.0	19.3	23.8	31.9
35—39	11.3	3.3	5.9	12.0	11.7	16.6	13.4	13.2	14.7	19.7
40—44	14.7	6.4	13.0	17.2	14.3	12.9	14.0	12.6	11.8	12.4
45—49	12.7	8.3	14.8	14.9	12.1	7.2	8.6	8.4	7.9	7.8
50—54	11.1	9.6	15.1	12.7	11.8	4.4	6.5	5.8	5.5	5.2
55—59	5.8	12.8	11.3	5.2	6.7	1.7	2.3	1.9	13	1.4
60—64	5.3	21.8	15.7	3.6	2.3	0.6	0.6	0.3	0.2	0.4
65+	4.5	33.1	15.7	1.8	0.7	0.4	0.3	0.1	0.1	0.1

图4-2　全国就业人员年龄构成（2016年）

资料来源：《中国人口和就业统计年鉴》（2017）

接受各种非学历中等教育的学生4 538.30万人次，当年已毕（结）业4 744.07万人次。①2017年年末，全国共有技工院校2 490所，在校学生338万人，全年技工院校面向社会开展培训456万人次；全国共有就业训练中心2 583所，民办培训机构20 391所，全年共组织各类职业培训1 690万人次，其中就业技能培训897万人次，岗位技能提升培训542

① 吴遵民. 新时代背景下继续教育发展的新路径与新思考［J］. 终身教育研究，2019，30（1）：3-10.

万人次，创业培训219万人次，其他培训32万人次；全年各类职业培训中农民工培训898万人次，城镇登记失业人员培训243万人次，城乡未继续升学的应届初高中毕业生培训64万人次，毕业年度高校毕业生参加职业培训106万人次。

（二）继续教育与社会培训是构建终身教育体系的重要部分

作为教育领域的一种变革性思潮，终身教育被国际社会认为是现代教育研究的首选命题。这一过程发生在人生的各种阶段及生活领域，它以带来启发和向上为目的，包含全部的正规的、非正规的及非正式的学习，是一种综合、统一的理念。[①] 作为一种非正规的学习，继续教育与社会培训在构建终身教育体系中扮演重要的角色。《纲要》指出，要“构建灵活开放的终身教育体系”，就要“发展和规范教育培训服务，统筹扩大继续教育资源，鼓励学校、科研院所、企业等相关组织开展继续教育”。从终身教育体系看，学前教育可以视作终身教育的开端，学校教育作为人的正规化教育的中间过程，其已构成终身教育体系两个不可或缺的重要环节，那么继续教育作为学校后的教育延伸，就构成了终身教育的第三个必要环节，即教育的终端形态。可以这样说，正因为有了继续教育的存在与支撑，人的终身教育才实现了最后一段历程的贯通，而终身教育体系的构建也同时得以呈现一种完整的状态。[②]

（三）继续教育与社会培训是提升组织人才素质的重要方式

当前，知识是组织的主要“流通手段”，组织必须能够快速学习，经常调整以适应新的挑战。与此同时，组织还要确保员工能够构建知

---

① 吴遵民．现代国际终身教育论［M］．上海：上海教育出版社，1999：117.

② 吴遵民．新时代背景下继续教育发展的新路径与新思考［J］．终身教育研究，2019，30（1）：3-10.

识，分享有战略性价值的知识，获取技术性和互动性技能，以及能够进行持续的改进与创新。在未来社会中，变化将是组织最显著的特征，如何不断适应变化是未来组织面临的一个重大问题。诺贝尔经济学奖获得者舒尔茨等人提出人力资本理论，认为："人没有知识和技能就会无依无靠。"① 这一观点为职工继续学习获得知识和技能提供理论依据。人力资本理论还认为，掌握一定知识和技能的员工是企业发展的第一资本；在市场经济条件下，现代企业最显著的特征就是人力资本增长，它是企业生存和发展的核心条件。② 由此可见，组织想要在竞争中取得有利地位就必须提升企业素质，必须充分挖掘企业人力资源。组织的竞争说到底还是人才的竞争。未来卓有成效的组织将是那些认识到如何赢得各阶层人士的承诺，并且不断拓展自己学习能力的组织。因此，随着社会的发展，我国不同类型的组织，包括学校、零售店、酒店和制造业等，都有一个共同需求——需要专业化高技能的员工。这种共同的需求催生了组织中员工参与继续教育与社会培训的需要。继续教育与社会培训能够为组织开展提高人员素质、能力和工作绩效的活动，使得组织中的员工的知识、技能、工作方法、工作态度以及工作价值观得到改善和提高，从而发挥出提高组织和员工绩效的最大潜力，推动组织和员工不断进步，实现集体和个人的双重发展。进入21世纪以来，社会培训在组织特别是在企业领域发挥越来越重要的作用，培训市场产值持续提升，截至2018年，其市场总额达到1 720亿元。

---

① 舒尔茨. 人力资本投资——教育和研究的作用［M］. 蒋文武，张蘅，译. 北京：商务印书馆，1990：21.

② 黄尧. 面向21世纪中国成人教育发展研究［M］. 北京：高等教育出版社，2002：191.

（四）继续教育与社会培训是相关群体自我发展的重要手段

第一，继续教育与社会培训有利于缓解转业军人就业之忧。《解放军报》2017年3月的报道曾提到，我国现有退役军人5 700多万，并以每年几十万的速度递增。我国退役军人数量庞大，因此，我国亟待进一步发展退伍军人以及武警官兵的教育与培训工作。良好且多样化的教育与培训服务，有利于提高士兵综合素质、缓解就业之忧，有利于凝聚军心士气、汇聚强军兴军的强大力量，有利于厚植国防建设的群众基础，有利于激发军人强军报国的动力，有利于解决退役军人的现实困难。

第二，继续教育与社会培训有利于拓展农民工就业范围。进城务工人员，又名农民工，是指户籍仍在农村，进入城市务工和在当地或异地从事非农产业劳动6个月及以上的劳动者。截至2017年末，全国农民工总量28 652万人，比上年增长1.7%，其中，外出农民工17 185万人，增长1.5%。据统计，在受教育水平方面，这类进城务工人员中，文盲占1.5%，小学文化程度占14.3%，初中文化程度占60.5%，高中文化程度占13.3%，中专及以上文化程度占10.4%；在技能培训方面，接受过非农职业技能培训的占25.6%，没有接受过任何技能培训的占69.2%，年长者接受职业技能培训的比例高于青年。鉴于长期以来我国进城务工人员从事行业较为单一，其基本特点是脏、累、险、差，开展进城务工人员的教育与培训，有利于拓宽进城务工人员的就业范围，推动进城务工人员的稳定就业，有利于加快社会企业的科技化、现代化发展步伐，提升企业的核心竞争力，有利于缓解城市病，促进城镇化发展以及社会稳定。

第三，继续教育与社会培训有利于转岗人员成功再就业。随着国际、国内环境的改变，我国企业改革不断推进，很多企业职工由“企业人”平稳过渡到“社会人”，员工转岗分流应运而生。这些人年龄偏大、文化偏低、技能偏差，在市场竞争就业的同等条件下没有任何优势，再就业的机遇很少、困难很多。转岗员工培训是转岗人员由局外人转变成本企业员工的过程，是员工融入新集体的过程，是新员工逐渐熟悉并适应新的工作环境、再次规划职业生涯以及重新定位职业角色的过程。加强对转岗员工的教育培训，有利于提高下岗职工素质，进而更好地满足社会生产力发展的要求，有利于使广大转岗人员在再就业前接受与就业岗位要求相适应的文化知识、操作技能、职业道德等方面的教育，使他们具备再就业的必要条件，促进再就业。

第四，继续教育与社会培训有利于新市民快速融入城市文化。在我国城镇化发展进程中，新市民成为一个新的群体。新市民是介于农民和市民之间的中间状态人群，他们已经在城市内居住和生存下来，但不具备合法的城镇居民户籍，以农村向城市转移的固定劳动力为主。新市民大多缺乏必要的工作经验，知识、技能的不足是其无法融入城市文化环境的重大障碍。因此，积极开展适当的新市民教育与培训，其目的就是帮助这类新市民能够较快较好地补充相关的知识技能、增强身份认同感、适应城市生活，以及融入城市文化。

第五，继续教育与社会培训有利于城乡待业人员提升幸福指数。城乡待业人员一般分为两种类型：一类是指城乡地区每月家庭人均收入低于该地区最低生活保障标准，且没有职业的人员，往往是失业人员；另一类则是指随着我国高等教育大众化的发展，高校扩招、毕业生剧增而引发的高校毕业生待业人员。当前，我国这两类待业人员的数量都比较庞大。待业人员的就业问题是关系到国计民生的大问题，事关我国居民生活幸福指数的提高，影响着社会的稳定发展。

第六，继续教育与社会培训有利于残疾人群竞争力的提升。根据2006年4月进行的全国第二次残疾人抽样调查统计，我国有8 296万名各种类型的残疾人，涉及2.6亿个家庭人口，占全国总人口的比例为6.34%。在特殊教育方面，截至2012年底，我国已开办特殊教育普通高中班（部）186个，开办残疾人中等职业学校（班）152个。到2016年，全国有残疾人中等职业学校（班）118个，在校生11 209人，毕业生3 855人，其中2 206人获得职业资格证书，特殊教育学校2 053所。[①]总体上看，我国特殊教育学校职业教育的发展，无论是数量还是质量，都与教育发展、社会发展存在一定的差距。针对残疾人的教育与培训，其意义重大，不仅有利于这类人群更好地生活、更好地融入社会，同时更有助于保障残疾学生实现更好的就业，促进他们在社会竞争中获得一席之地，为社会做出自己的贡献。

第七，继续教育与社会培训有利于农村实用人才技能的提升。农村实用人才，指户口所在地属于农村，有一定的知识和技术，在当地起到示范带头作用，并得到周围群众认可的农村专业型劳动者。其中，新型职业农民便是农村实用人才的重要组成部分。截至2016年，新型职业农民培育工程已经覆盖8个整省、30个整市和800个示范县，全国1 600个县开展了新型职业农民培育。2017年中央财政资金对新型职业农民培育的投入为15亿元。据不完全统计，2017年地方各级财政投入突破10亿元，生产经营型职业农民每人每年补助3 000元。开展对农村实用人才的教育与培训，在示范农业技术、引导农业结构调整、安置农

---

① 于妍. 改革开放以来我国特殊教育学校职业教育政策研究［D］. 沈阳：沈阳师范大学，2018.

村劳动力就业、带动农民增收致富、活跃农村市场、丰富农村文化生活等方面发挥了积极的促进作用，推动了我国农业和农村经济的发展，是我国社会主义新农村建设过程中重要的一步。

第二节　职业学校和高等学校为企业开展职工继续教育

2014年9月9日，习近平总书记同北京师范大学师生代表座谈时指出："当今世界的综合国力竞争，说到底是人才竞争，人才越来越成为推动经济社会发展的战略性资源，教育的基础性、先导性、全局性地位和作用更加突显。"[①]《关于推进职业院校服务经济转型升级面向行业企业开展职工继续教育的意见》（以下简称《意见》）提出："职工继续教育是继续教育的重要组成部分和现代职业教育的重要内容，对于主动适应经济发展新常态……建设学习型社会具有重要意义。"《意见》中明确提出了职工继续教育作为继续教育重要组成部分对我国发展的重要意义。《专业技术人员继续教育规定》第四条指出："用人单位应当保障专业技术人员参加继续教育的权利。专业技术人员应当适应岗位需要和职业发展的要求，积极参加继续教育，完善知识结构、增强创新能力、提高专业水平。"这说明专业技术人员有进一步接受教育的需要，且用人单位应保障其受教育的权利。

一、转变教育观念，明确高等学校与职业学校责任

从当前高等学校与职业学校的责任看，其主要承担尚未进入工作场所的学生的培养任务，往往忽视了对企业职工的继续教育。一般而言，它们提供的教育形式主要有三类：一是普通学校教育，二是学历继续教育，三是非学历教育。目前，仍有不少学校对继续教育工作的认识停留

① 习近平．做党和人民满意的好老师——同北京师范大学师生代表座谈时的讲话［M］．北京：人民出版社，2014：3.

在成人高等学历教育的层面，开展职工继续教育的主要形式是高起专学历教育和专升本学历教育的教学服务。之所以存在这样的问题，是由于它们的教育观念存在问题。对于高等学校与职业学校而言，当务之急是转变教育观念，增强市场意识和服务能力，树立市场意识、竞争意识和服务意识，正确定义职工继续教育，认识到企业继续教育的附加市场价值，通过多种渠道开展学历继续教育和非学历教育，帮助企业大力开发人力资本，提升学校的社会功能意识。

二、发挥学历继续教育功能，帮助企业职工提升学历

长期以来，企业职工普遍通过函授、自考、远程等学习方式来提高学历水平，可见，由学校提供的学历继续教育对职工发展十分重要。为此，职业学校和高等学校需要进一步推进学历教育，为企业和社会培育优秀职工。正如《意见》所指出的，“职业院校要充分发挥师资、专业优势，紧密结合区域经济发展需要和职工学历提升的需求，以在职学习为主面向行业企业开展多种形式的学历继续教育”。由此可见，职业学校要发挥区域性优势，辐射当地企业，提升企业文化，促进员工素质提升。高学历教育对于高技能型员工同样重要，因此，高等学校在为企业职工提供高学历教育方面扮演着重要角色。

首先，职业学校和高等学校应当拓宽面向企业人才的招生渠道，增加普通专本科教育的大众化和生源数量。其次，职业学校和高等学校可以依法自主设置专业，专业设置要实现继续教育与专业技术人员的岗位实践紧密结合，提高技术教育的针对性和实效性。《“十三五”规划》中提出具体举措：“加强专业设置政策引导，及时修订中职、本专科专业目录和研究生学科目录，调减社会需求不足的长线专业。推动高校加快

新兴交叉学科建设，通过专业改造等方式设置复合型专业。”再次，加强课程资源的融合，满足企业职工继续教育的学习需求。《意见》中要求学校要以相关专业全日制学历教育课程资源为基础，提供职工继续教育课程资源订制服务，促进两套课程资源的融通互促。最后，通过多种形式，为企业职工开展学历继续教育。职业学校和高等学校可以与企业进行沟通，鼓励在职职工到高校进行脱产学习；职业学校和高等学校需继续完善函授、自考、远程等学习方式，扩大函授、远程教育对象，加强技术资金投入，提高课程质量；完善自学考试制度，借鉴西方“宽进严出”的准入模式，在降低准入门槛的同时提高质量保障，使企业职工学习与岗位技能相关的知识。

三、拓展非学历继续教育功能，帮助企业职工提升知识和技能

在信息技术高度发达的知识经济时代，产业更新换代日新月异，知识发展迅猛飞速，如果行业或企业员工不及时更新知识、学习新技能，则会面临被社会淘汰的困境。所以，继续教育不仅能提升职工的知识和技能，还能为国家经济发展、产业升级输送高素质的人才。职业学校和高等学校提供的培训类型各不相同且多种多样，这些院校可以开展不同类型、不同形式的职工非学历教育，满足我国不同行业企业发展的需要。首先，职业学校应广泛开展立足岗位的技术技能培训。《意见》提出：“职业院校要充分利用学校资源，特别是实训教学资源，与行业企业共同开发培训项目，并采用送教进企、引训入校等多种途径，为行业企业提供多层次、多类型，立足岗位需求的技术技能教育培训服务。”其次，高等学校应积极承担生产一线高科技应用人才和管理人员的继续教育工作，提供多种类、高水平、高质量的培训。有条件的高校还可开

展线上远程教育培训，利用多媒体数字技术和优质雄厚的师资更有效地为职工提供培训，尤其是闲暇时间较少、相对偏远地区的企业职工。

四、注重思想教育融入，提升职工职业道德和职业理想水平

《“十三五”规划》中提到学校应“面向城乡从业人员广泛开展教育培训服务，特别是面向行业企业，持续开展职工继续教育，重点增强职工的职业理想，提高职业道德”。由此可见，精神层面的理想道德也应受到职业学校和高等学校的重视。职业技能为显性的职业素养，而职业理想、职业道德等属于隐形的职业素养。在为职工提供技能培训的同时，学校还应帮助职工增强职业理想，提高职业道德水平。职业理想是指个体对自己未来职业生涯所希望达到的预期目标，包括将来从事的工作行业、工作种类、工作岗位、工作成就等方面的美好构想。职业道德是社会道德体系的重要组成部分，是从业者在职业活动中应具备的道德准则、道德情操与道德品质，具有职业性、实践性、继承性特点。① 要做好这两项内在素养的提升工作，学校应将社会主义核心价值观贯彻于企业职工培训中，帮助职工树立爱国的崇高理想。除此之外，还要在培训中引导职工将自己的职业看成是为社会做贡献、为人民谋福利、为企业创信誉的光荣岗位。组织开展“大国工匠进企业”活动，提高职工职业道德。同时，职业学校和高等学校可以为企业提供职业道德知识的相关课程，宣传社会主义职业道德理念，帮助职工树立终身学习的意识；与企业进行沟通，帮助企业管理人员转变观念，加强对职工职业道德层面的重视。

---

① 姜朋明，蔺俊．高职院校职业素养教育探赜［J］．中国职业技术教育，2018（10）：86–89.

五、提供精准服务，开发继续教育项目与课程资源

我国产业结构的不断调整离不开产业人口技能结构的调整，产业技术升级离不开产业人口技术素质的升级，产业发展转型离不开产业人口劳动技能的转型。产业人口技能结构的调整、产业人口技术素质的升级、产业人口劳动技能的转型，关键在于劳动力的系统优化。为此，基于区域经济发展、产业结构调整和劳动力转移等特点，职业学校和高等学校需要根据企业战略发展的需要，与企业相关部门共同开发适应企业不同层次、不同岗位需要的继续教育项目，力争形成突出学校自身特色的继续教育项目群。在职工学历教育的人才培养方案和非学历培训项目方案的制订过程中，职业学校和高等学校应该明确自身角色，应与行业企业共谋共商，开发基于企业工作过程的系统化课程，在广泛调研的基础上，借助企业提供的信息和资源开发校本教材，使课程内容与岗位任务对接，同时要适时更新，确保教学内容富有时代性和新颖性。

六、打造师资队伍，为企业职工教育提供精英团队

《专业技术人员继续教育规定》提出："继续教育机构应当按照专兼职结合的原则，聘请具有丰富实践经验、理论水平高的业务骨干和专家学者，建设继续教育师资队伍。"由此可见，职工继续教育既要聘请经验丰富的专职教师，还要聘任优秀的兼职教师。一方面，职业学校和高等学校为原有的专职教师开展理论培训，提升其理论水平；另一方面，要将这些教师送往职工岗位，使其更加了解企业员工，还可让专职教师和企业内部的培训师深入交流，了解企业内部丰富的实务经验，熟悉公司文化，了解职工特性。正如《"十三五"规划》中提到的，"建设一大批以校企合作为基础，集人才培养、继续教育、科研创新、科技服

务于一体的专业集群”，从而“联合培养培训师资队伍”，这样可以使学校教师的学术性、理论性和企业内训师的专业性相结合，打造适合学员的优质培训课程。

《意见》鼓励职业学校专业教师“同时成为企业培训师，驾驭学校、企业‘两个讲台’”。除了让学校教师和企业培训师接触学习，还可给专业教师提供培训，从而有效承担企业培训师的角色，直接与学员对接授课。《意见》对职业学校教师提出要求：“完善职业院校教师定期到企业实践制度，鼓励教师在企业实习期间参与企业培训、技术研发等活动”，“鼓励教师承担培训任务，认可相关工作量。探索建立职业院校教师和企业培训师资源共建共享机制。动员、组织、汇聚社会教育教学力量，参与职业院校开展的职工继续教育活动”。对于高等学校教师而言，需要转变观念，积极参与企业研发工作，推动产业升级，为职工提供良好的外部条件，从而将学校教学师资、管理团队、企业技术工程师的师资有效融合，使职工继续教育体系畅通。

七、深化校企合作，主动为企业提供技术服务

习近平总书记在党的十九大报告中指出：“完善职业教育和培训体系，深化产教融合、校企合作。”深化校企合作，首先，学校需要进一步统筹资源。对于职业学校而言，需要进一步提供技术开发、应用技术咨询、新技术培训和推广等服务，与企业开展双边、多边技术协作，发挥其职业性培训的优势；对于高等学校而言，需要与企业分享其优质资源，推动校企合作、产学研结合向纵深发展，与企业共同开展和承担课题研究。其次，学校在校企合作中要注重双向系统性。这就要求学校整合全校资源。学校需进行深入的人才培养和人才输出，充分挖掘企

业需求并统筹资源，双方可以进行有效的沟通与对接，建立起“一对一”“一对多”的系统资源整合的良性合作。再次，学校要增强校企合作的灵活性。对于高等学校而言，教学计划过于死板不利于构建校企合作模式。高等学校应根据企业需求灵活制订培训计划。尽管高等学校的专业不可能覆盖整个行业，但是高等学校可以增强培训计划的弹性，从而使相关专业对接更多企业工种；同时，高等学校可以通过与企业进行有效沟通，避免提供与企业内训课程重复的培训。最后，学校应积极参与学习型企业建设。职业学校要与企业共同组织开展基于工作场所的学习活动，积极为企业提供知识讲座、课程资源开发、技术辅导等服务，以多种形式参与企业大学等企业内设培训机构的建设，建立校企合作的学习团队。高等学校也要继续贯彻终身学习理念，帮助企业创新教育管理制度，提高教育质量，促进企业内职工形成“人人想学，人人愿学，人人乐学”的景象。

八、多方筹措资金，保障职工继续教育经费充足

对职工继续教育的投资实际上是对人力资本的间接投资，高质量的培训可以提升企业竞争力，给企业的发展带来丰厚的回报，所以必须保障职工继续教育的资金。《专业技术人员继续教育规定》明确提出：“继续教育实行政府、社会、用人单位和个人共同投入机制。国家机关的专业技术人员参加继续教育所需经费应当按照国家有关规定予以保障。企业、事业单位等应当依照法律、行政法规和国家有关规定提取和使用职工教育经费，不断加大对专业技术人员继续教育经费的投入。”因此，必须加大对职工继续教育的投入力度，尤其是要提升职工继续教育的资金投入比例。企业是职工继续教育的主体，可以与职业学校、高等学校

合作形成资金融合链，积极向学校寻求资金帮助从而建立企业大学。同时，可以号召社会营造崇尚技能的氛围，鼓励社会资本设立专项奖励基金，补偿优秀企业职工的技能投入。

第三节　面向多样化群体开展继续教育与社会培训

一、面向退役军人和武警官兵开展继续教育与社会培训

（一）注重专门化的管理

2018年3月13日，国务院提请十三届全国人大一次会议审议的国务院机构改革方案提出，组建退役军人事务部，作为国务院组成部门，其主要职责包括负责军队转业干部、复员干部、退休干部、退役士兵的移交安置工作和自主择业退役军人服务管理、待遇保障工作，组织开展退役军人教育培训等。另外，遴选建立国家级和省级退役军人和武警官兵教育培训基地，或利用现有职业教育国培基地优质资源，将退役军人和武警官兵教育培训作为职业教育国培基地的一项重要任务，整体提升退役军人和武警官兵教育培训机构的质量，以此确保退役军人和武警官兵教育培训的科学性、高效性。同时，相关部门需协同做好退役军人和武警官兵教育培训质量监管工作。建立考核评估和检查制度，加强对退役军人和武警官兵教育培训基地的考核、评估和指导，将培训合格率、职业资格证书获取率、推荐就业率等作为考核评估的重要指标；加强对退役军人和武警官兵教育培训基地的定期检查和指导。

（二）提升退伍军人和武警官兵的学历与技能

在提升学历方面，需要制定并实践相关的政策，支持退役军人和武警官兵进入职业学校和普通本科高校接受继续教育，实现退役军人的“学历可继续化”。在学历认证方面，要实现军事教育培训与社会职业教育培训在考核体系、学分体系和职业认证体系三个方面的相互转换机制，大大降低双方的政策壁垒，帮助退役军人更快回归社会。

2010年，《国务院关于加强职业培训促进就业的意见》明确提出，“对退役士兵要积极开展免费职业技能培训”。2014年3月13日，国务院发布《中央军委关于加强退役士兵职业教育和技能培训工作的通知》，从“提高思想认识，建立教育培训制度”“加强教学管理，提高教育培训质量”“加强就业指导，搞好就业服务”“加强组织领导，落实工作责任”四个方面，对退役士兵职业技能培训提出了指导意见。最近发布的《国家职业教育改革实施方案》就体现了这一点：“把军队相关的职业教育纳入国家职业教育大体系，支持其（现役官兵）在服役期间取得多类职业技能等级证书，提升技术技能水平。”

（三）鼓励社会化办学与培训

针对各地经济发展不平衡状况，要积极探索灵活多样的内容和形式。鉴于军队、政府部门在开展教育培训工作方面往往缺乏专业性、存在一定的不合理性，可以选择依靠专业水平更高的培训机构，根据市场需求有针对性地、高效地展开实用性培训。通过政府购买服务等方式，吸引社会力量参与退役军人教育培训；通过税收减免等优惠政策，鼓励社会团体积极参与退役军人教育培训；通过对积极参与捐赠、退役士兵职业培训工作贡献突出的企业和个人进行奖励或表彰，提高其积极性。此外，还可以积极开拓网络化培训，通过多样、便捷的网络课程和在线训练资源，使退役军人可以根据个人需要，灵活地选择学习时间和学习内容。[①]要积极融入各类社会团体和民间力量，共同参与职业教育培训体系的构建，从而更好地发挥它们辅助管理、监督与支持的作用。

---

① 蔡雪芹. 关于退役军人教育培训制度建设的思考［J］. 政工学刊，2016（8）：70-71.

二、面向进城务工人员开展继续教育与社会培训

（一）基于政策价值导向，相关政府部门做好进城务工人员教育培训管理工作

《国务院办公厅关于做好农民进城务工就业管理和服务工作的通知》提出，“为加强对农民进城务工就业的管理和服务”，应“做好农民工培训工作”。《2003—2010年全国农民工培训规划》也对我国农民工教育培训提出了要求。基于此，各级各类政府及组织需要“共同发力”，具体包括：劳务输出低的政府要“寻找就业岗位等方面的培训”，流出地和流入地政府要“充分利用各类职业培训机构为农民工提供形式多样的培训”，用人单位要“对所招用的农民工进行必要的岗位技能和生产安全培训”，劳动保障、教育等有关部门要“对各类培训机构加强监督和规范”。

（二）发挥学校服务功能，相关学校做好进城务工人员教育培训服务工作

我国虽然拥有众多高等学校与职业学校，但是全国范围内积极参与到进城务工人员继续教育与社会培训的学校数量较少，规模较小。如能把全国相关学校的教育资源整合起来，共同投入进城务工人员继续教育之中，不仅可以提高资金利用率，从人力资源开发的角度来讲也能推进城市现代化水平和社会经济发展。首先，要为那些符合基本条件的进城务工人员提供学历继续教育，帮助他们提升学历层次，从而更好地适应城市发展需求。其次，相关学校作为区别于一般社会培训机构的主体，应当在进城务工人员继续教育内容上有所创新和突破。因此，一方面需要对进城务工人员进行包括扫盲性培训在内的基本文化知识教育，另一方面也要对他们进行必要的思想教育，包括政策法规知识、安全常

识、公民道德规范等。除此之外，进城务工人员的心理问题对他们认知价值、树立自信等有重大影响，因此，一定的心理素质训练是必不可少的。最后，相关学校开展进城务工人员继续教育的形式要多样化，可以开展对口培训，也可以因地制宜地开展地方特色知识和技能培训之类的特色培训，培训方式可以以定向、定点、订单等方式进行。①

（三）基于社区教育开展活动，帮助进城务工人员实现文化融入

2016年6月，教育部等九部门发布的《关于进一步推进社区教育发展的意见》（以下简称《社区教育发展意见》）提出："重点面向城镇化进程中的失地农民和农民工，积极开展职业技能、思想道德、民主法治、文明礼仪、生活方式等方面的教育培训，通过社区学习与交流活动，增强社区归属感和认同感，加快其融入城镇社区生活的进程。"社区各部门应积极鼓励进城务工人员参与社区教育。首先，社区可以针对进城务工人员提供丰富多样的文化活动。比如，开展"读书节"活动，让社区内的进城务工人员养成良好的阅读习惯，促使其与社区内其他居民一起沟通、交流，分享收获，在其工作之余获得一份心灵的宁静。其次，完善外在激励机制。社区要对积极参加社区文化活动的新一代进城务工人员依据其表现进行不同层次的表彰，进而不断激发其参与继续教育的荣誉感，不断促使其多方位的进步提升，不断提高该群体的自我素养。

---

① 贺岚. 普通高校农民工继续教育体系的构建［J］. 成人教育，2014，34（6）：41-43.

三、面向转岗人员开展继续教育与社会培训

（一）为转岗人员提供多样化的培训

转岗人员的构成比较复杂，鉴于此，应对不同类型的转岗人员进行分类式的转岗培训：一是对年轻人应突出某种职业技能的培训，使他们尽快掌握一技之长，以适应就业的需要；二是对年龄较大的急需就业者应根据市场提供的就业岗位开展培训，使之尽快实现就业；三是对未获技术等级者可按条件进行初级、中级、高级的等级培训，为走上技术工作岗位打下基础；四是对已获证书者可提供晋级培训，为其进一步发展和晋升创造条件；五是对年龄大、文化低、就业观念陈旧且具备一定技能者，提供以再就业政策宣传为主的职业指导教育咨询，使其了解有关政策，认清形势，转变就业观念。①

（二）为转岗人员提供复合型技能培训

在职业技能培训过程中，重点开展如“短、平、快”的职业技能培训，中长期初、中、高技能等级培训，一专多能的复合型技能培训，中、高等职业技术教育与高等文化教育相结合的综合性培训，使失业、转岗人员可根据自身条件广泛选择培训项目。培训后可颁发相应的职业资格证书，为其进入市场求职提供方便。在为转岗人员提供培训时，政府可以将企业和本地高校、技校和职业高中等联合在一起，可以聘请学校教师，按照企业的需求有针对性地设计培训课程，确保转岗再就业人员所学的技能能够更准确地与就业岗位衔接，符合企业的发展需要。

（三）为转岗人员提供自主创业培训

针对具备创业条件和意向的转岗人员，可以进行自主创业培训。基

---

① 刘佳. 浅谈失业、转岗人员的再就业培训［J］. 职业，2010（21）：31.

于培训、引导、扶持相结合的原则，在短时间内向他们提供创办与管理企业的系统知识与技能，将他们造就为符合发展战略要求的现代中小企业的经营管理者，帮助他们成功创办企业，在解决创业者本人就业的同时，也能使更多的转岗人员实现再就业。让转岗人员掌握就业创业技能及知识，是再就业培训工作成功的关键。因此，学员在培训过程中，需要积极了解、掌握国家有关经济法规及工商、税务、金融、科技、质量、劳动等方面的专业技能和知识，也需要进一步增强心理、管理、经营素质和驾驭市场的应变能力。

四、面向城镇化进程中的新市民开展继续教育与社会培训

（一）面向新市民开展丰富多样的教育培训

首先，面向新市民开展职业技能教育与培训。鼓励新市民进入中等职业学校、社会培训机构接受继续教育与培训，获取一技之长。其次，面向新市民开展法律道德教育与培训，提供法律常识的教育，或者建立针对新市民的法律援助，帮助他们用法律武器维护自己的合法权益。最后，面向新市民开展心理健康教育。新市民进入城市后面临种种新情况，生活压力增大，精神压力也随之增大，而长期的心理压力会对人的健康产生负面影响，帮助新市民学会科学舒缓心理压力、正确对待生活中的问题至关重要。

（二）通过社区教育提升新市民的认同感

全面推进社区教育工作，以提升新市民道德修养为目标，以科技、法律、文体、卫生社区活动为载体，以社区文化中心、市民学校为教育阵地，利用各种传播媒介开设社区论坛，开展社区文化展演等，实现从“说教式向引导式”“号召式向激发式”“单向被动式向参与活动式”的

转变，实现新市民素质的提高、身份认同感的增强。整合社区教育的信息化、数字化资源，在教育过程中借助数字化媒体、广播电视以及互联网等新途径为新市民提供相关教育，从而消除传统市民教育在时间、空间上的约束，优化教育技术，通过现代化社区教育使新市民教育变得更加有效。另外，整合社区教育中各种无形的教育资源，如社区的文化资源等，能够强化新市民对社区的认同感、归属感，从而营造更好的文化资源和教育氛围，形成一个良性循环。

五、面向城乡待业人员开展继续教育与社会培训

（一）面向传统失业型待业人员开展继续教育与社会培训

传统失业型待业人员往往因为自身的知识和技能水平较低，无法跟上时代发展的步伐而被“社会机器”所“淘汰”。对于这类群体，可以从以下四个方面进行教育培训：（1）提高他们的基础知识和技能。识字教育、补偿教育是第一步，可以通过社区教育、站点服务为其提供最基础的文化知识和工作技能。（2）大力宣传，鼓励这类人群接受继续教育（成人教育），为他们提供咨询服务，选择与经济社会发展相衔接的应用型专业，使他们能够获得相应的学历证书或技能证书，帮助他们实现再就业。（3）大力开展创业教育。随着农村农业的发展，出现了播种、收割、销售等农业服务专业户，以及榨油、运输、文艺演出等生活服务专业户，选择创业既可以获得较高收入，又方便照顾老人和孩子。[①]（4）加强社会关怀和政策支持。这是实现再就业的重要纽带，从中央到基层政府都要对这类人群给予帮助和引导，同时发挥社会团

① 黄敬宝．待业、择业、创业：我国青年就业机制的演变［N］．中国青年报，2018-11-05（2）．

体、组织的作用，促进传统失业型待业人员能够在尽可能短的时间内“回归职场”。

（二）面向高校毕业待业人员开展继续教育与社会培训

随着我国高等教育事业的不断完善以及教育体制机制的转型升级，高校毕业生数量不断增加，面对激烈的市场岗位竞争，部分高校毕业生待业逐渐成为社会所重点关注的问题。为此，应注意以下四个方面：（1）树立合理就业观，调整就业期望值。① 毕业生要处理好自身与社会之间的关系，树立合理的就业观，适当地调整自身就业目标，先将自己的就业状态稳定下来，为实现理想就业而蓄力。（2）优化应用型教学，加强职业实习。职业学校和高等学校要合理进行课程设置，提供应用型的教学内容，与职场要求衔接，增加实习实践，培养与市场需求匹配的人才，让学生可在未来就业时具备一定的核心竞争力。（3）建立再教育与培训的机制，帮助适应工作环境。部分高校毕业的待业人员“赋闲在家”比较久，专业知识及技能存在部分遗忘的情况，因此需要设置帮助他们进入职场的“再教育与培训”的机制，为他们提供心理和能力上的支持与帮助。（4）开展创业教育与培训，焕发青年的活力。大学生朝气蓬勃、敢作敢为，有更多的知识和技能、更开阔的视野，应成为创业的主力军。为此，职业学校和高等学校要为培养大学生的创业精神、提升创业能力打下基础，广泛开展创业教育。

---

① 吴金钗．高校毕业生“慢就业”困境成因与解决策略［J］．中国商论，2018（30）：177–178.

六、面向残疾人开展继续教育与社会培训

（一）扩大残疾人受教育规模，保障教育公平

2017年1月11日修订的《残疾人教育条例》（以下简称《条例》）强调："残疾人教育是国家教育事业的组成部分。发展残疾人教育事业，实行普及与提高相结合、以普及为重点的方针，保障义务教育，着重发展职业教育，积极开展学前教育，逐步发展高级中等以上教育。残疾人教育应当提高教育质量，积极推进融合教育，根据残疾人的残疾类别和接受能力，采取普通教育方式或者特殊教育方式，优先采取普通教育方式。"为此，支持幼儿园、普通高中、中等职业学校、普通高等学校进一步开放随班就读很有必要，通过改造环境举办特殊教育班级，扩大残疾学生的招生规模，增加招生总量。在特殊学校教育发展阶段，要保障残疾个体的教育衔接，尤其是义务教育与后义务教育的衔接，竭力消除特殊教育存在的"断头"现象。与此同时，对残疾人群中存在行动不便、智商低下、接受教育困难等障碍的群体，要创新教育形式，利用送教上门、网络教育等手段，充分保障其受教育权。①

（二）通过职业教育，提高残疾人的技术技能

《条例》指出，残疾人职业教育应当大力发展中等职业教育，加快发展高等职业教育，积极开展以实用技术为主的中、短期培训，以提高就业能力为主，培养技术技能人才，并加强对残疾学生的就业指导。大力发展残疾人的中等职业教育，让完成义务教育且有意愿继续学习的残疾人都能接受适合的中等职业教育。职业院校要通过随班就读、专门编班等形式，逐步扩大招收残疾学生的规模，不得以任何理由拒绝接收符

① 国卉男，董奇. 终身教育视角下残障人士社会融合的瓶颈与突破［J］. 终身教育研究，2019，30（1）：27-33.

合规定录取标准的残疾学生入学。加快发展残疾人高等职业教育。鼓励职业院校与现有独立设置的特殊教育机构合作办学、联合招生、学分互认、课程互选，共同培养残疾学生。加大对残疾人职业教育的投入，在落实职业院校生均拨款制度的同时，适当提高接受职业教育残疾学生的人均拨款水平。要用好残疾人事业发展资金、就业补助资金，支持残疾人接受职业教育和培训。鼓励企事业单位、社会组织、公民个人捐资支持残疾人职业教育发展。

（三）开展继续教育，实现残疾人的社会融合

促进个体终身发展、全面发展是构建终身教育体系的最终诉求。我们的教育，不仅要关注残疾人群康复、独立，而且要关注残疾人群的社会融合全面发展，真正帮助残疾人群实现人生价值。继续教育要进一步推进残疾人就业融合，切实承担起康复训练、缺陷补偿、医教结合等课程及教育服务，落实“个性化”及“订单式”培训，对于接受适应性训练和个性化职业训练的残疾人群，不仅要提高职业技能，而且要提高他们的学习能力和适应社会的技能水平。要立足残障人士“再社会化”，为残疾人群提供教育服务，消除他们受社会排斥的现状，开展残疾人群思想政治教育，弘扬科学、平等和自由等理念，提高残疾人群政治理论修养、社会安全意识，增强残疾人群政治参与意识；开展处理社会关系和适应生活的教育，丰富残疾人群的业余生活、文化生活，陶冶情操、提升文化素养，引领他们突破固有的、封闭的人际关系网，实现与主流社会的相互了解、认可，实现残疾人群的社会价值。①

① 国卉男，董奇．终身教育视角下残障人士社会融合的瓶颈与突破［J］．终身教育研究，2019，30（1）：27-33.

七、面向农村实用人才开展继续教育与社会培训

（一）建立较为完善的农村实用人才教育培训体系

2019年发布的《国家职业教育改革实施方案》提出："服务乡村振兴战略，为广大农村培养以新型职业农民为主体的农村实用人才。"围绕社会主义新农村建设的发展要求，需要突出培养农民增收需要的"知识、能力、素质"，动员和利用各种科技教育培训资源，建立和完善多渠道、多层次、多形式的农村实用人才教育培训体系。以高校、中高职院校为主，为农村实用人才提供学历继续教育，帮助他们提升学历层次；以社会培训机构为主，为农村实用人才提供营销、管理、电子商务等方面的培训；以农校、农技所为主，为农村实用人才提供切实有效的技术培训。

（二）建立农业示范基地，为农村实用人才提供学习标杆

《"十三五"全国新型职业农民培育发展规划》指出："加强基地建设，遴选建设一批全国新型职业农民培育示范基地，支持各地重点建设实训基地、创业孵化基地和农民田间学校。"可以充分发挥农村实用人才教育培训示范基地的作用，为当地农村实用人才提供学习考察的机会。一是基于适应区域产业的示范基地规划。从我国农业发展的区域分布来看，全国各地农业产业之间存在较大的差异，省与省之间、市与市之间以及县与县之间的农业产业结构都存在较大的差异，所以，各地建立农业示范基地，不能搞"一刀切"，而是应该根据不同区域产业特色，来培育农业示范基地。二是基于培育功能互补的基地类型设置。农民田间学习基于互动式、参与式和启发式的教学形式，目的是帮助农村实用人才在学习过程中，习得相关的农业技术；创业孵化基地帮助农村实用人才获得相关的创业咨询服务，了解创业的过程，提供相关的创业实

践；实训基地能够帮助农村实用人才获得实践操作训练，获得仿真性的实践活动。当然，如果有条件，当地部门还可以培育集教学、仿真和真实实践为一体的农业示范基地。

（三）构建资格认证系统，对农村实用人才的学习成果进行认证

2015年，《农业部关于统筹开展新型职业农民和农村实用人才认定工作的通知》印发，对新型职业农民和农村实用人才资格认证办法、程序、统计等方面工作做了规定，有效推动全国农村实用人才资格认证工作的开展。然而，由于该通知缺乏对认定的机构、具体办法、要求、流程的进一步规定，从而导致了全国各地资格认证出现许多问题。要实现学习成果的合理认证可连接不同教育和培训形式，推动正规、非正规和非正式学习实现实质等价，从而完善现有的教育体系和制度，使其能够更好地适应社会对于人才多样化的要求和学习者群体多元化的学习需求。为此，相关部门应该对农村实用人才资格认证出台进一步的实施细则。例如：明确专业的认证机构来统一管理和实施，可以设立包括先前学习认证、资格证书认证、技能认证和课程认证等在内的一系列认证部门，由部门统一制定相对应的规章制度，并监督整个农业内部的产业链；明确农村实用人才在不同行业领域的基本要求、学习时间和考核方式等；对农村实用人才资格认证效果进行评估，对认定机构行为进行奖惩，撤销缺乏严格、科学的认定程序的机构。

第五章　扩大群众公共学习资源

当今世界教育正在发生根本性的变化，确保包容、公平和有质量的教育，促进全民享有终身学习机会，成为世界教育发展新目标。[①]为推进我国教育现代化进程，党和国家高度强调要建设终身学习社会，让每个人能够拥有伴随一生的教育，在一生的不同时期都能够获得丰富多样的学习机会、开放优质的学习资源、绿色友好的学习环境，让灵活便捷的学习融入人们的生活，成为人们的生活习惯和生活方式。同时，将教育作为关系国家和全民利益的公益性事业，更加注重共建共享。国家坚持政府主导、全社会多元参与，构建和扩大群众公共学习资源，并完善国家数字教育资源公共服务体系，促进优质资源开放共享，建立校内校外有机整合协同发展的资源共建共享机制。

为实现我国教育现代化的战略目标，建成人人皆学、处处能学、时时可学的学习型社会，并服务于国家区域发展总体战略，推动东中西部和城乡教育协调发展，党和国家发布了一系列的政策要求，扩大终身学习社会的重要公共学习资源如图书馆、博物馆、文化馆、科技馆等各类文化和学习场所的建设和发展，尤其是面向农村地区推进图书馆总分馆制建设、农家书屋等公共学习场所和学习资源建设。另外，根

---

① 国务院. 关于印发国家教育事业发展“十三五”规划的通知［EB/OL］.（2017-01-19）［2019-01-31］. http://www.gov.cn/zhengce/content/2017-01/19/content_5161341.htm.

据《“十三五”规划》要求，应着力推进优质教育资源共建共享。推动学校、社会和家庭教育的融合发展，坚持共同建设、共同享有；整合各类优质教育资源，推进数字教育资源普遍开放共享，促进学校教育资源服务城乡社区居民；加快优质教育资源向农村、边远、贫困、民族地区覆盖；面向教育发展落后地区和特殊人群，提供公益性数字教育资源服务；注重融合发展，推动教育向全社会开放，构建全社会共同建设、共同参与治理、共同分享成果的教育发展新格局。①

本章主题将聚焦于群众公共学习资源的构建与扩展，主要关注公共图书馆的总分馆制建设与发展、农村书屋的建设，以及校内外教育和学习资源的共建共享。

第一节 扩大和发展群众公共学习资源

一、公共学习资源的概念界定

为推进我国教育现代化进程，构建服务全民的终身学习体系，需要建设发展群众公共学习资源，教育、宣传、文化、广电等各部门要协同配合，面向全国尤其是农村地区深入推进图书馆总分馆制建设、农家书屋等学习场所建设，并促进校内外学习资源共建共享。

学习资源是这里的一个核心概念。与学习资源密切相关的概念有教育资源和教学资源。教育资源是指教育过程所占用、使用和消耗的人力、物力及财力资源，即教育人力资源、物力资源和财力资源的总和。

① 顾明远. 新时代推进教育现代化要怎么做［EB/OL］. 光明日报，2019-03-05（13）.

教学资源是指在教学过程中能对教师的教和学生的学进行支持的所有资源，包含人类资源和非人类资源。学习资源是为达到学习目标，学习者在学习过程中可以利用的一切要素，包括各种人力、物力和相关信息等。教育资源、教学资源和学习资源在内涵上是基本一致的，但关注的角度不同。教学资源关注教学过程，而学习资源关注资源对于学习者学习活动的支持。[①] 根据美国教育与传播学会（AECT）对学习资源的界定，学习资源是支持学习的所有资源，包括教学材料、支持系统、学习环境，甚至可以包括能帮助个人有效学习和操作的任何因素。

因此，从广义上来说，学习资源可以分为学习者学习的内容或学习材料以及可以支持学习发生的各种环境、系统或因素。学习材料既包括专门为教与学设计的比如教学音视频材料、课件等，也包括多样化的可用于学习的各种实体书籍、展品、实验材料，还包括各种网络的信息资源如音像资料、电子百科、软件工具、电子报刊，以及学习过程中生成的各类学习成果、个人学案、学生作业等。而支持学习的各类环境系统既包括实体的学习场所如各种教室、实验室、学习资源中心、图书馆、博物馆、科技馆、文化馆等，也包括虚拟的数字图书馆、主题学习网站、数字博物馆、远程学习平台、在线学习空间、虚拟教室、虚拟社区/专题讨论等，还包括支持学习过程的信息搜索工具、知识建构与可视化工具、协作交流工具、虚拟体验、在线辅导、远程教学系统等。显然，在支持学习发生的各种环境系统中，人类资源与人际关系是非常重要的一类学习资源。

按照公共经济学的理论，是否“公共”产品的界定，主要看其是否

① 余亮. 数字化学习资源建设研究［M］. 北京：科学出版社，2018：6.

具备两个特征：非排他性（non-excludability）和消费的非竞争性（non-rivalness）。据此便有了纯公共产品、准公共产品和私人产品之分。具备两个特征为纯公共产品，两个都不具备是私人产品，具备其一是准公共产品。[①]公共经济学理论认为教育是较为典型的兼有个人受益和社会受益的“混合产品”，并且随着教育层次升高，个人受益增强。因此，教育可称为“准公共产品”，其中基础教育基本属于公共产品，高等教育是“准公共产品”，相对于基础教育更多带有私人产品的特征。[②]

在经济学上，公共资源是指满足以下两个条件的自然与社会资源：一是这些资源不为哪一个个人或企业组织所拥有，二是这些资源可以由全体社会成员自由使用。

因此，公共学习资源应是指由全体社会成员共同享有，全体社会成员可以自由使用的学习资源。公共学习资源具备使用的非排他性和非竞争性。由此看来，所有社会成员可以自由使用的公共图书馆、博物馆、文化馆、科技馆、体育馆等各类文化、科技、教育场馆及其相应的各种设施、资源，以及目前网络上可以自由获取的音视频资源、电子书籍、软件工具、各类知识信息、各种开放共享的精品课程、慕课等均应属于公共学习资源。

发展群众公共学习资源，对于加快和完善我国公共文化与教育服务体系的建设、实现全社会教育机会均等、促进教育公平与教育均衡发展、建立“人人皆学、处处能学、时时可学”的终身学习社会、普遍提高全体人民科学与文化素质具有重要意义。

---

①② 庞国彬. 我国公共高等教育资源配置的公平性研究［M］. 长春：东北师范大学出版社，2014：108−109，147.

二、扩大群众公共学习资源有利于加快和完善我国公共文化与教育服务体系的建设

公共文化服务体系是以保障公民基本文化权益、满足基本文化需求为目的，以政府为主导，以公共财政为支撑，以公益性文化单位为骨干，向社会提供公共文化设施、产品、服务的制度体系。

现代公共文化服务体系建设是我国近年来推进的标志性文化基础工程之一，党和国家对现代公共文化服务体系建设给予高度重视。党的十七大报告中提出，全面建设小康社会的重要目标之一就是要建设覆盖全社会的公共文化服务体系。十七届六中全会公报明确提出："加强公共文化服务是实现人民基本文化权益的主要途径。"十八大提出要完善公共文化服务体系，提高服务效能。十八届三中全会则进一步提出"构建现代公共文化服务体系"。这是保障人民群众基本文化权益、建设社会主义文化强国的重要制度设计，是一项重要的民心工程。[①]2019年国务院政府工作报告指出：要丰富人民群众精神文化生活，推动文化事业和文化产业改革发展，提升基层公共文化服务能力。

《"十三五"规划》指出：我国教育发展还存在不平衡、不协调的问题，城乡、区域之间教育差距仍较大，优质教育资源总量不足、布局不合理。要统筹利用好、布局好各类教育资源，要使教育发展成果更公平地惠及全民，建成覆盖城乡、更加均衡的基本公共教育服务体系，使人民群众高质量、个性化、多样化的学习需求得到更好满足。

公共图书馆、博物馆、文化馆、科技馆、体育馆等各类文化、科技与教育场馆既是我国公共文化服务体系，同时也是公共教育服务体系的

---

① 习近平总书记在2014年12月2日主持召开的中央深改组第七次会议上的讲话。

重要组成部分，是实现全民学习、终身学习的重要空间、平台与支持环境。各类文化、科技与教育场馆作为知识和信息的聚集、传播、交流、共享的枢纽和门户，是政府保障公民基本文化权益、满足人民群众基本文化需求的重要手段。

进一步扩大和发展此类公共学习资源，比如公共图书馆、博物馆、文化馆、科技馆、体育馆等各类文化、科技与教育场馆，有利于加快和完善我国公共文化与教育服务体系的建设。

三、扩大群众公共学习资源有利于实现全社会的教育公平与教育均衡发展

教育公平是社会公平的一个子系统，是一个历史的范畴。长时间以来，教育公平主要包括教育权利平等与教育机会均等两个基本方面。[①]尽管在世界范围内，公平已是现代社会所普遍承认的重要价值观念，其在世界各国实践中的具体行为和实现程度有所不同，但以教育公平来促进社会公平，从而维护国家和社会的稳定，并促进全球社会的可持续发展与进步，已成为世界各国所需要关注和践行的重要发展目标。

党的十八大报告提出“大力促进教育公平，合理配置教育资源”，并指出：坚持教育的公益性和普惠性，是中国特色社会主义教育的显著特征。《纲要》把促进教育公平作为国家基本教育政策，明确提出教育公平是社会公平的重要基础。要大力促进教育的公平性，努力实现基本公共教育服务的均等化，实现公共教育资源配置机制和教育制度规则的

① 庞国彬．我国公共高等教育资源配置的公平性研究［M］．长春：东北师范大学出版社，2014：135.

公平。[①]《中国教育现代化2035》明确提出，要着力提高教育质量，促进教育公平。《加快推进教育现代化实施方案（2018—2022年）》强调，要以促进公平和提高质量为时代主题。

由于目前我们的公共教育资源配置制度还不完善，公共教育资源的配置还存在结构性失衡，还存在着公共教育资源配置的城乡差别、区域差别和校际差别。[②]特别是我国西部地区以及大量相对落后地区长期处于欠发达状态，在教育资源尤其是高等教育优质资源方面弱于其他地区，导致社会竞争力削弱。

因此，实现不同群体特别是地域群体之间的公正对待，向少数民族、欠发达地区、残疾人群等弱势群体或弱势地区倾斜，是我国长期执行的教育公平政策。"坚持公共教育资源向农村、中西部地区、贫困地区、边疆地区、民族地区倾斜，逐步缩小城乡、区域教育发展差距"[③]，一直是国家的教育政策目标。

关于公共教育资源的公平配置问题，从已有研究结果看，低收入群体从增加教育投入中受益更大。因此，要提高公共教育资源分配的公平性，首先必须进一步强化政府在教育上的投入责任，强化政府对教育投入的考核问责机制。其次，强化财政的扶弱能力，帮助弱者、促进公平是公共财政下政府的重要职能。[④]就公共学习资源来说，应将财政资金更多地用于发展贫困和弱势区域人群进行终身学习所需的资源、环境和条件，确保更多公共资金用于那些真正需要帮助的地区和群体，以提高

---

①② 邵文东．促进公共教育资源公平配置的对策研究［J］．青海教育，2013（9/10）：84－85.

③ 蔡明山．高等教育实践中的公平理念研究［D］．长沙：湖南师范大学，2016：285.

④ 赵海利．中外公共教育资源分配公平性比较研究［J］．教育研究，2013，34（8）：133－141.

财政资金的扶弱能力。此外，在公共资源公平配置中，在关注硬件建设的同时还要关注软件建设，关注相关师资、参与人员、服务与支持人员对于教育资源投入质量的影响。在农村地区、欠发达地区应切实解决相关人员的培训及待遇问题，建立相应的制度环境。

建设终身学习社会，为全体人民提供终身学习的平等权利与机会，是目前我国发展和践行教育公平的重要契机。扩大群众公共学习资源，是完善终身学习服务平台的重要组成部分。建设和发展支持全民终身学习的公共学习资源，如公共图书馆、博物馆、科技馆、文化馆等各类场馆，尤其是面向农村的图书馆总分馆制、农家书屋等公共学习资源和场所，为全体人民提供进行继续教育、非学历学习，尤其是各种灵活的、非正式的终身学习所需的便利资源和环境，有利于每个社会成员有平等的权利和机会获得所需的资源和条件，进而有利于实现更加公平和均衡的教育。

第二节　公共图书馆总分馆制的建立与发展

一、公共图书馆总分馆制的概念界定

（一）公共图书馆

公共图书馆是由国家中央或地方政府管理、资助和支持，免费为社会公众服务的图书馆。[①] 在我国，公共图书馆是由国家或群众举办、面向社会各阶层开放、为广大社会读者服务的图书馆，它基本是按行政区域建立起来的，受当地政府各级文化部门领导，并建立于各级政府的所在地。目前的公共图书馆可分为以下几种不同层次：国家图书馆、省（自治区、直辖市）图书馆、市（地区）图书馆、县（市辖区）图书馆、乡镇图书馆以及各级少年儿童图书馆。[②]

根据国际标准化组织颁布的国际图书馆统计标准的规定，公共图书馆是指那些免费或只收轻微费用、为一个团体或区域公众服务的图书馆，它们可以为一般群众服务或为专门类别的用户如儿童、工人等服务，全部或大都接受政府资助。国际图联（IFLA）和联合国教科文组织于2001年颁布的《公共图书馆服务发展指南》指出，公共图书馆是由社区，如地方、地区或国家政府，或者一些其他社区组织支持和资助的机构，通过提供一系列资源和服务来满足人们对知识、信息和形象思维作品的需求，社区所有成员都有享受其服务的权利，而不受种族、国籍、年龄、性别、宗教信仰、语言、能力、经济和就业状况或教育程度

① 吴慰慈，董焱. 图书馆学概论［M］. 北京：北京图书馆出版社，2002：108.

② 程亚男. 图书馆工作概论［M］. 北京：北京图书馆出版社，2000：27.

的限制。①

虽然上述几种不同的界定出发点和角度各有不同，但都突出了公共图书馆的公益性质，强调了它所服务对象的全面性。②

（二）公共图书馆服务体系

一个国家或地区的所有公共图书馆及其各种形式的合作平台构成了公共图书馆服务体系。③公共图书馆服务体系是社会公共文化服务体系的重要组成部分，它是收集和传递文献信息资源，传播先进文化，以保障大众基本文化需求的公共图书馆机构和服务的总和。④可以通过合作计划和项目帮助各地方成员图书馆降低运行成本、向居民提供高效的信息服务，促进各参与成员馆之间的资源共享。⑤根据国际图联颁布的标准，每5万人应有1座公共图书馆。⑥

（三）总分馆制

总分馆制是图书馆服务体系建设的一种模式，是指由同一个建设主体资助、一个主管机构管理的图书馆群，其中一个图书馆处于核心地位作为总馆，其他图书馆处于从属地位作为分馆；分馆在行政上隶属于总馆，或与总馆一起隶属于同一个主管部门，在业务上接受总馆管理。⑦这是真正意义上的总分馆制，其基本特征是统一管理、统一采编、统一

---

①② 江晔．公共图书馆服务体系过程中总分馆制的研究与探索［D］．上海：上海交通大学，2012.

③⑦ 邱冠华，于良芝，许晓霞．覆盖全社会的公共图书馆服务体系：模式、技术支撑与方案［M］．北京：北京图书馆出版社，2008.

④ 王学熙．公共图书馆服务体系建设的现状与对策［J］．图书馆理论与实践，2008（2）：82-87.

⑤ New York State Public Library. New York State Public Library Systems［EB/OL］.（2019-10-23）［2019-11-31］. http://www.nysl.nysed.gov/libdev/libs/brochurp.pdf.

⑥ 冉文革．深圳市社区图书馆建设思考［J］．图书馆论坛，2005（4）：214-216.

平台、统一服务。[①]总分馆体系内，总馆和分馆都同属一个法人单位。其馆舍、经费、人力资源、藏书、入藏书刊和多媒体的整理加工、网络数字资源的利用、图书馆参考咨询服务、图书馆流通服务等，都在总馆的统一领导和调配下进行。[②]

美国、英国、日本、新加坡、德国、澳大利亚等国家以及我国香港、澳门、台湾等地区都实施了总分馆制。从国外多数总分馆的做法来看，采用总分馆制可以通过馆舍数量的增加而扩大图书馆服务半径和服务人群，最大限度地普及图书馆服务，同时也能有效地共享资金、技术、人力和文献等资源，扩大图书馆服务的效益。因此，总分馆制以其卓有成效的资源共享效益而备受世界各国的重视。[③]

二、公共图书馆总分馆制的建立与发展

（一）缘起：我国为什么要建立公共图书馆总分馆制

公共图书馆作为知识和信息的聚集、传播、交流、共享的枢纽和门户，是政府保障公民基本文化权益、满足人民群众基本文化需求的重要手段。

发展图书馆事业受到我国宪法保护。在1982年的宪法条文中，明确写入“国家发展为人民服务、为社会主义服务的文学艺术事业、新闻广播电视事业、出版发行事业、图书馆博物馆文化馆和其他文化事业，开展群众性的文化活动”。在1988年、1993年、1999年和2004年四次宪法修正案中，该条文均得以全面保留。新中国成立以后，我国政府及

① 王嘉陵. 美国公共图书馆总分馆制考察［J］. 图书馆理论与实践，2011（4）：66-70.

②③ 王松霞，倪晓建. 公共文化服务体系中总分馆建设回顾与展望［J］. 图书馆工作与研究，2014（9）：12-16.

有关职能部门多次制定和修订发展图书馆事业的专门政策、章程、条例、办法等。其中，1982年文化部修订的《省（自治区、市）图书馆工作条例》规定了省级图书馆的性质、方针和任务，指出省级图书馆是国家举办的综合性公共图书馆。

从宪法到各类政策章程的出台，表明图书馆建设是我国政府的责任。由于20世纪80年代我国曾对省、自治区、直辖市实行“划分收支、分级包干”的财政管理体制，此后形成并沿用“分灶吃饭”的分级财政体制下“一级政府建设并管理一个图书馆”的基本格局。①

近年来，随着我国推进现代化建设的进程，人民基本文化服务需求也在稳步提高。为满足人民日益增长的公共文化需求，我国的公共图书馆服务体系逐步建立并有了较快发展。无论是办馆条件、馆藏数量，还是资源类型、信息技术应用等方面均有显著发展，图书馆的服务能力与水平全面提升。然而，在图书馆体系发展中也日益凸显出地区间发展的不平衡，以及其他一些新的情况和问题。

长期以来，在计划经济体制下，我国的公共图书馆体系形成典型的“一级政府建设一座图书馆，谁建设谁管理”的按照行政区域而建设的“单馆制”模式。②虽然我国已基本实现了县县有图书馆的目标，但并不是按照一定居住面积内居民数量来设置图书馆，弊端日益凸显。由于行政体制的制约，难以实现居民获取信息的普遍性、均等性，严重影响了图书馆服务的覆盖面。

---

① 金武刚，李国新. 中国公共图书馆总分馆制建设：起源、现状与未来趋势［J］. 图书馆杂志，2014，33（5）：4-15.

② 王松霞，倪晓建. 公共文化服务体系中总分馆建设回顾与展望［J］. 图书馆工作与研究，2014（9）：12-16.

在这种模式下，基层文化建设主体为乡镇政府、街道办事处、居委会或村委会等，他们缺乏对图书馆建设管理的专业指导与业务管理能力，无力承担基层图书馆的建设，致使广大农村基本处于图书馆文化服务的覆盖之外。[①] 并且，这种依据行政级别而建立的每一座图书馆均部门设立齐全，且相互之间甚至同一地区的图书馆之间业务也是彼此独立的。这种情况往往造成图书馆的运行成本高昂、文献采购雷同，导致资源的浪费与服务效率的低下。

为了解决公共图书馆发展中出现的这些问题，促进公共图书馆事业的可持续发展，更好地发挥其公共文化服务的重要作用，保障全体人民获取知识的平等权利，建设适合本地区的总分馆体系成为2000年以来国内各地区公共图书馆尝试突破发展瓶颈的普遍做法。公共图书馆总分馆制在各地经过大量的尝试与探索，形成了“嘉兴模式”“苏州模式”“东莞模式”“深圳图书馆之城建设”等诸多模式。

此后，国家在政策层面也对总分馆制的建设给予了有力支持。2015年初，中共中央办公厅、国务院办公厅印发了《关于加快构建现代公共文化服务体系的意见》，提出以县级图书馆为中心推进总分馆制建设。文化部等五部委于2016年底下发《关于推进县级文化馆图书馆总分馆制建设的指导意见》的通知。《中华人民共和国公共图书馆法》从法律上明确要求县级人民政府应当因地制宜建立符合当地特点的以县级公共图书馆为总馆，乡镇（街道）综合文化站、村（社区）图书室等为分馆或者基层服务点的总分馆制。

---

① 于良芝，陆秀萍，刘亚. 公共图书馆总分馆建设的法律保障：法定建设主体及相关问题［J］. 图书情报工作，2008（7）：6-11；31.

（二）国外总分馆制

总分馆制源于西方，因其卓越的资源共享效益广受世界各国图书馆界所瞩目。美国、英国、德国、澳大利亚等国家都实施了总分馆制。

1. 美国的总分馆制

在美国，总分馆制极为发达，差不多与美国公共图书馆的创建同步产生。[①] 据相关数据统计，2008年，全美公共图书馆总计17 022座。50个州和华盛顿特区独立建制的公共图书馆共有9 763座，公共图书馆分馆则有7 259座。可见，公共图书馆总分馆制在美国相当普遍。据此计算，大约平均1.7万人拥有一座图书馆。比如，美国纽约市有3座公共图书馆，下设许多分馆：纽约公共图书馆，下设89座分馆；皇后区公共图书馆，下设63座分馆；布鲁克林区公共图书馆，下设60座分馆。每个分馆因服务对象不同而各具特色。如纽约公共图书馆的中国城分馆，有更多的中文和双语报纸、杂志、书籍和磁带、光盘等。[②]

美国是世界上总分馆制发展最好的国家之一，但美国图书馆没有统一的建制模式。国家图书馆是国会图书馆，具有公共性质。各州的图书馆为州政府服务，也对普通公众开放。市县级图书馆才是真正意义上的公共图书馆，总馆下设许多分馆，分馆数量根据城市人口密度和城市布局而确定；总馆与分馆之间、分馆与分馆之间则通过高速网络进行资源共享，实现“通借通还”；总馆与分馆之间实行“一元化”垂直管理，同属一个法人单位，其馆舍、文献资源、经费、人力资源、入藏书刊和

① 王松霞，倪晓建. 公共文化服务体系中总分馆建设回顾与展望［J］. 图书馆工作与研究，2014（9）：12-16.

② 江晔. 公共图书馆服务体系过程中总分馆制的研究与探索［D］. 上海：上海交通大学，2012.

多媒体的加工整理、流通服务等，全部由总馆统一协调管理。此外，偏远地区会单独设立独立建制的小型公共图书馆。①

20世纪美国公共图书馆事业和服务高速发展，从50年代到90年代数十年间，通过了主要内容包括"公共服务""服务广泛普及""提高服务质量"等的若干法律规定，例如《图书馆服务法》（1956年）、《图书馆服务和建设法》（1964年）、《新图书馆服务改善法》（1989年）、《图书馆服务和技术法》（1996年）、《博物馆和图书馆服务技术一致修正案》（1997年）等，其中尤其关注在农村和城市"广泛普及图书馆服务"，要求在广大城乡普遍设置图书馆。

此外，法律保证了图书馆多元化的经费来源渠道。1925年，美国图书馆法中规定各级政府要为图书馆征税。1948年发布的《全国公共图书馆工作规划》提出：15%的图书馆经费由联邦政府提供，25%由州政府提供，60%由地方政府提供。另外，部分图书馆通过募集社会资金解决经费问题。②

2. 英国的总分馆制

英国是世界上最早建立公共图书馆制度的国家。英国公共图书馆法规定每1万人的地区设1座图书馆。截至2004年，英国拥有5 183座公共图书馆，平均1万人拥有1座图书馆。比如格拉斯哥人口50多万，社区图书馆32座。伦敦有32个行政区，每个行政区都有十几座社区图书馆，且馆藏丰富。伦敦西敏斯区有13座社区图书馆，总藏书超过100万册。社区图书馆读者众多，工作人员除有正式职工以外，还有临时工和

---

①② 江晔. 公共图书馆服务体系过程中总分馆制的研究与探索［D］. 上海：上海交通大学，2012.

志愿者。①

英国以《公共图书馆与博物馆法》为准则，共设有208个公共图书馆管理局。② 比如伦敦图书馆管理局负责本地区公共图书馆服务体系的设计与管理，其宗旨是："以协调的图书馆与信息服务战略，向尽可能多的人开放伦敦图书馆网络系统包罗的资源。"③ 在伦敦图书馆管理局的总协调下，总分馆之间实行人、财、物的统一管理、统筹规划、分工协作，努力实现真正意义上的资源共享。一般来说，总馆统筹人事和财务，负责文献资料的采购、分编，图书的配送和转送，并对读者工作给出指导性意见；分馆主要负责图书资料的借阅流通与读者活动的具体策划和组织。

3. 日本的总分馆制

与我国类似，日本的公共图书馆建设由各级政府主导。依照《日本图书馆法》的有关规定，按行政区划，都（东京都）、道（北海道）、府（京都府和大阪府）、县（43个县）均设立至少一个中央图书馆，在其下的市、区、町依次设立分馆属基层单位。在区（市）地域单元内，总分馆体制实行得相对彻底。在同一图书馆服务体系内，实行通借通还。以东京为例，东京的图书馆实行通借通还，其实是指以区（市）一级为单位实现通借通还。如练马区或新宿区的图书均只能在本区图书馆系统内流通。

日本2004年3月修订的《公立图书馆任务和目标》指出，各自治体

① 江晔．公共图书馆服务体系过程中总分馆制的研究与探索［D］．上海：上海交通大学，2012.

② 崔晓玲．我国城市社区图书馆建设问题研究［D］．沈阳：东北大学，2005.

③ 钟婷．知识经济中的图书馆资源协调：伦敦图书馆管理局概览［EB/OL］．（2010-08-13）［2018-08-13］．http://www.istis.sh.cn/list/list.aspx?id=2900.

公立图书馆的设置标准应该根据各自治体人口规模和密度等具体情况设定，并详细规定了图书馆建设的各项指标。如最小规模的图书馆应有5万册藏书，3名专任职员，800平方米的馆舍，等等。日本同一服务体系内的图书馆资金来源相同，管理一体化。在此基础上，总馆对分馆有行政管理权，人员统一调配，统一服务政策，资源统一采购，读者活动及宣传推广活动统一策划、组织，并对地区分馆的联机书目数据检索、参考咨询等服务提供支持。①

日本公共图书馆还在提供符合儿童心理与行为特点的读书、游戏等儿童服务，专门的残疾人服务，以及针对不同国籍读者的服务等方面，显示了突出特点。

日本的公共图书馆在过去的几十年中发展迅速。从1970年的881座发展到2001年的2 639座，数量增加了近2倍，平均出借量增加了26倍，国民平均每人借书量从0.2册上升到4.1册。

可以看到，以上发达国家的中心馆或总馆均建立在一个城市或地区，其下设有若干分馆。总分馆具有高度统一的管理和完整的组织体系：分馆是总馆的分支机构，专门负责读者服务工作；总馆对分馆实行人、财、物的统一管理，统采统编，通借通还，同时在事业发展上进行统筹规划。图书馆服务网点按照人口数量设立，且布局合理。

（三）我国总分馆制发展

从总分馆制在我国的出现可以看到，我国公共图书馆总分馆的产生是与社会、经济的发展，与人民公共文化需求的增长相适应的。经济与社会的可持续发展需要实现社会的稳定、和谐、公平与正义，同时需要

---

① 江晔．公共图书馆服务体系过程中总分馆制的研究与探索［D］．上海：上海交通大学，2012.

实现人与社会的共同进步。因此要求公共文化服务的供给能够紧随需求达到动态平衡。因此，党和政府连续颁布了一系列政策法规，要建立包括公共图书馆在内的公共文化服务体系，提出公共文化服务要“全覆盖”“普遍均等”“标准化”“提升服务效能”，以保障人民群众的“基本文化权益”。这些方针政策及其提出的目标任务与公共图书馆平等、免费、无差别的服务理念高度吻合，因而催生了我国公共图书馆的总分馆建设。

尽管总分馆制在国际公共图书馆的建设和发展中早已是相对成熟的组织和服务模式，但由于我国长期沿用的是“一级政府建设一个图书馆”的体制，与总分馆制的组织和管理体制冲突不断。21世纪以来，全国各地如上海、北京、广东、江苏、浙江等从本地区的经济和文化的实际出发，探索建立公共图书馆总分馆服务体系。在此过程中，国内图书馆界为实现普遍均等服务目标而冲破体制、勇于创新，经过十多年的艰难探索和创新实践，我国的总分馆建设取得了实质性进展，对我国公共文化服务的均等化进程做出了重要贡献。

1. 我国公共图书馆总分馆的发展阶段

根据我国公共图书馆总分馆制的发展历程和特点，我国总分馆制的建设和发展可分为三个阶段。①

（1）第一阶段（2000—2006年），理念复苏和初步探索

这一阶段，现代公共图书馆服务理念在国内图书馆界开始复苏，为所有人提供平等、免费、无差别服务等理念越来越为业界所接受。总分馆制开始进入国内图书馆界视野。北京、上海、天津、广州、深圳、东

① 邱冠华. 新世纪以来国内公共图书馆总分馆建设回顾与思考［J］. 中国图书馆学报，2017，43（4）：18-31.

莞、佛山、杭州、苏州、嘉兴、哈尔滨、厦门等地先后启动服务体系建设，包括总分馆、服务网络、图书馆联盟和流动图书馆等，力图解决政府主导、通借通还、技术支撑、统一管理等问题。

其间，中国图书学会开始组织理论研讨和经验交流，推动总分馆制建设的理念普及和实践进展。2005年8月，中国科协年会在新疆乌鲁木齐举行，中国图书馆学会以基层图书馆生存和发展为主题举办了研讨分会场，其间提出的问题引发了《中国青年报》等国内外媒体乃至中央有关领导的关注。① 同年10月，中国图书馆学会在河南林州举办首届“百县馆长论坛”，通过了《林州共识》。② 这些工作为日后总分馆的专项研究奠定了理论和现实基础。

（2）第二阶段（2007—2010年），政策导向与理论研究

这一阶段，在《中华人民共和国国民经济和社会发展第十一个五年规划纲要》《国家“十一五”时期文化发展规划纲要》《公共图书馆建设用地指标》《公共图书馆建设标准》《国家“十二五”时期文化改革发展纲要》等许多法规和政策中，都一再要求建立公共文化服务体系，为人民群众提供普遍均等的服务，保障人民群众的基本文化权益。其中，国家文化发展规划纲要及相关标准的发布，奠定了总分馆制的建设基础。2007年5月，文化部在天津召开图书馆延伸服务经验交流会。随后，文化部在制定《公共图书馆“十二五”时期发展规划》和开展“《公共图书馆法》立法支撑研究”课题研究中，都专门设置了与总分馆建设相

① 卓连营. 关注县级图书馆［M］//李国新. 中国图书馆年鉴2006. 北京：现代出版社，2007：43.

② 刘忠平. 中国图书馆学会首届“百县馆长论坛”综述［J］. 图书馆，2006（1）：53-54.

关的子课题，并把总分馆写进了《公共图书馆法》的建议条款中。

这一时期的研究，不再仅仅满足于介绍个案，而是从总分馆建设的系统性出发，界定总分馆概念，比较分析各种做法，从不同角度寻找总分馆建设和实现可持续发展的方法与途径，产出了许多重要研究成果。

政策导向和理论研究的推动，使得这一阶段的总分馆建设实践取得了重大进展。许多地方的总分馆随着分馆网点增多而开始产生规模效应。实践探索与理论研究一道，逐步揭示了总分馆的客观规律，使得低效分馆的专业化改造实践有了规律可循。流动图书馆、24小时自助图书馆、24小时街区自助借还书机等成为实体分馆的补充和总分馆规划布点的组成方式。

其间，中国图书馆学会针对总分馆建设继续举办学术活动。2008年4月，与嘉兴市人民政府共同主办“构建公共图书馆服务体系嘉兴论坛”，围绕“总分馆模式的实践与思考”这一主题进行交流与研讨，使中国公共图书馆服务体系步入科学发展轨道。① 会后，图书馆总分馆建设的“嘉兴模式”“苏州模式”“禅城模式”等，成为广泛传播的实践典型。2009年4月，文化部在嘉兴召开“全国农村图书馆服务网络建设工作经验交流会”，就如何解决农村群众看书难的问题进行深入探讨。此外，中国图书馆学会2006年开始连续五年实施“全国图书馆志愿者行动——基层图书馆馆长培训”活动，对总分馆制建设理念的普及推广发挥了重要作用。

（3）第三阶段（2011年至今），“创建示范区”引领探索与创新

这一阶段，文化部、财政部组织开展的“创建示范区”活动，通过

① 我国图书馆总分馆模式的实践与思考——来自“构建公共图书馆服务体系嘉兴论坛”的声音［N］. 中国文化报，2008-05-10（2）.

行政力量介入总分馆建设，成为总分馆建设新的推动力，使总分馆建设改由政府主导。总分馆实践和研究成果所揭示出的总分馆制的优越性，带动了中西部地区城市加入和开展总分馆建设实践的积极性。

创建示范区还引领了公共图书馆对均等化、专业化服务的创新与探索，有些服务创新项目已经成为总分馆建设的内容。如较大规模地建设24小时街区自助借还书机、24小时自助图书馆和“流动图书馆”“你购书，我买单”“网上借阅，社区投递”“网上借阅，投递到家”等，形成了对实体分馆服务的有效补充，解决了在人口稀少地区设置实体分馆成本偏大的问题。另外，“图书馆＋”概念和服务创新开始出现，如常熟图书馆的“图书馆＋风景区”，青岛图书馆的“咖阅青岛”，江阴的“三味书咖”，内蒙古的“彩云服务”，佛山、苏州的“馆店合作”，铜陵的“图书馆＋新华书店”等。同时，一些地方的总分馆开始向乡村延伸，为农民享有比较专业的信息服务提供了新方法和新思路。

这一阶段，实践上参与“创建国家公共文化服务示范区”活动，学术研究上围绕总分馆建设的深层次问题、难点问题和有利于可持续发展的各项因素而展开，直接推动了《关于推进县级文化馆图书馆总分馆制建设的指导意见》的出台。

2. 我国公共图书馆总分馆的建设模式

在国家相关政策要求与支持下，在公共文化服务体系示范区（项目）创建工作的示范推动下，公共图书馆总分馆制建设在中国全面兴起，并繁荣发展，初步形成了三种各具特色的建设模式。

（1）“多元投入、协同管理”的松散型总分馆模式。该模式最具代表性的，主要有上海中心图书馆体系、北京市公共图书馆计算机网络服务体系、杭州图书馆一证通等。

（2）“多级投入、集中管理”的集约型总分馆模式。这种模式实现了建设主体的部分上移，上级政府参与到分馆的建设中，发布相关文件并提供部分建设经费，总馆掌握部分人事和业务管理权。该模式最具代表性的，主要有东莞集群图书馆、嘉兴市城乡一体化总分馆体系、苏州总分馆模式等。

（3）“单一投入、统一管理”的统一型总分馆模式。这种模式与国际通行做法比较一致，最具代表性的，主要有佛山禅城区联合图书馆、深圳福田区总分馆、信阳平桥区总分馆等。

中国各地总分馆建设模式因地制宜，各具特色：有的通过行业合作创新，如松散型总分馆模式，绕过体制框架的制约；有的通过建设主体适当上移或统一，如集约型、统一型总分馆模式，解决了村（社区）图书室建设主体悬空、乡镇图书馆建设能力薄弱等问题；有的以地（市）图书馆为中心馆，整合下辖区域内的县（区）域图书馆总分馆体系，构成“中心馆—总分馆体系”，实现区域内文献资源的共建共享和图书馆服务的普遍均等。①

（四）公共图书馆法与全民阅读

从20世纪80年代中期开始，我国陆续出台了一些与公共图书馆相关的地方性法规，直到2001年，才启动了国家层面的图书馆立法。②

在经过研究起草、调研修改、公开征求意见、审议通过四个阶段的

---

① 金武刚，李国新．中国公共图书馆总分馆制建设：起源、现状与未来趋势［J］．图书馆杂志，2014，33（5）：4-15.

② 卢云辉．《中华人民共和国公共图书馆法》的现实价值及立法启示［J］．图书馆建设，2017（2）：17-22.

立法程序后[①]，2017年11月4日，第十二届全国人大常委会第三十次会议表决通过了《中华人民共和国公共图书馆法》（以下简称《公共图书馆法》），自2018年1月1日起开始实施。这是党的十九大后出台的第一部文化法，也是在公共文化领域继《中华人民共和国公共文化服务保障法》（以下简称《公共文化服务保障法》）后的又一部非常重要的法律，是我国公共图书馆事业发展过程中的一座里程碑，对于健全我国文化法律制度、保障人民的基本文化权益有着重大意义。[②]

《公共图书馆法》为公共图书馆在更高层面推进全民阅读、提升国民文化素养提供了重要法律保障。《公共图书馆法》明确规定，倡导、推动和践行平等的全民阅读是公共图书馆的新使命。公共图书馆既要为全民阅读提供物质保障，又要为全民阅读提供科学指引。

三、对公共图书馆总分馆制的改革建议

（一）推进总分馆模式在区域公共图书馆的文献资源整合与共享

为了促进总分馆模式向深层次发展，进行体系内文献资源的高效整合与共建共享，是总分馆模式下业务多元化拓展的需要，同时也是完成文献资源建设供给侧改革的必由之路。[③]

由于文献资源种类、载体形式及资源总量的大幅度增加，公共图书馆难于在短时间内提升总体文献服务能力。在总分馆模式下，通过文献

① 柯平．新时代公共图书馆事业发展的立法保障——关于《公共图书馆法》的背景和总则解读［J］．新阅读，2018（6）：16−19.

② 裘爽，奚悦，孙慧云．《公共图书馆法》专家解读综述［J］．图书情报研究，2019，12（1）：15−23.

③ 倪晓建，高莹，虞敏．公共图书馆总分馆资源整合模式研究［J］．图书馆，2014（6）：53−57.

资源的整合与共建共享，将推动文献资源在区域内、在体系内各个馆之间的均衡分布，提高体系内文献资源的流通效率，从而满足区域内读者的多元化文献需求。另外，在总分馆模式下，通过各个馆文献资源的有效整合，可以进一步提高体系内文献资源配置的科学性，促进体系内文献资源的差异性互补，满足用户对文献资源的全方位需求，进一步提高文献资源利用效率。同时，在总分馆模式下，联机编目、共建共享数字化服务平台的建设，可有效降低人力资源、基础设施等方面的运行成本，从而有助于提高区域内文献资源建设的总体效益。

科学的文献资源整合计划是总分馆模式下深入开展文献资源整合的前提基础。首先，应依据各个分馆的定位和目标进行文献资源的分配，并体现总分馆体系中馆藏资源的全面性以及各分馆服务对象的不同主体需求。其次，可参照《国际标准分类法（ICS）》《中国标准文献分类法》《中国图书馆分类法》等相关标准，研究制定数字资源库的统一标准，致力于实现机读目录。最后，可通过推动技术的创新性应用，如VPN、无障碍注册等相关网络技术，进一步扩展数字型文献资源共建共享的服务范围，优化数字型文献资源的管理与服务效率。

为了切实实现总分馆模式下公共图书馆文献资源的整合与共享，以及总分馆建设的可持续发展，政府的有力支持和财政资金投入是最根本的保障。在提高区域内文献供给总量的前提下，应尽可能扩大每一部文献资源所覆盖的服务半径，提高文献资源的普及与均等化程度。[①] 另外，总分馆模式下，在实现体系内文献资源总量丰富的基础上，必须对文献资源建设进行严格的质量保障管理，夯实文献服务的质量。

---

① 吴洪珺，倪晓建. 面向普遍均等服务的公共图书馆管理体制探析——以北京市公共图书馆为例［J］. 图书情报工作，2011（1）：47-50.

因此，建立组织领导和经费保障机制、统筹协调和友好信任机制、合理的文献资源配送机制，以及文献资源整合与共享质量控制机制，将有效实现文献资源建设的供给侧改革，保证总分馆模式真正走上可持续发展的道路。①

（二）将总分馆制推进到广大农村，真正实现普遍均等目标

文化部等五部委下发的《关于推进县级文化馆图书馆总分馆制建设的指导意见》明确指出：针对“县域”建设总分馆，做大做强县级图书馆。我国是农业大国，覆盖农村才能实现真正的普遍均等。“三农”问题关系到经济发展和社会稳定大局，但事实上，正规的公共图书馆服务在农村一直缺失。

党和政府十分关心和重视农村的公共图书馆服务，开展过数次大规模的基层图书馆建设运动，但由于体制、机制、财力、技术、交通等问题，均以失败告终。21世纪以来，也有一些地区开展基层图书馆建设。如广东的流动图书馆、深圳的图书馆之城、东莞的“集群图书馆”、吴江的“四位一体”、张家港的“五位一体”和“网格化”等，希望通过各种方式和途径把公共图书馆的服务延伸到农村。但事实上，让农村真正享受到正规化的公共图书馆服务还任重道远。②

将总分馆的建设主体上移到县级政府，解决大部分乡镇（街道）、村（社区）没有财政能力持续提供公共图书馆服务的问题；同时选择适度的总分馆规模，既不能太小不利于资源共享，又不能太大而造成管理

---

① 侯琳．总分馆模式下区域公共图书馆文献资源整合与共享策略［J］．图书馆学刊，2018，40（4）：14-17.

② 邱冠华．新世纪以来国内公共图书馆总分馆建设回顾与思考［J］．中国图书馆学报，2017，43（4）：18-31.

失灵和成本增加。将总分馆建设主体设置到县级政府，有利于总分馆在基层图书馆和乡镇及广大农村的可持续发展。

（三）结合新的服务形态，实现实体图书馆的全覆盖和服务的普遍均等

利用新技术而产生的新的服务形态，比如24小时自助图书馆、网络外借图书投递等，近年来出现在公共图书馆服务体系的探索实践中，有些已经发展成为各地总分馆的组成部分。

在数字技术和网络高度发达的今天，借助自助图书馆、流动图书馆、“网上借阅，社区投递”等新的服务形态，作为实体图书馆的有益补充，有利于实现实体图书馆的全覆盖，尤其是在因人口稀少或地理环境复杂而设置实体图书馆效能较低的地方设置自助图书馆，或设置流动图书馆的停靠点，或设置网上借阅的社区投递点，能够便于读者对图书馆图书资源的充分利用，能够有效提升总分馆的整体服务效能，进而有助于实现公共图书馆服务的普遍均等，保障所有民众享有平等的信息、知识获取等文化权益。比如，截至2013年底，深圳市共有公共图书馆633座、24小时街区自助借还书机200台。苏州市民在2016年通过苏州图书馆“网上借阅，社区投递”服务，在90个投递点领走302 176个包裹，共外借图书1 112 153册次，占苏州图书馆总分馆总外借册次的25.7%。可以看到，这些新的服务方式，显著便利了居民对图书资料的获取，有效地延伸了实体图书馆的服务。

另外，随着这些新的服务形态的出现，以及“互联网+”概念的提出，出现了“图书馆+”的概念。如“图书馆+物流”“图书馆+咖啡馆”“图书馆+书店”等，正如图书馆界已使用多年的“流动图书馆”成为“图书馆+汽车”。这是图书馆采用新的服务理念，与新技术或其

他业态相融合而形成的图书馆服务创新项目，是图书馆服务的延伸和总分馆网点不足的有效补充形式，也是引导和鼓励社会力量参与总分馆建设的创新尝试。

但值得注意的是，新技术服务形态如何使用以及使用的规模和程度，需要与实体图书馆配套，综合考虑地理环境、人口因素，进行统一的规划和设计。同时还应明确，大规模推广使用自助借还书机等新的服务形态作为实体图书馆的补充，目的是辅助实现实体图书馆的全覆盖，但绝不能以这样的新服务形态简单粗暴地代替实体图书馆的配置。公共图书馆的使命远远超越借书与还书，除实体图书馆之外的其他形式均无法全面履行公共图书馆的使命，尤其是在参考咨询、阅读推广、文化娱乐等方面。

对“图书馆＋”创新服务项目的设计也应避免以“图书馆＋”项目来替代总分馆的建设。“图书馆＋”项目的设计一定要以图书馆“平等、免费、无差别”的理念为前提，避免任何有“门槛”的设计，致使受益面仅限于少数人而大多数普通市民（尤其是低收入人群）却被排除在外，有违实现服务普遍均等的初衷。

（四）开展全民阅读，建设终身学习社会

开展全民阅读是提升国民科学文化素养最直接而有效的途径。世界各国都把提高国民阅读能力与阅读素养视为国家软实力的重要指标。为顺应世界共同发展趋势，提升国民素质、增强国家软实力，我国采取多种措施发展公共文化事业，加快推动全民阅读步伐。①

---

① 陈会琴.《中华人民共和国公共图书馆法》与推进全民阅读［J］. 宁夏大学学报（人文社会科学版），2018，40（5）：104-108.

全民阅读是指国民通过各种方式参与阅读活动，培养良好的阅读习惯，营造社会学习氛围，从而提高国民综合素质，提升社会文明程度。2012年，党的十八大首次将“开展全民阅读活动”写入大会报告。2013年，全民阅读立法列入国家立法实施计划。2015年政府工作报告强调要“倡导全民阅读，建设书香社会”。2017年国务院法制办审议通过了《全民阅读促进条例（草案）》。习近平总书记在多次讲话中都一再要求各级领导干部“少一点应酬，多用一些时间静心读书、静心思考”。2018年，“倡导全民阅读，建设学习型社会”再次成为政府工作报告的重要内容。这是自2014年起，“全民阅读”第五次被写入政府工作报告。

2017年6月审议、2018年1月1日实施的《公共图书馆法》明确了公共图书馆服务社会的法定职责，其第一章第三条规定：“公共图书馆是社会主义公共文化服务体系的重要组成部分，应当将推动、引导、服务全民阅读作为重要任务。”公共图书馆不仅要为公众提供丰富而优质的公共阅读资源，而且要拓展和提供多样化的优质文化服务，比如阅读指导、读书交流、演讲诵读、图书互换共享等活动，引领并推进全民阅读。截至2016年，我国共有县以上公共图书馆3 153个，图书藏量9.02亿册。

法律还明确规定，公共图书馆要重视并提高其专业化水平与教育性目标，针对不同人群提供专业化服务。在全民阅读的社会大背景下，儿童阅读成为备受关注的热点。公共图书馆作为推广全民阅读、开展社会教育的公共文化设施，成为儿童阅读推广服务的主要力量。《公共图书馆法》第三十四条规定：“政府设立的公共图书馆应当设置少年儿童阅览区域，根据少年儿童的特点配备相应的专业人员。开展面向少年儿童的阅读指导和社会教育活动，并为学校开展有关课外活动提供支持。”借此，以法律的形式赋予了公共图书馆为少年儿童服务的职责，对建设学习型社会起到了至关重要的作用。

第三节 农家书屋工程

一、农家书屋与农家书屋工程的概念

（一）农家书屋的概念

农家书屋是指建立在行政村的、由农民自己管理的、为农民提供实用的图书报刊及其他载体形式信息资源的公益性文化服务设施，其目的是满足农民群众最基本的文化需要。① 也有对农家书屋的含义界定，强调设立农家书屋的目的旨在解决农民买书难、看书难、借书难的问题，以及为新农村的可持续发展提供智力支持。②

建立在行政村，由农民自主管理，目的是解决农民买书难、看书难、借书难的问题，满足农民基本的文化需求，是公益性文化服务设施等，是农家书屋的基本含义。

从目前对于农家书屋的相关研究来看，相似的概念还有“乡村图书馆”“农村书屋”“农村图书馆”“村级图书馆”“村级图书室”等。其中“农家书屋”是出现频率最高、使用较多的概念。这些不同表述的概念都是指建立于村庄的、为村民们服务的图书馆。因此，我们统一采用“农家书屋”，与我国农家书屋工程建设政策层面上的表述相一致。

从建立和管理上来看，农家书屋可以分为几种不同的形式：第一种是政府主导型农家书屋。这种农家书屋主要由政府提供，从经费到管理

---

① 赵虹，徐跃权. 我国农家书屋的发展现状、问题与策略［J］. 图书馆学研究，2011（20）：92-96.

② 谢琼羽，江增华. 农家书屋工程建设现状与策略新探——以安徽省芜湖市为例［J］. 开封教育学院学报，2018，38（7）：279-281.

都由当地文化部门根据上级相关政策的主导和安排而建立，大多设立于村委会办公楼里。第二种是政府提供书籍等相关设施，由村委会和村民自发管理的书屋。这种书屋多由村干部、村庄能人或者村退休干部（多为退休教师）来管理，设立的地点不确定，有的设在村委会，也有的设在相关农户家里。第三种是完全由村民自办的书屋，从建立到管理都没有政府或文化部门的参与，这种形式的书屋多设于相关人员的家里。①

（二）农家书屋工程的概念

农家书屋工程是旨在解决广大农民群众看书难、借书难、看报难、音像电子产品缺乏问题的一项利国惠民的德政工程和民生工程。2005年该工程开始在西部地区试点，2007年国家将其纳入党和政府的民心工程、德政工程。截至2012年8月底，农家书屋已覆盖全国具备条件的行政村，国家提前3年完成了“农家书屋村村有”的任务。②农家书屋工程是构建公共文化服务体系的重要组成部分。

为规范农家书屋工程建设和管理，受中央八部委的委托，中华人民共和国新闻出版总署制定了《农家书屋工程建设管理暂行办法》，其中第八条规定：农家书屋的出版物由政府统一配备，每个农家书屋的图书一般不少于1 500册，品种不少于500种（含必备书目），报刊不少于30种，电子音像制品不少于100种（张），并具备满足出版物陈列、借阅、管理的基本条件。

---

① 瞿奴春. 公共文化服务在一个村庄的发展——以湖北H村农家书屋为个案［D］. 武汉：华中师范大学，2013.

② 朱虹. 农家书屋工程提前三年完成任务［N］. 人民日报，2012-09-28（1）.

二、农家书屋的建设与发展

（一）缘起：为什么开展农家书屋工程

享受文化成果是每一个公民的权利。为了解决农民买书难、借书难、读书难的问题，国家一直非常关心如何解决农村文化共享的问题。从2003年开始便提倡新闻出版业面向农村，为“三农”服务，在总结图书下乡、农民文化服务各方面经验教训的基础上，提出了建设农家书屋工程的设想，并先后在甘肃、贵州等西部省份做了两三年试点，受到农民的普遍欢迎。

之后，为深入贯彻落实中共中央、国务院《关于推进社会主义新农村建设的若干意见》和《关于进一步加强农村文化建设的意见》，切实解决广大农民群众买书难、借书难、看书难的问题，2007年3月，新闻出版总署会同中央文明办、国家发展改革委、科技部、民政部、财政部、农业部、国家人口计生委联合发出了《关于印发〈农家书屋工程实施意见〉的通知》，开始在全国范围内实施农家书屋工程。

农家书屋工程是党中央、国务院实施的公共文化五大惠民工程之一。2005年工程开始试点、2007年全面推开，2012年底覆盖了全国有基本条件的行政村。截至2018年底，全国共有农家书屋58.7万家，向广大农村配送图书突破11亿册，农民人均图书拥有量从工程实施前的0.13册增长到1.63册，增长了10余倍。农家书屋在增强农民文化自信、保障农民基本文化权益、加强农村公共文化服务体系和农村精神文明建设等方面做出了重要贡献，在巩固农村思想文化阵地、推动精准扶贫和助力乡村振兴战略实施中正发挥着越来越重要的作用。①

---

① 中华人民共和国中央人民政府. 农家书屋深化改革再出发——中宣部印刷发行局负责人谈农家书屋提质增效［EB/OL］.（2019-02-26）［2019-03-15］. http://www.gov.cn/zhengce/2019-02/26/content_5368690.htm.

（二）建设农家书屋，提高农民文化素养，创造良好的农村文化环境

我国是一个农村人口占多数的大国。由于历史原因和地域局限，许多农村地区发展还比较落后，农民文化知识水平相对较低，他们没有条件接受更多的文化教育和技能培训。农家书屋工程的开展，为广大的农村人口送来了先进的理念和科学的技能。

时任新闻出版总署党组副书记、副署长的柳斌杰在接受中国政府网专访时曾说，农民渴望读书，希望用知识改变自己的命运，所以很多农民自发组织读书活动，开展阅读学习。但现实情况是，图书在农村仍然十分贫乏，由于种种原因，农村人民的精神文化生活与城市相比还有不小的差距。比如图书，如果不包括学生用的课本，农民人均拥有图书量为0.1册书/年，也就是10个人一年才有一本书。许多地方的农民，尤其是西部农民，有的家庭10年没有买过一本书。可见，农民缺少读书条件、缺少文化知识的情况普遍存在。

正是在这样的背景下，国家为解决农民买书难、借书难、读书难的问题，为实现农村文化共享、切实保护农民的文化权益、提高广大农民文化素养而发起了农家书屋工程。历经十年之后，国家新闻出版广电总局2017年12月18日在辽宁沈阳召开农家书屋全面建设十周年经验交流会上公布，开展农家书屋工程十年来，农家书屋向农村地区配送图书超过11亿册，农民人均图书拥有量增长10余倍。

农民作为新农村建设的主力群体，其知识阅读状况在一定程度上可以左右我国农业现代化的进程。农民贫困的根源在于缺少文化、缺少知识、缺少致富本领。农家书屋在使农民摆脱贫困工作中担负着重要使命。多地实践证明，无论是棉花种植、食用菌生产，还是鱼禽养殖、农

业花卉等，农家书屋可以给农民带来实用的农业生产技术，弥补农村文化基础设施的不足，增加农民获得教育的机会，增强他们致富的能力，使他们成为有文化、有技术、有能力的新型农民，推动农业生产的发展。①

农民的文化知识是他们自身综合素质形成的基础，也是不断提高农民生产技能和思想政治素质的前提。现代的农民不仅仅关注农村实用技术，更关注农业产业结构、国家农村政策如何调整等问题，也关注各种法律法规、市场信息。农家书屋作为收集、整理和传播知识与文化的载体，将有利于现代农民的学习与发展，有利于其思想、科学、文化以及整体素质的提高。②

相关研究基于案例说明了农家书屋的成效及经验。比如农家书屋在邻里关系、村风村貌、全村的学习氛围、科教活动的举办等方面给农村带来了可喜变化；比如农家书屋建成后，农村党员学习内容更加丰富、组织生活更加频繁，有力地推进了基层党组织建设；比如农家书屋逐渐成为开拓农民视野、提高农民文化素质、提升群众精神文化生活的重要场所。③

从长远来看，农家书屋建在村上，可以成为广大农民在家门口参加继续教育、进行终身学习的基础设施，可以成为农村学校教育的辅助场地，以及农村普及义务教育之外的社会教育基地。利用农家书屋，农民可以根据自己的生产、生活需要和兴趣爱好，选择学习内容，解决生产、生活中遇到的问题，或扩充知识、开阔眼界、增强自信、掌控和改变自己的命运。因此，农家书屋是农民继续教育和终身学习的重要基

① ② 张彦．“新农村书屋”可持续发展研究［D］．开封：河南大学，2008.

③ 石云霜．荆门市“农家书屋”可持续发展探讨［J］．公共图书馆，2012（3）：37-40.

地，对提高广大农村人口的文化素养、构建良好和谐的农村文化环境有着积极的促进作用。①

（三）农家书屋建设和使用过程中出现的问题

1. “空壳化”“摆设化”现象

截至2012年底，虽然农家书屋工程的建设已基本覆盖我国所有省份的广大农村地区，但是，其作为公共文化服务的一部分，衡量这项工程建设是否圆满完成的最重要标准是农家书屋效用的实际发挥程度。相关研究发现，农家书屋的最薄弱环节在后期的服务问题上。农家书屋的“空壳化”“摆设化”现象尤为明显。

从实际建设来看，虽然农家书屋配套设施及书籍都已经布置到位，但是后期的发展并没有跟上。缺乏书籍的更新及保障措施，“空壳化”“摆设化”现象成为农家书屋发展中存在的严重问题，也是后期发展中需要着力解决好的主要问题，关系到农家书屋工程建设的最终成效。②

这种“空壳化”和“摆设化”问题体现在如下方面：

第一，尽管农家书屋工程是国家在文化繁荣发展的背景下所实施的一项普惠广大农村居民的文化服务政策，但政策服务要落到实处关键在于农民群众的积极参与。相关研究显示，村民在农家书屋初期的建设阶段以及后期使用阶段参与度并不高。

第二，农家书屋的书籍是吸引读者的主要资源。根据国家新闻出版

---

① 周茜．试论山西省“农家书屋”建设的发展思路［J］．农业图书情报学刊，2011，23（3）：158-160.

② 瞿奴春．公共文化服务在一个村庄的发展——以湖北H村农家书屋为个案［D］．武汉：华中师范大学，2013.

总署关于农家书屋建设的原则，农家书屋每年应有10%的更新率，但目前的情况是，农家书屋缺少书籍的更新及保障机制，这就大大降低了农家书屋的价值。如何保障书籍的不断更新和丰富是影响农家书屋对农民读者吸引力的重要因素。

第三，农家书屋的管理也存在人员、时间、安排、专业化等各个方面的问题和冲突。比如农忙时期许多农家书屋往往不能保证正常开放；基层政府、管理人员重视不够，管理方式呆板，机制不活等，常常造成工作不力、资源闲置和浪费。

2. 图书配置与各地农民的实际需求有所偏离

虽然农家书屋的书籍储量总数达标，种类齐全，但形式比较单一，各类书的分布相对于村民的需求也欠合理，缺乏报纸、期刊和音像制品。有些村民文化水平不高，看书时又缺乏指导，因而文字阅读中存在很大困难。因此，如何在书籍配置中更多地考虑广大农民的实际需求，是提高农家书屋使用效能的关键问题。

在图书品种配置上，可以看到，农家书屋的各种图书种类所占比例大体都在15%左右。但是我国农村地域广阔，各地各村的情况千差万别，模式化的配置方式往往会忽视各地的特殊性。在具体图书配置过程中，有的农家书屋的图书能够满足当地需要，有的则不能。有的农家书屋在配备图书时，依据国家新闻出版总署推荐的农家书屋书目进行配置，并与当地的相关人员进行沟通，这种情况下，配备的图书基本能与当地村民的需求相一致；而有的农家书屋的图书来自社会捐赠，捐赠方在进行捐赠时，很少到村里调查，了解农民的阅读需求，因而所捐赠的图书会与受捐村民的阅读需求相背离，一部分图书不能够满足村民的需求。[①]

3. 可持续发展问题

农家书屋重建轻管，缺乏长期维护；资金投入没有保障，后期更新和管理难以实现；资源闲置，村民参与率、利用率低，造成农家书屋在建成之后的可持续发展面临尴尬境地。如何将农家书屋真正建设成为新农村建设的助推器、新农民培养的知识库，实现农家书屋的可持续发展，成为目前农家书屋工程的焦点、重点、难点问题。[②]

可以看到，无论是资源闲置、机制不活等导致农家书屋成为摆设，还是书籍类别、载体形式、数字化程度不高等导致农家书屋偏离农民实际需求，或者是可持续发展方面的问题，事实上都可归结为农家书屋发展尚不充分、尚不平衡的问题。

（四）深化改革创新，提升服务效能

针对农家书屋当前发展尚不平衡、不充分的问题，相关部门坚持问题导向，通过走访、调研、召开座谈会等方式，先后征求了教育、财政、农业农村、文化和旅游等部委，各地相关部门和有关高校科研机构的意见建议。

在此基础上，中央宣传部等十部门联合印发《农家书屋深化改革创新提升服务效能实施方案》（以下简称《方案》），全面部署农家书屋提质增效有关工作，以深化改革和提升效能为目标，吹响了农家书屋改革再出发的号角。

主要任务就是要通过深化改革，提升服务效能，做强做优一批示范书屋，规范提升一批标准书屋，让农家书屋有书读、有人管、有活动吸

---

①② 张彦.“新农村书屋”可持续发展研究［D］. 开封：河南大学，2008.

引，形成聚人气、有活力、可持续的生动局面。并且明确了一系列措施，将农家书屋工作的重心逐渐转移到管理和使用上。①

推动共建共享，解决资源闲置和农家书屋服务“最后一公里”问题。开展主题性和常态化阅读活动，将农家书屋阅读活动纳入文明实践系列活动，加大阅读推广激励力度，促进乡村阅读深入开展。优化内容供给，探索“百姓点单”服务模式，加大农民群众自主选书比例，开展农家书屋数字化建设，增加数字化阅读产品和服务供给。

《方案》强调，各地各部门要健全体制机制，强化农家书屋工作保障，加强组织领导，推动创新示范工作，完善政策保障和投入机制，严格考核监督。

三、对农家书屋的改革建议

（一）对接群众需求，优化内容供给，解决资源闲置，开展常态化阅读

我国农村地域辽阔，经济发展程度差别很大，农村经济、文化、习俗、人口及其需求也极为不同，这些因素应成为村庄公共文化发展的基础以及制订文化发展计划包括农家书屋文化建设的重要参考。为提升农家书屋使用效能与文化效能，适应农民阅读需求，应推动农家书屋和基层图书馆互联互通，与出版单位有效对接，并将新华书店农村发行网点建设与农家书屋管理使用相结合，同时改进重点出版物推荐目录评审制定工作，探索“百姓点单”服务模式，加大农民群众自主选书比例。开

① 国务院．农家书屋深化改革再出发——中宣部印刷发行局负责人谈农家书屋提质增效［EB/OL］．（2019－02－26）［2019－03－05］．http://www.gov.cn/zhengce/2019-02/26/content_5368690.htm.

展农家书屋数字化建设，增加数字化、多媒体阅读产品和服务供给。

丰富书籍涵盖范围，包括实用技术、法律法规、科普卫生、文学著作、少儿读物、农业技术等不同门类，并与村民生产生活息息相关，营造书香气息，吸引村民走进书屋、参与阅读。让书屋的书籍成为农民需要、农民喜欢、有助于农民解决实际问题、有助于农民自身素质提高的书籍，让农家书屋真正服务于新农村的建设与发展。

开展主题性和常态化阅读活动，提高书屋使用效能，解决资源闲置问题。将农家书屋阅读活动纳入文明实践系列活动，拓展农家书屋阅读活动的组织形式，创新农家书屋宣传内容和方式，加大阅读推广激励力度，调动农民群众自我管理、自我服务的积极性主动性，促进乡村阅读深入开展。转变村民的休闲观念，养成健康良好的读书习惯。另外，关注部分村民文字阅读方面的困难和障碍，提供音像制品等丰富媒体呈现形式，并给予适当阅读指导与支持。

（二）完善保障机制，促进农家书屋可持续发展

资金保障是农家书屋可持续发展必不可少的前提条件与关键因素。目前由于农家书屋工程财政保障机制尚未建立，政府投入资金不足的问题突出。①农家书屋工程从本质上是一个政府行为，农家书屋的后续发展需要不断的资金支持，如读物不断更新、设备设施维护、软件设施不断规范健全、人力资源配置、管理人员培训等，因此应建立资金投入长效机制。

在农家书屋起步阶段，可采取政府主导的多渠道筹资模式，但在建成之后的长期运行中必须确立以政府投入为主的模式，才能保证农家书

---

① 王光年．对农家书屋工程可持续发展之浅析［J］．才智，2012（25）：290-291.

屋图书及各种硬件设施的及时更新及管理人员的相应投入，才能保障农家书屋的正常运行，实现农家书屋的可持续发展。①

根据中共中央、国务院《关于推进社会主义新农村建设的若干意见》和《关于进一步加强农村文化建设的意见》，农家书屋是由政府规划主导、社会各方参与、农民自主管理，建立在行政村内的公共文化场所。

正是由于其“农民自主管理”的特质，农家书屋的具体发展情况在很大程度上受当地领导重视程度的影响。部分地区对农家书屋工程建设的重要意义认识不足，存在消极应付现象，有的重建轻管，有的束之高阁。因此，在很大程度上，领导是否重视是决定农家书屋能否得到可持续发展的关键。根据《方案》要求，应强化农家书屋工作保障，加强组织领导，严格考核监督，完善管理保障机制。

另外，要健全规章制度，培训管理人员。农家书屋管理员的服务水平和专业技能，直接影响农家书屋的运行和管理。因此，需要通过培训、辅导、考核等手段提高管理人员队伍的业务素质，以保障农家书屋的公共文化服务质量。

（三）与公共图书馆系统融合共建，城乡一体高度共享

与公共图书馆系统不同，农家书屋工程是国家为了解决广大农村看书难的问题以专项资金方式建设的资源。为破解农家书屋的可持续发展难题，有实践和研究表明，可以打通公共图书馆和农家书屋两个系统之间的隔阂，将农家书屋作为一个整体，即相当于一个县（市）公共图书馆总分馆系统，以“联邦制”的形式整合进入现有公共图书馆系统平台

---

① 孙喜梅. 农家书屋可持续发展的相关研究综述 [J]. 图书馆建设，2013（11）：16–21.

中，形成联合目录，实现图书的通借通还。[①]

这样，借助公共图书馆系统的专业化管理和服务方式，实现农家书屋与图书馆系统的融合共建，可大大提升农家书屋的信息化水平，实现双方资源的通借通还和科学管理，节约管理成本，改善资源配置，有效提升农家书屋的服务水平和功能效益，同时也达到双赢的效果。

两大系统平台既相对独立，又能实现相互间的数据交换。农家书屋的图书可以通过借阅流转到公共图书馆，同样，公共图书馆馆藏图书也能畅通无阻地流通到各农家书屋，这不仅对农家书屋现有藏书结构的优化起到至关重要的作用，而且可实现免费、优质文化资源的高度共享。另外，开发移动客户端App，将现有计算机平台上的图书自动化管理系统的常用功能移植到智能移动终端（手机）上。政府统一向运营商购买或租用符合技术要求的智能移动终端，实现农家书屋用手机借书、还书、办证等操作。

建立城乡一体化公共图书馆服务体系，把现代公共图书馆管理模式和服务理念引入农村乡镇，显著提升农村公共图书馆资源和服务总量，实现以城带乡、城乡图书馆共同发展的建设目标。对于农民而言，可以享受到和城市居民一样的优质服务，有助于缩小城乡之间文化供给的差异，推动社会公平。

（四）开展数字化建设，探索农家书屋网络化发展、数字化阅读的有效路径

根据《农家书屋深化改革创新提升服务效能实施方案》要求，注重探索农家书屋网络化发展、数字化阅读的有效路径。着力开展数字化建

---

① 沈红梅，鲁祎. 打破“篱笆墙”的公共图书馆——城乡一体化公共图书馆服务体系的“嘉兴模式”实践与探索［J］. 图书馆研究与工作，2018（10）：6-13.

设，探索依托县级融媒体中心加载数字阅读内容，运用“学习强国”等学习平台来组织阅读活动，利用宽带互联网、移动互联网、广播电视网等技术手段拓宽传播渠道，并有效运用市场化手段引导数字出版单位和通信运营商研发适用于农民群众阅读的数字文化产品，逐步增加数字化阅读产品和服务供给，不断适应农民群众学习方式的需求以及阅读方式的变化。

在农家书屋建设和发展中，应探索和推动资源的整合共享。开展阅读活动，整合资源、共享使用，将农家书屋作为新时代农民精神文明建设与实践、提高新农民文化素质的重要组成部分统一部署，将阅读活动作为文明实践活动的重要内容统筹推动。

第四节　校内外学习资源共建共享

一、校内外学习资源的概念界定

构建服务全民的终身学习体系是《中国教育现代化2035》提出的重要目标。终身教育和终身学习是学习社会的基础，建设学习社会是终身教育的终极目标。学习社会要为人们的终身学习活动提供学习环境、学习资源、学习机会，因而实现校内校外乃至整个社会学习资源的共建共享，是打造终身学习环境、建设学习社会的重要基础设施和组成部分。

学习资源的共建共享也一直是全球教育信息化研究和实践领域关注的热点话题。从2001年美国麻省理工学院启动开放课程计划以来，世界各地掀起开放教育资源建设热潮，也引发了世界各地对教/学资源共建共享的更多关注。开放课件、SCORM课程、精品开放课程、慕课等各种形态的开放课程，推动了全球优质教/学资源的共建共享。[①]

由于学习资源在广义上可以分为各种类型的学习材料以及支持学习发生的各种环境、系统或因素，因而学习资源既包括各种物化的学习材料，也包括各种电子化、数字化的教/学材料；而支持学习的各类环境、系统或因素，既包括实体的教室、图书馆、科技馆等学习场所，也包括虚拟的数字图书馆和数字博物馆、虚拟体验、在线辅导、在线直播、虚拟的教学平台或学习服务平台等在线学习环境系统；还包括其中的人际交流与人际关系等。这里的环境、系统，既包括物理的、实体的

---

① 杨现民，王娟，魏雪峰．互联网+教育——学习资源建设与发展［M］．北京：电子工业出版社，2017：12.

环境系统，也包括社会的、机制的环境系统。

本节关注的校内外学习资源，从宏观层面来看，涵盖了学校教育的资源、家庭教育的资源以及社会教育的资源，因此，校内外学习资源的共建共享，既涉及国家对学校教育及校外教育改革的政策要求，涉及学校、图书馆、科技馆等各类相关实体学习场所的统筹规划与建设，也涉及相应的虚拟学习场所及其资源的共建共享，以及从区域甚至国家层面开展的各类资源共享项目或工程，和国家数字化学习服务平台及其资源的共建共享等。

因此，对于校内外学习资源共建共享的认识，也从比较具体的素质教育实施条件的建设逐步发展到终身学习生态环境的创建。

二、校内外学习资源共建共享的政策及发展

（一）近年来我国教育改革对校内外学习资源共建共享的政策要求

近年来，随着迈向教育现代化的步伐，我国出台了一系列教育改革的方针、政策，要求发展素质教育，强调创新、实践能力，树立终身学习观念，创建良好的教育生态环境等，对于校内外学习资源的共建共享产生了深远影响。

20世纪末，我国相继颁布了《中国教育改革和发展纲要》（中共中央、国务院，1993），《面向21世纪教育振兴行动计划》（教育部，1998）以及《中共中央国务院关于深化教育改革全面推进素质教育的决定》（1999，以下简称《决定》）等教育政策文件。之后，我国各级各类教育体系中开始逐步推进素质教育改革。其中，《决定》提出："实施素质教育应当贯穿于幼儿教育、中小学教育、职业教育、成人教育、高等

教育等各级各类教育，应当贯穿于学校教育、家庭教育和社会教育等各个方面"，"在不同阶段和不同方面应当有不同的内容和重点，相互配合，全面推进"。这一发展素质教育的决定和政策，对校外教育以及学校外各类教育资源的发展影响深远。

2000年，中共中央办公厅、国务院办公厅联合印发了《关于加强青少年学生活动场所建设和管理工作的通知》，强调要加强校外活动场所的建设与发展，为广大青少年学生创造良好的社会教育环境。《国务院关于基础教育改革与发展的决定》指出：要"扎实推进素质教育"，开展丰富多彩的教育活动和社会实践活动；要将校外教育工作与社区发展、学校校园文化建设统筹协调推进。

《纲要》在个性发展方面，要求树立全面发展观念、终身学习观念以及系统培养观念，尊重个人选择，鼓励个性发展，不拘一格培养人才，突破学校教育范畴，"形成体系开放、机制灵活、渠道互通、选择多样的人才培养体制"，体现了人才培养观念的更新以及对校内外教育资源开放互通、共建共享的要求。

2012年教育部印发《国家教育事业发展第十二个五年规划》，提出要"充分发挥德育课程、学科教学、社会实践和校园文化建设的协同作用"，"探索学校、家庭和社会协同育人的机制，营造有利于学生健康成长的社会环境"，以提高人才培养质量，进一步为校外教育及各种社会教育资源的发展提供了政策依据。

2017年1月，国务院发布"十三五"规划，要求教育要为了人的发展和社会的发展，同时也要发挥社会的教育作用。其中，要全面构建"全员育人、全过程育人、全方位育人"体系，"协同营造良好育人生态""统筹推动教育开放""全面提升教育发展共享水平"等，要求"形成更加适应全民学习、终身学习的现代教育体系”，使“人民群众高质量、个性化、多样化的学习需求得到更好满足”。强调了要加强学校内外的实践教育条件及实习实践基地建设；要优化各类教育资源的布局和供给，并创新体制机制以整合利用、扩充与共享教育资源；要探索学校和社会文化基础设施共建共享，协同营造良好育人生态；要统筹推动教育开放，从区域层面开放到参与全球教育治理，不断提升教育开放层次和水平。针对学生创新能力培养指出，要充分利用各种社会资源，通过校内外结合的教育活动，增强学生的科学素质和创新能力。

2017年，党的十九大报告提出要“加快教育现代化，办好人民满意的教育”，要求学校、家庭、社会协同育人，“加快建设学习型社会，大力提高国民素质”。

我国现阶段正以“构建网络化、数字化、个性化、终身化的教育体系，建设‘人人皆学、处处能学、时时可学’的学习型社会，培养大批创新人才”为发展方向，大力强调优质教育资源的共建共享。

（二）国家重大资源建设工程及相关政策要求

为了深入推进教育信息化、推进教育均衡发展、建设丰富优质的数字教育资源，国家先后实施了一系列重大资源建设工程。在基础教育领域，实施了“农村中小学现代远程教育工程”，中央电化教育馆建立了国家基础教育资源中心，各地资源中心建设了内容丰富、类型多样的数字化学习资源。目前，无论是数量、媒体种类、传输方式，还是开发的主题和资源质量，都有了长足的发展，涉及中小学各年级、各学科，建设了覆盖主流教材版本的大量光盘教学资源、卫星教育资源、计算机网络教育资源。

2003年4月8日，《教育部关于启动高等学校教学质量与教学改革工程精品课程建设工作的通知》印发，启动国家级精品课程建设工程，提出要建立各门类、专业的校、省、国家三级精品课程体系。2006年，《教育部财政部关于实施国家示范性高等职业院校建设计划加快高等职业教育改革与发展的意见》印发，提出创建共享性专业教学资源库的任务。2010年国家正式启动建设高等职业教育专业教学资源库建设项目，已立项项目涵盖18个专业大类，形成了院校、行业企业及其他社会团体多元主体参与的建设路径，为推进优质教学资源共建共享奠定了基础；2011年启动“国家示范性职业学校数字化资源共建共享计划”，并建立全国职业教育数字化资源共建共享联盟，分设86个专业资源共建共享协作组。2011年5月，教育部职业教育与成人教育司启动“国家数字化学习资源中心”建设项目。2012年，《教育部关于全面提高高等职业教育质量的若干意见》发布，提出“推进高等职业教育共享型专业教学资源库建设，与行业企业联合建设专业教学资源库”；2015年，《教育部关于印发〈高等职业教育创新发展行动计划（2015—2018年）〉》发布，提出构建国家、省、学校三级数字化学习资源共建共享体系。①

2011年10月12日，《教育部关于国家精品开放课程建设的实施意见》发布，提出“十二五”期间建设1 000门精品视频公开课、5 000门国家级精品资源共享课；2012年9月，首次全国教育信息化电视电话会议上，时任国务委员刘延东正式提出“三通两平台”工程，指出“十二五”期间大力推进国家教育资源公共服务平台建设；2015年4月13日，《教育部关于加强高等学校在线开放课程建设应用与管理的意见》发布，提出2017年前认定1 000余门国家精品在线开放课程，到

① 余亮. 数字化学习资源建设研究［M］. 北京：科学出版社，2018：10-11，89-90.

2020年认定3 000余门国家精品在线开放课程。①

《教育信息化十年发展规划（2011—2020年）》明确提出，到2020年要基本建成人人可享有优质教育资源的信息化学习环境。《国家信息化发展战略（2006—2020年）》《纲要》《教育信息化“十三五”规划》等政策文件都提出加强优质数字教育资源开发与应用，促进优质数字教育资源普及共享的要求。“中国数字教育2020行动计划”将优质数字教育资源建设与共享作为5项行动计划之首。《纲要》提出，要“充分利用优质资源和先进技术，创新运行机制和管理模式，整合现有资源，构建先进、高效、实用的数字化教育基础设施”，“加强优质教育资源开发与应用”，“建立开放灵活的教育资源公共服务平台，促进优质教育资源普及共享”，“建设有效共享、覆盖各级各类教育的国家数字化教学资源库和公共服务平台”。《教育信息化“十三五”规划》也进一步提出：“加快探索数字教育资源服务供给模式，有效提升数字教育资源服务水平与能力”。“‘十三五’末，要形成覆盖全国、多级分布、互联互通的数字教育资源云服务体系，为学习者享有优质数字教育资源提供方便快捷的服务，提升教育信息化支撑教育教学的水平。”②

可以看到，国家一系列文件中都强调推动优质数字教育资源的开发与普遍应用，促进优质数字教育资源的共享。实施优质数字教育资源的建设与共享，是推进教育信息化、教育现代化的基础工程和关键环节。

---

① 杨现民，王娟，魏雪峰. 互联网+教育——学习资源建设与发展［M］. 北京：电子工业出版社，2017：14.

② 杨文正. 数字教育资源优化配置模式与机制创新［M］. 北京：科学出版社，2018：1-4.

（三）全国文化信息资源的共建共享

2015年1月，中共中央办公厅、国务院办公厅出台了《关于加快构建现代公共文化服务体系的意见》，明确提出结合“宽带中国”“智慧城市”等国家重大信息工程建设，加快推进公共文化机构数字化建设。统筹实施全国文化信息资源共享、数字化图书馆、博物馆建设等项目，将文化共享工程与农村信息化综合信息服务工程、农村党员干部现代远程教育工程等紧密结合，倡导和推动各共享工程之间数字资源的共建共享。

其中，文化共享工程是由文化部联合财政部共同实施的一项重大工程，是被财政部列为重点支持的文化建设工程。自2002年启动，基于国家网络通信平台和现代信息技术，借助互联网、卫星网、数字电视网等多种传输网络，是面向中西部地区以及广大农村而建设的文化共享工程。工程通过建设形成国家、省、市、县、乡镇（街道）、村（社区）多级基层服务网络，促进我国公共文化服务体系建设，改善基层公共文化服务的不均衡现象。①

文化共享工程所有的服务是建立在数字资源共建共享基础之上的，各地通过建设独具文化特色的数字资源，利用卫星网、互联网、有线（数字）电视网、光盘等信息传播手段，服务基层群众。文化共享工程走进社区，走进农村，走进军营，走进学校以及企业，为基层群众提供数字资源。

目前，文化共享工程合作共建机制基本形成。各级文化共享工程分中心在建设过程中根据实际情况，还与全国农村党员干部现代远程教育、

---

① 张叶. 全国文化信息资源共享工程资源建设模式及其保障机制研究［D］. 西安：西北大学，2014.

全国农村中小学远程教育等系统在网络设施、资源内容等方面进行有效整合，实现共建共享。同时，与包括图书馆、博物馆、美术馆、农业部门、教育部门、科技部门等的其他系统合作，实现数字资源的共建共享。

（四）实现校内外资源共建共享是打造终身学习环境和构建学习社会的要求

美国教育家罗伯特·哈钦斯（R. M. Hutchins）在其所著的《学习社会》（1968）一书中首次提出“学习社会”的理想，因切中经济社会时弊而受到国际社会的广泛关注和重视。经过近半个世纪的理论研究和实践探索，对学习社会的理解，国际社会已形成一些基本共识：学习社会要为社会全体成员提供平等而全面的学习机会，学习和教育可以在家庭、学校和社区，以正规的、非正规的以及非正式的形式进行，体现在文化、娱乐、工作和生活休闲的各个方面；学习将成为每一个人身心发展过程中的一种需求和权利，将贯穿人的终身；学习社会以学习者为中心，强调“有意义的学习”；学习的目的强调人性的完善、潜能的充分发展和自我实现，从而推进社会发展。①

终身教育强调教育过程的统一性和整体性，社会所有机构，包括学校教育机构和广泛的校外机构，都应该承担教育责任，为人们提供一生各阶段所需要的教育。教育的不同阶段和不同方面具有“相互作用”，终身教育所需要的是纵向的和横向的整合。首先，对个人的教育发展而言，从过去到将来，从婴儿到老年，是一个不间断的过程，任何一个阶段都需要纵向的连接或整合；其次，个人任一方面的教育都是个人学习网络的一部分，都需要与其他方面进行联系，并进行横向的整合。因

① 吴遵民，赖秀龙，周翠萍. 中国构建“学习型社会”的理论研究与探索［J］. 杭州师范大学学报（社会科学版），2009，31（3）：103-109.

此，各种教育情境，如图书馆、博物馆、动物园等，甚至还包括家庭、工作、娱乐和爱好、俱乐部等，都会产生教育的相互联系和影响。[①]要从教育的全面性和整体性出发，来看待各种教育形式，统筹协调学校教育和校外教育各个领域。[②]

终身学习环境既包含学习空间和学习场所，又包含学习机会和学习资源。学校作为终身教育体系的重要组成部分，也是学习社会的重要学习场所。终身学习环境中，学习场所不仅仅限于家庭、学校、文化中心或企业等，“大凡可被个人或集团加以利用的一切教育设施及资源”都应包含在内。[③]学校应由封闭走向开放，开发和整合广泛的学校外终身教育机会，并与其他教育形态沟通与整合，建立有利于学校教育和校外教育互动和补充的终身学习环境，使所有的社会部门和机构，如公益组织、博物馆和美术馆、体育馆等都参与教育工作，使教育覆盖整个社会与个人的终身发展，让每个人都接受适合其个性发展的教育。[④]

可以看到，实现校内外学习资源的共建共享是整合全社会广泛的教育机会、打造终身学习环境的内在要求。

三、对校内外学习资源的发展建议

（一）推广数字化学习资源标准，推进共享机制，构建一体化资源建设体系

建立数字化学习资源标准是实现资源共建共享的基础。教育部教育

---

① T. 胡森，T. N. 波斯尔斯韦特. 国际教育百科全书（第5卷）[M]. 岑国桢，等译. 贵阳：贵州教育出版社，1990：733.

②④ 任翠英. 中小学生校外教育研究[D]. 上海：华东师范大学，2018.

③ 吴遵民. 现代国际终身教育论[M]. 上海：上海教育出版社，1999：16.

信息化技术标准委员会2000年以来制定并发布了一系列学习资源类相关技术标准，涵盖学习对象元数据、内容包装XML绑定、学习设计信息模型、内容包装等各个方面，覆盖数字化学习资源建设与应用的各个环节。但由于宣传不足，社会影响力并未形成，标准的应用和推广明显不足。另外，标准文本对一般技术人员而言晦涩难懂，也影响了标准的推广应用。基于此，应开发、利用网络教育资源标准化工具，以促进标准的应用。

在推广数字化学习资源标准的同时，还需构建数字化学习资源共享机制，具体包括组织机制、政策机制和竞争机制。组织机制，指在区域教育管理层面，成立专门负责资源共享的组织机构，提出相关政策与意见，做好资源共享的统筹规划和各项组织协调工作。政策机制，指制定相关政策，解决数字化学习资源共享的制度障碍问题。竞争机制，指通过组织比赛评比，激发相关单位主动参与，实现资源有效共享。

另外，数字化学习资源建设，应统筹规划数字化学习资源内容、智能工具及支持服务，增强用户的资源应用体验，构建资源内容、智能工具以及支持服务一体化的数字化学习资源建设体系。①

（二）实现区域教育资源共建共享与均衡发展，促进教育公平

移动终端、泛在网络与感知技术的发展，推动学习场域的无限扩展与相互融合，学校的学习活动越来越多地从教室、学校走向社区、场馆与大自然。通过开放共享，让学校教育资源与社会、社区，以及图书馆、文化馆、科技馆等各场馆相互融合，以实现越来越多样化、泛在

---

① 余亮. 数字化学习资源建设研究［M］. 北京：科学出版社，2018：201，216-217.

化、个性化与开放化的学习。通过信息网络技术整合学校、社会、企业、场馆的力量，构建多元参与的区域教育新生态，促进区域教育资源共建共享与区域教育均衡发展。

但是由于历史、社会和经济发展的不同，我国不同区域教育发展尚存在很大差异。单向补偿机制难以形成区域教育发展优势互补，因而无法缩小或彻底解决区域教育差距问题。因此，需要充分发挥信息时代数字教育资源优势，在完善传统区域教育补偿机制的同时，逐步转向基于区域间数字教育资源的交换与共享，形成区域教育发展共同体，实现区域之间或全体用户共同受益的协同发展。

这需要长期的持续发展：初期在建立区域内数字教育资源共享的软硬件平台及环境建设的基础上，建立区域数字教育资源优势互补的协调机制；中期构建区域间数字教育资源交换共享的实施模式，加速弱势区域资源的发展进程，提升优势区域教育发展的内涵；后期形成数字教育资源交换共享的保障和长效发展机制。①

借助互联网技术的发展，实现学习场域的扩展融合、优质教育资源的开放共享与协同建设，构建信息教育资源的区域间协同、共享、交换的平台及长期保障发展机制，可持续扩充公共学习资源，服务终身学习，促进教育公平。

（三）建立校内外图书馆联盟，实现数字图书馆的共建共享

图书馆系统是校内外学习资源供给的重要载体，通过校内外各类图书馆的共建共享，为用户提供开放、协同、丰富、共享的资源及服务平台。公共图书馆应当按照平等、开放、共享的要求向社会公众提供服

---

① 杨文正．数字教育资源优化配置模式与机制创新［M］．北京：科学出版社，2018：74.

务，且免费向社会公众提供服务，这是《公共图书馆法》的要求。“共享”是公共图书馆向公众提供服务的三原则之一。公共图书馆应与学校图书馆、科研机构图书馆以及其他类型图书馆之间共建共享，实现相互交流与合作，开展联合服务，并实现公共图书馆以及学校、科研机构和其他类型的图书馆向社会公众开放，为公众提供更多的选择可能。①

在公共图书馆总分馆制基础上，继续建立并扩大校内外图书馆联盟，建立数字图书馆公共服务体系，实现数字图书馆的共建共享。在政府主导下，联合包括公共图书馆、高校图书馆、党校图书馆、科研机构图书馆、中小学图书馆等各行业图书馆组成联盟，以统一的服务平台面向地区所有用户提供服务。以综合性、跨系统、全民共享的数字文献资源服务为特色，运用现代网络技术，打破地域限制，整合现有资源，以数字图书馆、手机图书馆、电视图书馆等多种服务渠道，构建符合读者需求和本地经济、科技、社会、文化发展需要的校内外共建共享的数字图书馆资源与服务体系。

所有读者只需一张居民卡或借阅证，一部能上网的手机，便可在任何时间、任何地点轻松地获取海量文献资源服务，实现移动图书馆、数字图书馆服务。以数字图书馆为基础，以图书馆实体馆为依托，建设开放式网上学习中心，提供图书阅读、视频点播、慕课等学习资源，帮助读者自主学习，并实现互联网、移动端、电视终端对图书馆馆藏等各类资源无缝链接。

通过联合公共图书馆系统和其他系统图书馆的力量，以数字资源的共建共享为核心，采用现代新媒体技术，突破地域、时间、设备的限

---

① 裘爽，奚悦，孙慧云.《公共图书馆法》专家解读综述［J］. 图书情报研究，2019，12（1）：15-23.

制，以各单体馆最小的投入为区域读者提供基于互联网、移动终端和电视媒体等的一站式图书馆数字资源全媒体服务，使读者享受到无处不在的、个性互动的智慧服务。①

（四）着眼于顶层设计，打造终身学习生态环境

促进校内外资源共建共享，需要基于整个社会终身教育体系和终身学习环境的构建需求进行顶层设计，实现学校教育与校外各类社会教育的沟通、合作与合理配置，建立不同学段之间、不同院校之间、学校与相关企业及校外机构之间在学生培养方面的合作机制，加强教育与产业的融合，增强学校与校外相关企业的合作，加强实习实验基地及社会实践育人。

实现班级、校园、家庭、社区、各种场馆等物理学习环境的无缝联通，借助物联网、云计算、大数据等技术形成虚实融合的智能学习空间。实现多媒体教室、数字校园、数字图书馆等学习环境的智慧化转型，基于人机工程学等理论打造更具人性化的智慧学习环境。

教育行政部门推进智慧校园建设工程，建设智慧图书馆、智慧博物馆等智能化程度更高的教育学习场馆。在发展正规教育环境的同时，发展非正规教育环境，并最终走向高度融合，服务每一位公民的终身学习。②

建设更加多样化、智能化和连通化的各种教育云平台。通过一定的技术规范和管理机制，实现政府教育云、企业教育云、学校教育云有限

---

① 沈红梅，鲁祎．打破“篱笆墙”的公共图书馆——城乡一体化公共图书馆服务体系的“嘉兴模式”实践与探索［J］．图书馆研究与工作，2018（10）：6-13.

② 杨现民，余胜泉．智慧教育体系架构与关键支撑技术［J］．中国电化教育，2015（1）：77-84.

度的、安全的互联互通，协力打造服务全民终身学习的教育云生态。以用户为中心打造满足每位学习者需求的教育云，实时感知用户需求和情境信息，为学习者提供最及时、最适合的基于个人教育云服务的终身学习生态环境。

第六章　鼓励行业企业积极发展基于工作场所的学习

《中国教育现代化2035》提出“鼓励行业企业积极发展基于工作场所的学习”的重要论述，是对新时期下开展工作场所学习重大意义的精确判断。工作场所学习是终身学习的重要组成部分，是人力资本形成的直接阶段，是提升我国人力资源质量的关键。进入21世纪以来，工作场所学习呈现一些新特征：首先是企业大学在世界范围内兴起与发展，这一现象充分体现了行业企业对于工作场所学习的高度重视；其次是网络信息技术对工作场所学习带来了系列变革，丰富了工作场所学习的外延。当前，我国行业企业中的工作场所学习还存在着困难与挑战，如何积极发展基于工作场所的学习，是需要面对的紧迫性课题。

第一节　工作场所学习的概念界定及意义

一、工作场所学习的概念界定

工作场所学习的定义可以分狭义和广义两种。狭义的工作场所学习是特指在工作现场开展的学习、教育培训活动，在这种特殊的场景下，学习的内容具有针对性，学到的知识能马上运用到工作中去，学习的迁移率高，不会出现影响学习迁移率的阻碍因素。但是这种场景下的学习有它的局限性：首先，能同时学习的人数有限。这是由于工作岗位上的场所空间有限，不能同时容纳大量的学习者。其次，学习内容的范围有限。一般来说，技能类、操作类的学习更适合这种方式，而知识类、领导力开发类的学习则不适合。广义的工作场所学习是指企业中开展的一切教育、培训和学习活动，特别是指企业开展的正规的培训活动，其目的是提高职工的知识与技能，最终提升职工的个人绩效与组织的绩效。广义的工作场所学习和狭义的工作场所学习都是终身学习的组成部分，广义的工作场所学习包含狭义的工作场所学习。本章从广义层面论述工作场所学习。

在百年之前，知识更新换代需要百年之久，而人类进入了信息技术社会之后，知识的更新换代速度陡然加快，只需要数年时间。人们进入职场之后，一方面面临着自身已有知识不断快速折旧的窘况，另一方面面临着激烈竞争的岗位对于知识与技能不断升级的要求，因此需要不断地学习。终身学习涵盖人的一生的学习，工作场所学习是终身学习跨度最长的一段时期，从20多岁入职到60岁退休。工作场所学习在终身学习中也是非常重要的。按照舒尔茨的人力资本理论，学校教育、企业中的工作场所学习、职工健康等，都是人力资本的重要组成部分。学校教育阶段是人力资本形成的间接阶段，学校教育为人力资本的形成打下基础性作用，而工作场所学习阶段是人力资本形成的直接阶段。与学校教育相比较，工作场所学习具有下面四个主要特征：

第一，它是面向成人的学习。学习者之间的年龄差距大，不同年龄段的成人在心智、认知、知识结构、接受能力、身体健康等方面存在着差异性，如何满足不同年龄学习者的需求是一个很大的挑战。成人学习者具有先期经验，学习者针对所学内容已有或多或少的知识储备，学习就是纠正偏差或是丰富先期知识经验的过程。成人的学习是问题导向型学习，成人学习的目的往往是解决工作中的某一个具体问题，特别是绩效问题。因此在进行教学内容设计和课件制作时，需要遵循问题导向原则，只有这样，教学内容才能得到学习者的高度注意，提高学习效果。

第二，多种学习方式。在工作场所学习中，既有面对面的教学方式，也有网络学习方式，还有教练、在岗学习等多种方式。不同学习方式的选择依赖于所要学习的内容及需要达成的学习目标。行动学习是近年来在工作场所学习中广泛流行的一种学习方式，它是一种完全不同于传统的学习方式。在这种方式下，没有传统意义上的知识传递者——教师，新知识是基于各位成人学习者之间相互不断质疑反思而获得的。行动学习包括问题、小组、催化师、质疑反思、小组承诺、付诸行动六要素，其原理是通过一定的学习方式与学习制度设计，将每个成人学习者已有的知识分享出来，然后进行讨论，达成共识，创造新知识。由此可见，工作场所学习方式与学校教育方式有许多不同的地方。

第三，学习的目标和评价的方式不一样。在学校教育中，学习成绩是评价学习效果的主要手段，而工作场所学习的目的是追求绩效，企业花费人力与财力去举办培训学习活动，是希望有预期的回报，也就是为企业的绩效服务。因此，针对工作场所学习效果的评价也不同于学校教育的评价方式，一般采取的是递进的四层级评估法，分别是反应层、学习层、行为层、绩效层。其中，行为层、绩效层更是工作场所学习追求的目标。职工对于新知识、新技能的掌握，如果不能转化为行为乃至绩效的话，对于企业来说，其实际价值就不大。所以，工作场所学习非常重视行为及绩效的评估。然而，学习并不必然带来行为的改变，有许多因素会阻碍从学习到行为的飞跃，同样，行为不一定带来绩效的改变，因此，研究学习如何有效地迁移到行为、行为如何有效地迁移到绩效，是工作场所学习研究的主要内容之一。

第四，学习的知识类型不一样。按照经济合作与发展组织（OECD）对于知识的分类，知识有四种类型：知道做什么，即事实知识（know-what）；知道为什么，即原理知识（know-why）；知道怎样做，即技能知识（know-how）；知道是谁，即人际知识（know-who）。高校及科研机构侧重于前面两种类型知识的生产，而企业侧重于后面两种知识的生产。know-what及know-why的知识与企业的绩效没有直接关联性，因此企业对这两类知识的重视程度不大。企业里面大量存在的是know-how和know-who的知识：前者是关于怎么做与怎么办的知识，与企业的绩效直接相关联，是企业所需要的；后者是谁掌握这项技能或者谁能解决这个问题的知识，也是企业所需要的。工作场所学习的目标是提升绩效，知识的类型更多地属于如何去做的知识和谁能做的知识，而学校教育的知识类型更多是原理性知识、陈述性知识、概念性知识。吉本斯认为，高校及科研机构属于第一模式的知识生产，而企业大多数属于第二模式的知识生产。①

二、工作场所学习的意义

《中国教育现代化2035》提出“鼓励行业企业积极发展基于工作场所的学习”的重要论述，是对新时期下开展工作场所学习重大意义的精确判断。开展工作场所学习是全面地快速地提升我国人力资源质量的需要。党的十九大报告指出，我国经济已由高速增长阶段转向高质量发展

① 吉本斯．知识生产的新模式——当代社会科学与研究的动力学［M］．陈洪捷，等译．北京：北京大学出版社，2011：67.

阶段，正处在转变发展方式、优化经济结构、转换增长动力的攻关期，同时指出其解决之道：着力加快人力资源等协同发展。我国人力资源质量目前堪忧。欧洲商学院在2017年发布了全球人才竞争力指数（The Global Talent Competitiveness Index），我国排第54位。联合国教科文组织每年都发布一次人力发展指数（Human Development Index），2018年我国的排名是第86位。可见，我国人力资源质量水平与我国的大国地位相差甚远。当前，我国处于民族复兴的伟大时刻，面临着与美国之间激烈的贸易竞争，面临着“一带一路”的劳动力市场竞争，人是最关键因素。因此，大力发展推动工作场所学习具有国家战略性、迫切性、全局性意义。

第二节　工作场所学习的新趋势

进入21世纪以来，工作场所学习出现了两个新的趋势：第一是全世界范围内企业大学浪潮的兴起。企业大学的快速发展，体现了企业对于工作场所学习的重视，体现了企业对于人力资本理念的尊重。第二是互联网信息技术的快速发展，给工作场所学习带来很大的机遇和红利，工作场所网络学习在企业中快速得到普及性应用。

一、企业大学

企业大学目前在国内外发展非常迅速。据统计，世界五百强企业中有80%以上已经建立了自己的企业大学，美国的企业大学数量年平均增长率25%左右，目前已经达到了4 000所以上。针对美国140家企业进行的问卷调查表明，84%的企业已经设立了或者正在准备设立企业大学，而这些企业中，有66%的企业拥有的职工数量超过5 000人。[①] 由此可见，企业大学在国际上呈现蓬勃发展的趋势，并且大型企业更具有成立企业大学的意愿。在我国，近20年来企业大学的发展也非常迅速。例如宝钢人才开发院、招银大学、中航大学、中国电信学院、腾讯学院等企业大学纷纷成立。企业大学的大规模发展，反映了企业对于职工工作场所学习与人才发展的高度重视。企业大学产生的直接原因是职工发展及业务发展的需要，企业大学被当作一个战略工具和一个支持商业目标的投资渠道。企业成为教育者，承担职工教育的职能。

---

① Schultz D. The rise and coming demise of the corporate university [J]. *Academe*, 101(5), 2015: 62–79.

企业大学是工作场所学习的一种创新形式。在所有权上，企业大学是企业出资成立并且为企业的战略服务的。在服务对象上，企业大学不仅仅为本企业职工服务，而且为重要客户、供应商及合作伙伴等服务。在内容上，职工学习与知识管理是企业大学的主要活动。在目标上，企业大学推动职工学习，使得职工知识与技能得到提升，最终促进个人与组织的绩效提高。[①]比较企业大学与传统培训中心的特征，两者之间存在着较大差异。传统培训中心对于学习的挑战是反应性的、被动的，而企业大学主动应对将要发生的变化。传统培训中心关注课程传递，而企业大学更加关注系统化的学习解决方案。传统培训中心进行零散式的培训记录，企业大学跟踪长时期的职工终身学习。传统培训中心很少或者没有培训评估，而企业大学拥有强大的测量体系，评估并反馈培训项目与职工学习效果。传统培训中心承担单一的培训事务，而企业大学向变革推动者、业务伙伴、职工发展顾问和培训事务专家四位一体的角色演变。传统的培训中心将培训视为部门的专属所有权，而企业大学将培训视为业务伙伴，与业务单位建立伙伴关系。传统培训中心是完全成本中心，而企业大学逐步实现竞争性的、增值性的收费，实现自身经济上的可持续发展。另外，企业大学的培训对象由企业内部职工向企业的供应商和潜在的战略客户延伸，培训向企业价值链发展；培训资源管理由分散到集中，由零碎到整合，资源效能提高。

企业大学是工作场所学习的一个重要创新变革。与传统的组织学习相比较，企业大学带来的创新特别体现在组织学习结构的创新变革和组织学习内容的创新变革上。

---

① 吴峰．企业大学：当代终身教育的创新［J］．北京大学教育评论，2016，14（3）：163−174.

首先是组织学习结构的创新变革。企业大学具有两个明显的特征：第一，企业成立了学习委员会，学习委员会通常由总裁、副总裁、企业大学负责人及学习专家共同组成。例如，中国电信集团、中粮集团都成立了由企业高层组成的学习委员会，学习委员会每年至少召开一次关于企业大学方面的决策性会议。企业成立学习委员会也是国际上流行的做法。学习委员会通常履行如下职责：形成与学习相关的企业决策，制定企业学习方面的政策与意见，对企业大学的发展进行规划，确定资金投入力度。第二，企业大学校长由企业高层兼任的现象非常普遍。有的企业大学校长直接由企业最高负责人兼任，例如忠良书院院长由中粮集团董事长兼任，招银大学校长由招商银行行长兼任；有的企业大学校长由企业高层副职兼任，例如中国电信学院院长由集团副总裁兼任。企业学习委员会的成立及企业大学校长由高层兼任，使得企业大学能获得更多的企业资源，并且更有利于企业大学工作的推动。企业大学从事的是人力资源开发活动，人力资源部主要从事人力资源管理工作，企业大学的发展重新定位了人力资源开发与人力资源管理之间的关系，体现了人力资本的重要理念。传统的培训处、培训中心也从事人力资源开发活动，但是这些机构一般是人力资源部的下设部门。而企业大学从单纯地提供培训，转向更广泛地支持组织发展和提高组织绩效，使得企业取得核心竞争优势。目前比较普遍的关系定位是，企业大学与人力资源部是两个平行的职能单位，但是两者之间存在着紧密的业务指导关系。

其次是组织学习体系的变革。传统的培训体系包含三个要素，分别是师资体系、课程体系、运营体系。企业大学的学习体系，增加了新的三个专业性要素，分别是绩效技术、教学设计、培训评估，使得企业大学的学习体系更加专业化与系统化。绩效技术是发现和分析重大的绩效差距，规划绩效改进计划，设计和开发缩小或者消除差距、符合成本效益最小化原则并且遵循伦理道德规范的问题解决方案，实施方案，并对方案的经济及非经济效果进行评价的系统化过程。也就是说，绩效技术是一种分析绩效差距、找到学习解决方案的系统化方法。绩效技术的采用，使得企业大学的培训设计更加精准，具有针对性，达到最终的绩效提升效果。教学设计是一门“集系统工程学、传播学、学习心理学与技术为一体的教学系统设计理论”，成为在开发新课程时广泛运用的方法论，教学设计使得课程设计的内容更加科学。①企业大学学习体系另外一个显著特征就是评估体系的系统化建立。评估对于培训来说很重要，一方面，评估结果可以用作项目反馈与修正，识别和改进项目中的不良进程；另一方面，评估可以证明企业大学的价值，可以计算出企业大学的投入所带来的价值回报。

二、网络学习

工作场所网络学习在世界范围内得到迅速发展。在美国，有超过80%的大型企业采用网络学习方式进行职工培训，中小企业采用的比例超过50%，采用网络学习方式的培训支出占企业培训总支出的比例超过50%。我国企业采用网络学习方式起步较晚，但是发展也很迅速。一项针对近年来我国40家大中型企业的抽样调查显示，从2008年到2012年，网络学习时长的年增长率为27%，学习人次的年增长率为65%。②

---

① 高文. 教学系统设计研究的历史回顾——教学设计研究的昨天、今天与明天［J］. 中国电化教育. 2005（1）：17-21.

② 吴峰. 终身学习在行业中的发展趋势——企业大学与企业E-learning［J］. 中国远程教育，2012（3）：17-22；95.

可见，网络学习未来将是职工终身学习的主要方式。

互联网给时代带来了巨大的变革，给学习也带来了巨大的变化，它重构了新的学习时空观。传统的学习时空观是以教室学习、面对面学习为基础的，即一定数量的学习者在一定的时间与一定的空间学习一定的内容，譬如学校中的教学活动、企业中的面对面培训等。在传统学习时空观下，学习者没有自主选择学习时间、学习空间及学习内容的自由，学习行为受到硬约束，这种硬约束在经济上的体现就是差旅成本、由于参加学习而放弃工作的机会成本等。学习者人数越多，这种不自由越明显，约束成本也越大。而互联网使得传统的学习时空观破裂，学习者可以通过计算机与网络进行自主学习。学习没有硬约束，也就没有各种约束成本。互联网下新的学习时空观与传统的学习时空观相比，具有两个明显的差异性特征：首先，任何人都可以随时实地学习。这就是通常所说的3A特征（anyone，anywhere，anytime）。在新的学习时空观下，学习时间与学习空间是可以分开的。其次，学习资源无限共享。互联网下学习资源可以实现多人共享，一个学习者的学习不影响其他学习者的同时学习。学习资源是海量的，它以数据库的方式进行虚拟存储，不需要物理存储空间。网络学习给企业职工带来的优势有如下几点。

第一，提高职工培训覆盖率。网络学习大大提高了职工培训覆盖率，提高了职工学习机会的公平性。在网络学习导入之前，职工学习主要采用面对面学习方式。面对面学习方式一般遵循二八定律，也就是，在有限的经济条件与时间条件下，企业中只有20%的中高层管理者才有接受学习的机会，而大多数基层职工没有学习的机会。工作场所网络学习方式改变了职工学习机会的不平等，企业每一个职工只要具备上网的条件，理论上都有进行网络学习的机会，使得以前企业高层职工才有的学习机会向基层转移。调查显示，网络学习在基层职工培训方面发挥了重要作用，71.72%的学习者是来自基层的职工。

第二，解决了学习与工作之间的时间冲突。在传统的面对面学习情况下，职工需要脱离岗位进行学习，于是学习与工作之间发生时间冲突，这也是许多业务部门对于职工培训持保留态度的主要原因之一，导致学习计划往往让位于工作安排。工作场所网络学习突破了面对面学习需要在特定学习时间与特定学习地点上的局限性，任何人可以在任何时间任何地点进行学习，实现随时随地学习。这样，职工既可以在工作之余进行学习，也可以在岗位上进行学习，根本性地解决了学习与工作之间的矛盾性问题。网络学习方式因为“不与工作抢时间”而得到业务部门的广泛支持。

第三，降低培训成本。网络学习方式不仅降低了企业培训的总成本，而且大大地降低了培训的平均成本。与集中式面对面学习相比较，网络学习方式可以在办公室或者家里进行学习，从而节约了学习者的差旅成本，节约了因参加培训而耽搁的工作时间成本。由于数字化资源可以一次性开发、多次长期使用，因而节约了教学成本。可见，网络学习方式在经济成本、时间成本、教学成本几个方面都降低了企业培训的总成本。一项实证研究指出，基于同样的项目目标要求，采取网络学习方式的成本是采用面对面学习方式的成本的六分之一到三分之一。另外，网络学习的一个重要特征是边际成本很低，接近于零。也就是说，多增加一个学习者，其总成本基本上不变。工作场所网络学习的这个特性，使得它具有规模经济的趋势，学习者越多，平均成本越低。因此，工作场所网络学习非常适宜于大中型企业培训，适宜于针对数量众多的基层职工的培训，这样更加具有规模经济的优势。传统的集中式面对面学习，由于场地的限制，规模小，平均成本高，而网络学习方式的平均成本就要小得多。

第四，促进个性化学习。工作场所网络学习为实现职工的个性化学习提供了载体。个性化学习使得学习者的学习更加具有针对性，可以促进学习者的学习积极性，是终身学习的未来趋势。在网络学习平台上，数字化课程资源足够多，职工可以根据自己的岗位需要或者自己的兴趣爱好，任意选择相应的课程进行学习。而传统的面对面学习方式，学习内容是统一定制和提前安排好的，学习者没有选择的自由。在网络学习方式下，学习者不但可以个性化地选择学习内容，而且可以个性化地选择在方便的时间和地点进行学习，可以个性化地以最适合自己的步调进行学习。个性化学习的实现，使得职工的学习意愿得到尊重，促进了职工的自主学习。因此，工作场所网络学习能满足学习型社会对于职工终身学习的要求，将成为职工的终身学习方式。

第五，实现智能化培训管理。网络学习系统的导入，使得企业的培训能够进行信息化管理，体现在三个方面：它能够针对职工的学习计划进行管理，使得职工学习与企业战略紧密结合，学习更具价值；它能够针对职工的学习全过程进行管理，记录学习情况，开展学习诊断，提供学习反馈；它能够针对职工职业生涯中的学习历史进行管理，包括学习记录、学习成绩、资格证书等。网络学习系统的导入使得企业在管理职工培训方面更加智能化、高效与全面。①

① 吴峰，江凤娟. 工作场所数字化学习：特征、价值与模式［J］. 教育研究，2017，38（3）：83-90.

第三节　问题与建议

一、面临的主要问题

随着我国经济的快速发展以及互联网快速发展带来的技术红利，我国行业企业的工作场所学习正处在一个宝贵的大发展时期。但是，发展与问题并存，目前主要存在着以下一些问题。

第一，人才培养问题。在企业中从事工作场所学习工作，需要专业化的知识与能力水平。调查发现，我国企业中从事这项工作的从业人员的专业化程度满足不了企业中开展工作场所学习的需求，许多工作者的受教育经历是来自其他专业如中文、外语、哲学等，而没有接受过本专业的教育经历。针对工作场所学习的人才培养专业一般是人力资源开发专业，在美国，大多数人力资源开发专业设置在教育学院，还有少量设置在商学院或者其他学院。目前我国大专院校中开设人力资源开发专业的数量很少，而在美国，有100多个大学教育学院开设这个专业项目。例如斯坦福大学教育学院开设了“学习、设计与技术”专业硕士项目，哈佛大学教育学院开设了“技术、创新与教育”专业硕士项目，伊利诺伊大学教育学院开设了“学习设计与领导”专业硕士项目，等等。这是一场世界范围内与时间的赛跑，与美国相比，我国针对从事工作场所学习的专业人才培养状况堪忧。

第二，顶层设计与政府角色的缺位。工作场所学习涉及每一家企业，涉及企业中的每一个职工，需要政府的顶层设计与规范监管。譬如，我国法律规定企业用于工作场所学习的经费不能少于2.5%，但是最终能否得到落实，没有相应的监管。工作场所学习目前的处境尴尬，国务院国有资产监督管理委员会（简称国资委）虽然是国有企业的主管部门，但是它主要履行出资人职责，对于学习的管理并不是它的业务范畴。教育部负责教育工作，但更多的是针对我国学校教育的管理，对于企业中的教育学习活动，没有相应的行政手段去管理。人力资源部门主要负责我国宏观的人力资源调控与管理，针对具体的企业中工作场所学习业务，并没有相应的职责要求。但是，工作场所学习又很显然与这三个政府部门相关：工作场所学习是在企业中开展的，所以与国资委相关；工作场所学习是教育学习活动，所以与教育部门相关；工作场所学习最终是为提升我国人力资源水平，所以与人力资源部门相关。没有一个政府部门真正地主管工作场所学习这项工作，这也是我国很少有针对工作场所学习的国家政策法规出台的根本原因。与工作场所学习相关的一些条文往往零散地出现在其他法律法规之中，没有系统的、整体性的解决方案，这是缺乏顶层设计所致。

第三，网络学习的开展还严重不足。网络学习应用在我国大型企业与中小型企业之间的发展极不平衡，大型企业实施网络学习的比例较高，而中小企业在实施网络学习方面存在难以逾越的壁垒。目前我国企业网络学习面临的主要矛盾是中小企业存在着巨大的网络学习需求与低供给之间的矛盾，中小企业的网络学习应用成为当前主要的瓶颈。为什么大型企业比中小企业实施网络学习具有优势？首先，大型企业有经济上的优势，资金支持丰沛，能够支付网络学习建设的一次性投入。其次，大型企业的职工数量众多，譬如中国邮政集团有100万名职工，实施网络学习的人均成本极低，因此特别具有成本优势。大型企业实施网络学习所获得的互联网红利远远高于投入的建设成本，投资回报率高，因此大型企业有足够的动机去开展网络学习。然而中小企业实施网络学习的投资回报率要低得多，这是阻碍中小企业实施网络学习的主要障碍。因此，我国广大的中小企业在网络学习方面严重滞后，中小企业没有享受到互联网带来的人力资源发展红利。我国迫切需要推动中小企业开展网络学习，释放中小企业人力资源发展的潜力。①

二、政策建议

第一，将工作场所学习纳入我国终身学习体系。2018年国务院出台了《推行终身职业技能培训制度的意见》，但是其中对于工作场所学习缺乏明确的指导意见与规范。世界上很多国家将终身学习作为国策，出台了终身学习法律，譬如美国、日本、韩国等。我国终身学习立法也进入了立法程序，特别是，我国的一些省份如福建省、上海市更是走在前面，2005年福建省制定了《福建省终身教育促进条例》，2011年上海市制定了《上海市终身教育促进条例》。我国的终身学习立法正在进行之中，工作场所学习应该在法律上明文纳入我国终身学习体系，按照终身学习的条例要求开展工作，这样也便于从国家层面推动工作场所学习，实现有序发展与资源共享。

第二，重视工作场所学习，加强大专院校的专业建设。工作场所学习是一个实践领域，更是一个专业研究领域。工作场所学习是建立在成人学习理论、人力资源开发、教育技术学基础之上的，随着脑科学、学习科学、信息技术科学的快速发展，工作场所学习科学也处于迅猛发展之中。根据对哈佛大学、斯坦福大学的相关调研，工作场所学习科学包括学习理论、绩效改进技术、教学设计、教学环境设计与

① 江凤娟，吴峰. 互联网红利与我国人力资源跨越式发展［J］. 教育研究，2018，39（12）：118–126.

方法、网络学习、学习测量与评估、学习项目管理、知识管理、人才管理、组织变革等内容，是一个较为完整的体系。它是提升我国人力资源质量的核心与关键，加强学习科学的专业学科建设迫在眉睫，否则就成了无源之水、无本之木。同时需要推动行业专业化建设。企业大学在我国处于快速发展之中，什么是企业大学、如何建设企业大学等，还没有形成标准，造成很大的资源浪费。反观美国培训与发展协会（ASTD），有接近100年的历史，在领导与规范行业的专业性上发挥了很好的作用。我国虽然有类似的协会，但是发挥的专业性及产生的效能远远不足。

第三，充分发挥政府的领导角色。工作场所学习对于人力资源发展意义重大，美国、韩国等许多国家都制定了相关政策与国家计划去推动，但是我国教育行政部门不是企业工作场所学习的主管部门，导致国家没有政策措施来推动。并且，仅仅凭借教育行政部门之力是不能制定全口径政策的，需要多政府部门参与进行顶层设计。譬如，韩国对于开展工作场所学习给予补贴以及税收减免，仅仅依靠教育行政部门的力量是很难制定出这样的经济性政策的。一些激励措施的落地需要政府多部门的综合推动。因此，需要借鉴美国、韩国等国家的做法，进行国家层面的总体顶层设计。世界上一些国家早就意识到了工作场所学习的重要性，纷纷制定了一些政策，并采取了一系列措施去推动。譬如，韩国在2003年出台了《中小企业中人力资源支持法》，支持和协助中小企业开展学习。2004年韩国知识经济部又颁布了《网络学习产业发展法》，进一步规范和完善网络学习相关法律法规，来推动韩国中小企业网络学习的发展。并且，为了支持工作场所学习的发展，韩国政府以补助80%—100%的培训费用方法鼓励企业。

第四，实施国家网络学习工程，填补中小企业网络学习机会的空白。网络学习的规模经济特性决定了其不适宜于在职工数量相对较少的中小企业独立开展，因此需要国家实施网络学习工程，提供公共服务，从而满足中小企业职工学习的需求，实现职工学习的全覆盖，释放更多更大的互联网红利。建设国家网络学习公共服务平台，基于互联网提供软件服务的应用方式，使得每一个企业能在该平台上安家落户，定制本企业的网络学习门户系统，职工能够登录所属企业的门户系统进行学习。公共服务平台的使用对象是众多的中小企业职工，人均成本极低，投资回报率极高。国家提供海量的优质网络学习资源，职工可以个性化地选择学习。同时，提供资源共享服务，各个企业可以选择性地将开发的资源上传到公共平台上，实现资源共享。

第五，加强从事工作场所学习的工作者的专业发展，每年接受一定量的专业培训。工作场所学习工作者的专业性水平，会直接影响开展这项工作的效果，就像医生的医术水平会直接影响看病效果一样。所以，学习工作者的专业发展是一个重要的事情。美国早在1943年就高度重视工作者的专业发展问题，在政府的支持下成立了美国培训与发展协会，支持工作者的专业发展和规范行业发展；后来又成立了美国人力资源开发协会（AHRD），主要由高校中从事这方面研究的教授组成，是一个学术性协会。反之，由于历史原因，我国很多企业培训观念残旧，将培训部门视为二线机构、闲置性机构、福利性机构，导致工作场所学习、培训不受重视，最终导致其专业性不高。因此，急需开展“培训培训者”（TTT培训），提升工作场所学习、培训工作者的专业性，如每年接受30—40小时的专业培训。另外，大量的调查显示，企业中的工作场所学习、培训工作者面临着职业生涯发展困境，譬如职称困境问题，白天从事培训接待、晚上从事培训研究设计的超负荷工作问题，职业发展的天花板问题，等等，严重影响了这些工作者的积极性，急需解决。

第七章　扩大社区教育资源供给

社区教育是指在一定区域内利用各类教育资源开展的旨在提高社区全体成员整体素质和生活质量、服务区域经济建设和社会发展的教育活动，具有“全员、全面、全程”的基本特征。20世纪80年代，我国社区教育以青少年校外教育形式出现，到20世纪末逐渐演变为面向社区所有人群的教育。1999年，国务院办公厅批转的教育部《面向21世纪教育振兴行动计划》指出，要“开展社区教育的实验工作，逐步建立和完善终身教育体系，努力提高全民素质”。2000年起，教育部在部分地区试点开展社区教育实验工作，积极推进社区教育实验区、示范区建设，促进了社区教育的全面展开。目前，全国范围的社区教育格局基本形成：社区教育管理体制、运行机制及办学网络初步建立，社区教育资源得到了有效整合，社区教育支持服务体系不断加强，社区居民参与学习的比率有了很大的提高，社区教育为提高居民综合素质和社区建设水平做出了重要贡献。

应该看到，社区教育虽然有了很大的发展，但与建设学习型社会的要求、与人民群众对美好生活的向往还有很大的差距。站在新时代的高度，为适应实现第二个一百年奋斗目标进程中人民群众对提高自身素质、提高生活质量的迫切要求，需要不断提升社区教育的能级。为此，在扩大社区教育资源供给方面，我们需要健全社区教育办学网络，实现社区教育的全面覆盖；要整合社会各方办学力量，形成多元办学主体，提供多样化教育服务；要鼓励社区教育办学机构与社区服务机构实现资源共享、服务联动；要进一步加大财政支持力度，动员社会多方资助社区教育，扩大社区教育资源和学习场所，促进社区教育融入社区治理；要提供国家通用语言文字普及服务，提升农村及少数民族地区普通话水平，消除语言交流障碍。

第一节　建立健全社区教育办学网络

一、社区教育办学网络的架构与特点

（一）社区教育办学网络组织结构

社区教育办学网络是社区教育特有的办学组织形式，指专门承担社区教育指导管理、教学服务等任务的，由各级各类办学机构通过整合形成的办学体系。在社区教育中强调建立健全办学网络：一是基于社区教育的教学范围是一个相对开放的空间，而社区居民通常以就近参与学习为主，所以学习者分布很广；二是社区教育开展的是面向社区的教学活动，需要有完善的办学体系为教学工作提供各项保障和服务，办学网络是社区居民参与学习的主要载体；三是基于社区教育的教学形式多样化，如课堂学习、活动学习、团队学习、体验学习、数字化学习等，需要有专业的办学机构进行服务与指导；四是基于社区教育需要各种社会资源的支持，通过办学网络去整合各类资源为社区教育服务，而整合的范围、层次是非常广泛的。因此，建立健全社区教育办学网络，是社区教育有序开展的基本保障。

在教育部门的指导下，经过多年的实践和探索，各地初步形成了较

为一致的社区教育办学网络架构。2004年，教育部《关于推进社区教育工作的若干意见》指出，要充分利用、拓展和开发各类教育资源，形成社区教育培训网络，“要在整合、利用现有教育资源基础上，形成以区（县）社区教育学院或社区教育中心为龙头，以街道（乡镇）社区教育学校为骨干，以居委会（村）社区教育教学点等为基础的社区教育网络，满足社区居民多样化的教育需求”。随着社区教育的发展，2016年，教育部等九部门《关于进一步推进社区教育发展的意见》（以下简称《社区教育发展意见》）对社区教育办学网络又做了新的解释，提出要建立健全社区教育网络，要“通过整合资源，建立健全城乡一体的社区教育县（市、区）、乡镇（街道）、村（社区）三级办学网络”。同时，“各省、市（地）可依托开放大学、广播电视大学、农业广播电视学校、职业院校以及社区科普学校等设立社区教育指导机构，统筹指导本区域社区教育工作的开展”。

鉴于此，社区教育办学网络是一个纵向衔接、横向整合的办学体系。所谓纵向衔接，就是指从省（自治区、直辖市）到基层社区所有办学机构组成联合体，其中：省（自治区、直辖市）、市（地）依托开放大学或广播电视大学等设立社区教育指导机构，区（县）设立社区学院等办学机构，乡镇（街道）设立社区学校等办学机构，村（社区）设立社区教学点。有的省份也称社区教育五级办学网络，即省、市（地）、县（市、区）、乡镇（街道）、村（社区）。横向整合，指这些办学机构横向联合、协同，实现资源共享，为社区居民就近参与学习提供服务；同时，通过办学网络的各级机构，促进社区内各类学校、教育培训机构和各种文化体育设施等有组织、有计划地向社区开放，特别是依托社区内高校、普通中小学、各类职业学校及成人学校面向居民开展各类教育服务，使其成为开展社区教育的重要力量。

（二）社区教育办学网络基本特点

首先，体系具有开放性。社区教育办学网络是一个完全开放的系统，能够整合社会各类办学机构和社会机构参与社区教育，充分发挥社会各方的积极性，体现办学主体的多元开放；能够为社区所有人群提供学习服务，体现学习对象开放性；能够提供适合居民需求的、形式多样的学习活动，体现学习内容与方式开放性；等等。

其次，机制具有协同性。社区教育办学网络中的各级各类办学机构与普通教育不一样，并不是处于同一教育体系中的单位，尤其乡镇（街道）社区学校、村（社区）教学站（点）处于教育体制以外，而且各机构人财物相对独立，并没有在行政上正式的隶属关系。但是，这些机构职责明确、相互合作、互为作用，体现了运行机制上的高度协同一致。

最后，属性具有多元性。社区教育办学网络由教育部门主抓，开展的是面向社区的各类教育活动，提供的是居民需求的各种教育服务，所以具有教育性；同时，社区教育办学网络立足社区、扎根社区，与社区单位密切配合，开展的教育活动与社区精神文明建设、社区文化、社区体育、社区发展息息相关，成为社区建设中的一个子系统，因此具有社区性。从深层次思考，教育性与社区性的相互融合，成为社区教育办学网络的本质属性。

二、我国社区教育办学网络建设现状

（一）省（自治区、直辖市）、市（地）社区教育指导机构建设

省（自治区、直辖市）、市（地）两级社区教育指导机构，主要负

责当地社区教育的统筹协调、指导服务各项工作，其主要职能包括：负责对省（自治区、直辖市）、市（地）社区教育系统的业务工作进行指导、协调和服务，规范管理社区学院教育教学工作和活动；组织开发本地区社区教育教学资源，建设、运行和维护本地区社区教育资源库和网络平台；指导社区教育教学工作，开展课程建设、方法探索、活动组织等教学规范工作，形成社区教育教研活动机制；协助教育行政部门研究制定社区教育评估指标体系，协助对社区学院的教育教学工作进行检查、评估、督导，组织和承担社区教育队伍的建设和培训工作；协助教育行政部门组织开展学习成果认定办法和学分互认办法的研究、制定及实施等工作；组织开展社区教育调研及理论研究工作，做好信息收集、汇总、分析等工作。

为实现这些职能的要求，目前省（自治区、直辖市）、市（地）两级社区教育指导机构主要依托开放大学（广播电视大学）转型升级来实现。《社区教育发展意见》中对开放大学或广播电视大学参与社区教育提出了明确的要求，教育部在《关于办好开放大学的意见》中指出：开放大学要以终身教育思想为引领，“努力办成服务全民终身学习的新型高等学校”，要“坚持面向基层、面向行业、面向社区、面向农村，广泛开展职工教育、社区教育、老年教育、新型农民教育和各类培训，突出人才培养特色和学校办学特色”。随着学历教育需求的下降，社区教育需求的日益增长，为开放大学（广播电视大学）在新形势下发展提供了新的契机，开放大学（广播电视大学）本身也有向社区教育转型的内在需求。为此，全国各地都成立了由开放大学（广播电视大学）主导的社区教育指导机制，省（自治区、直辖市）开放大学（广播电视大学）挂牌成立社区教育指导机构，如上海开放大学成立“上海市学习型社会建设服务指导中心”，市（地）级电大挂牌社区大学、城市大学等，如长沙社区大学、温州城市大学等，开放大学（广播电视大学）已经成为各地开展社区教育的重要依托。目前，全国有18个省和4个直辖市成立了社区教育服务指导中心（指导委员会）。

（二）县（市、区）社区学院建设

县（市、区）社区学院，有的地方也叫社区教育学院或社区教育指导中心等，具体负责课程开发、教育示范、业务指导、理论研究等工作，是社区教育的龙头和学习指导中心。主要职能包括：负责课程标准制定、教材编写、教学资源开发等工作；面向社区开展活动周、讲座、特色课程等教学活动，发挥示范引领作用；组织教研活动，制定教学标准，开展教学交流和教学展示，开展教学评比，进一步规范社区教育教学工作；承担社区教育教师的培训和管理工作，指导区域社区教育信息化工作，指导社区学校的教育教学工作，开展办学督导评估工作；开展社区教育的理论研究和实验研究，提升社区教育办学层次。此外，部分地区社区教育学院还具有办学职能，如中高等学历教育、在职人员教育与培训等，参与社区经济建设、文化建设和精神文明建设等。

我国社区学院主要是终身教育的载体和依托，由地方政府主办，社区各方参与，以推进社区物质文明、精神文明和政治文明建设和提高社区成员整体素质为根本宗旨的多功能教育机构。① 近年来，我国业已开展社区教育的地区普遍成立了社区学院。而就建设模式来看，我国社区学院主要有以下几种形式：一是由成人高校和专科院校与地方结合建立的社区学院，这类社区学院集高等学历教育、非学历教育和社区教育于

---

① 刘尧. 我国社区学院发展现状、问题与对策［J］. 复旦教育论坛，2008（2）：42-47.

一体，主要集中在上海、北京等地；二是依托县（市、区）电大分校并整合成人教育、职业教育等资源基础上建立的社区学院，这类学院兼具开展各类成人培训、职业培训及社区教育指导等职能；三是在县（市、区）成人学校、成人培训中心、青少年活动中心及其他教育机构基础上建立的社区学院，这类学院主要通过开展各类成人培训开展社区教育；四是为开展社区教育专门设立的独立建制的社区学院，这类学院的主要任务是开展社区教育的业务指导和培训工作。当然，由于全国各地情况不一，还存在其他建设模式，而且在职能上也存在一定差异。

（三）乡镇（街道）社区学校建设

乡镇（街道）社区学校是社区教育的办学实体，主要负责组织实施社区教育活动，指导村（社区）教学站（点）的工作。主要职能包括：加强社区教育办学实体化建设，开展课程建设、学习团队建设、教学队伍建设，为学习者提供多样化的教学服务；开展丰富多彩的社区教育活动，组织体验学习、网上学习、学习展示、学习节等活动，丰富社区教育内容；开展教学研究工作，引导教师改进教学方法，提高教育质量，提高社区学员的认同度、参与度；为村（社区）教学站（点）提供指导服务，在师资、课程等方面为教学站（点）提供支持。

目前，乡镇（街道）社区学校并没有整齐划一的建设模式，原则上都是依据当地的实际情况，通过整合各种教育资源形成的。总的来说，目前有以下几种组建模式：一是依托当地的成人学校或其他成人教育实体机构，加挂社区学校的牌子，借助成人学校的场地、经费、师资等开展社区教育，这种情况目前在乡镇比较普遍，其特点是人、财、物独立，比较稳定；二是依托文化中心增加社区学校功能，在文化中心设立教室，开展教学活动，与文体活动融为一体，互相促进，这类学校在城市的街道比较普遍；三是依托党员活动中心、图书馆、村民学校、妇女学校等开展教学活动，这类学校没有自己固定的教学场地和设施，学校开放、松散，办学规模有限，这类学校在城市和乡村都比较普遍；四是由政府投资建立独立建制的社区学校，这种情况目前所占比例很小，但学校比较规范，学习条件比较好，是社区学校实体化建设的典范。由此可见，社区学校建设目前还处于自由发展阶段。

（四）村（社区）教学点建设

村（社区）教学点是办学网络的最基层教学实体，又称为“市民家门口的学校”，主要为居民提供灵活便捷的教育服务，组织居民开展各类教育教学活动。教学点一般没有专门的教学设施设备，没有专门的教师队伍，其特点是教学形式多样化、个性化、本土化，教学组织民间化、团队化、非正式化。因此，教学点并非通常意义上的学校，一般是在村（社区）委会等基层单位的组织下，借助社区的活动室、村民中心等，以活动形式开展居民自主学习、协作学习；同时，整合社区里的学校资源、社会资源，送教进教学点。

三、对社区教育办学网络发展的对策建议

（一）加强统筹协调，解决办学网络不平衡问题

社区教育经过多年的发展，办学网络在大部分地区初步形成，但发展并不平衡。目前仍有9个地区至今尚未建立省级社区教育指导中心，这与很多地区早在10多年前就建立指导中心（比如上海2008年建立）形成很大反差；同样，社区学院、社区学校及教学点建设也存在类似情况。由此造成社区教育发展的不平衡是不言而喻的，而且这种不平衡在日益加剧。就办学网络内部而言，从省（自治区、直辖市）到基层社区

所有办学机构的办学能力建设也存在很大差异，通常省级指导中心和社区学院受到的关注度较高，而处于基层的社区学校和教学点建设问题受到的关注度较低，基层办学的突出问题长期得不到解决，造成许多社区教育工作无法落地，社区教育的受众面难以提升，老百姓的学习获得感不强。

社区教育办学网络建设是一个系统工程，解决问题的关键是统筹协调。《中国教育现代化2035》在提出推进教育现代化的基本原则时强调，教育现代化要“坚持统筹推进”，从而为解决社区教育办学网络不平衡问题指明了方向。各地区要将解决社区教育办学网络不平衡问题，作为补齐教育发展短板的重要内容。各级领导要提高对社区教育的认识，把发展社区教育作为教育现代化的重要组成部分，纳入本地区教育发展总体规划，实现社区教育与其他教育融合发展；同时，将社区教育与区域社会发展相结合，实现社区教育与经济社会协调发展。策略上，要根据各地现状突出重点，寻求解决问题的突破口，如政策制定、机制建设等问题；重心下移，将建设的着力点落实在基层，如社区学校的办学体制、办学条件以及师资建设等问题。

（二）加强制度设计，破解办学体制政策性难题

近年来，从国家到地方，相继出台了一系列政策性文件和地方性法规，对社区教育办学网络建设做出了相应的规定。《社区教育发展意见》提出，要建立健全社区教育网络，明确社区教育机构职责定位。但总体而言，目前制度建设的顶层设计不够，存在政策孤岛、政策不配套等问题，造成社区教育突出问题一直难以解决。在办学网络方面，社区教育各级办学机构（如社区学校）的建制问题一直不够明确，大部分缺乏独立的办学地位，办学条件长期难以改善；办学机构中的教师，其身份、

地位、待遇不够明确，职业发展困难，职称晋升渠道不畅；办学机构的场地、经费等问题，主要取决于领导对社区教育的认识和态度，缺乏制度性保障，办学举步维艰，等等。

社区教育办学网络建设存在的问题，不是教育部门本身能够解决的。因此，在制度设计方面，需要提升设计层级，确保政策在各个部门的贯彻落实，通过教育、人事、财政等部门的工作协调，共同破解社区教育办学机构在人财物方面的难题；要加强制度设计的全面性，确保社区教育制度与其他制度的关联性、中央制度与地方制度的协调性，使问题解决顺理成章、水到渠成；要凝聚各方智慧和力量开展社区教育制度研究，梳理存在的问题，借鉴成功经验，破除政策壁垒，找出制度问题的症结所在；要注重先行先试，目前重点是社区教育办学机构的体制、办学能力建设等问题，形成典型经验和做法，形成推广机制和长效机制；要提高认识，提升制度保障的自觉意识，提升制度的科学化水平，形成完善的制度体系。

（三）加强能力建设，提升教学服务专业化水平

我国社区教育从前期的组织发动到全面展开，已经进入了内涵发展的新阶段，这是社区教育进一步发展的必然要求。但目前社区教育办学机构自身的专业化水平还不高，专业化能力不强，不同层面都存在不同的问题。就办学网络中的指导机构来说，其本身多是由开放大学（广播电视大学）以及其他教育机构转型过来的，指导人员对于社区教育特点、规律缺乏真正的认识，对社区教育的实际情况了解不够深入，所以指导的专业化水平有限，精准度不高。从直接从事社区教育教学的社区学校来看，受到办学环境、管理及师资等条件限制，尤其民间师资缺乏教学专业背景，教学的专业化水平普遍不高，课程的专业性、活动的专

业性不强，而在村（社区）教学点专业化程度更低。

这里所说的能力，主要指专业能力，重点强调在社区教育办学网络中的专业指导能力、专业办学能力、专业教学能力等，其中指导能力引领教学服务专业化方向。因此，要研究社区教育的特点和规律，通过课题研究提升办学机构成员社区教育的理论水平和认识水平；注重教学实践，加强社区教育课程建设，形成社区教育课程体系，提升办学机构对于社区教育课程的驾驭能力；加强师资队伍建设，开展专业化培训，拓宽专业视野，促进专业发展，培养社区教育专业师资；突出社区教育办学特点，了解区情、社情、人情，切实把握社区和市民的需求，发挥各类办学机构平台和枢纽作用，进一步提升资源的整合能力；制定社区教育各类办学机构的专业标准，开展机构的标准化、专业化认证，以评促建，以评促改，进一步提升办学能力。

（四）加强载体拓展，提供学习方式多样化服务

随着人们学习需求的不断提升以及学习者的不断增加，传统的社区教育方式已经很难满足这种需求。《社区教育发展意见》指出，要“在组织课堂学习的基础上，积极开展才艺展示、参观游学、读书沙龙等多种形式的社区教育活动，探索团队学习、体验学习、远程学习等模式”。为此，社区教育办学机构近年来也进行了许多有益的尝试。比如为团队学习提供场地和资源，为体验学习建立各种体验基地，为网上学习建立各类数字化学习平台，等等，由此各种新的学习载体不断出现。随着社区教育的进一步发展，社区居民学习方式更加多样化。

为提供多样化的服务，拓展学习载体迫在眉睫。首先是建设学习载体，就是进一步巩固现在的学习载体，在功能上、便捷程度上不断改进，比如在课堂中增加数字化学习载体，充分发挥传统载体的基础性作

用；其次是创新学习载体，就是根据学习者的需求变化，寻求新的学习途径，比如学习者基于网络的体验学习如何实现等，从而提升学习者的认同度和参与度；最后是整合学习载体，就是以办学机构为依托，整合各类学校、社会机构等资源，搭建整合平台，形成更大范围的学习载体。

第二节 培育社区教育多元办学主体

一、社区教育多元办学主体的概念界定

（一）多元办学主体的基本含义

多元办学主体是指承担办学责任的主体由多方组成，是一种由多方相互协同、责任分担、利益共享，从而实现办学目标的办学体制，其本质是一个协同办学共同体。随着我国办学体制改革的不断深化，多元办学主体在许多教育领域已有先例。如在职业教育中，通常由职业院校（政府举办）、企业及行业组织等共同形成办学主体，其中，院校主要承担学生管理及教学工作，而企业着重承担学生实习及就业安排等责任，行业组织主要开展行业指导，职业教育集团化办学就属于这种类型。又如在民办教育中，通常由学校（个人等社会力量举办）、企业及其他民间组织形成办学主体，其中，学校、企业和民间组织更多扮演办学投资者的角色，这种体制是共同融资办学的一种形式。

在社区教育中，多元办学主体的含义与职业教育、民办教育等大致类同，但办学的目的、多元主体的组成略有不同。《社区教育发展意见》提出：要鼓励各级各类学校充分利用场地设施、课程资源、师资、教学实训设备等积极筹办和参与社区教育；同时，要充分利用社会资源，促进图书馆、科技馆、文化馆、博物馆和体育场馆等向社区居民开放，鼓励相关行业企业、社会培训机构等参与社区教育。也就是说，在社区教育中，不仅是各类学校，企业和其他社会力量也是多元办学主体的重要组成部分，这些多元主体参与社区教育主要出于公益目的。在此，我们定义上述学校、企业和其他社会力量为“参与主体”，而社区教育办学

网络中专门从事社区教育的办学机构为“基本主体”，两者责任和作用各有不同，职责各有分工。培育多元办学主体，主要引导更多的“参与主体”参与社区教育。

（二）提出多元办学主体的背景

首先，社区教育的快速发展，市民不断增长的学习需求与教育供给不足的矛盾日益突出。我国社区教育自20世纪80年代从青少年的校外教育，到21世纪面向社区全体成员的全民教育，社区教育依然处于初级阶段。近年来，政府大力推进社区教育，在政策、经费等方面给予有力支持，不断完善办学网络。但总体来看，目前社区教育办学网络所具有的办学能力极其有限，全国大部分地区的社区教育设施落后、师资匮乏、专项经费投入不足等，难以满足社区居民的多样化学习需求。在这种背景下，如何充分开发和利用社区内各类资源服务社区教育，成为我国社区教育面临的首要问题。

其次，我国社会治理创新的新进展，推动社区教育治理体系变革。党的十八大以来，以习近平同志为核心的党中央提出社会治理新思想，大力推进社会治理新实践，多方面开拓社会治理新境界。社会治理创新的重要内容，就是转变政府职能，引导社会各方共同参与治理。“推进国家治理体系和治理能力的现代化，势必要求国家在各个重要领域，包括教育领域都要深化改革。”[①] 一方面，政府在社区教育发展中始终承担主导责任，这是必需的；另一方面，政府不可能承担无限责任，更不可能包揽一切，这就要求政府善于调动社会各方面资源，培育各类社会组织，建立协商合作机制，实现从单一主体办学向多元主体协同办学的

① 陈乃林．创新社区教育治理体系略论［J］．职教论坛，2014（15）：50-53.

转变。

最后，近年来社会各方参与社区教育的实践，为多元办学主体的形成奠定了良好的社会基础。随着社区教育的发展，社区教育办学的边界正在向外延展。如社区主动引进高校教师进社区，建立社区教育讲师团，开设各类讲座；社区中的各类学校向社区开放图书馆、体育场馆等，解决社区教育场地资源不足的问题；社区与各类企业、博物馆、展览馆等建立合作共建关系，建立实训基地、体验基地、社会学习点、游学、人文行走学习路线等；社区与社会组织合作，通过购买服务等方式，促进社会组织融入社区教育；等等。在社区教育发展进程中，社区中各类教育机构和非教育机构已经直接或间接地为社区教育提供了各种服务，成为社区教育不可或缺的、强大的教育力量。

（三）培育多元办学主体的意义

第一，有利于充分整合社会资源，提高社区教育有效供给。目前，社区教育供给不足，主要体现在办学容量几乎饱和或者严重不足、教学水平层次不高，这种状况仅靠社区教育办学机构自身是难以改变的，这也是社区教育发展中长期存在的瓶颈问题。因此，依托社区中各类学校、企业单位、文化机构等社会组织形成多元办学主体，可以获得更多的场地资源、更丰富的课程资源和更优的教师资源服务社区教育，是实现有效供给的重要途径。

第二，有利于调动社会各方积极性，形成大教育格局。从属性来看，社区教育面向人人开展各类教育活动，是一个开放性、多样性、综合性的大教育系统，即从时间上看是服务人的一生的终身教育，从层次上看是各级各类教育，从内容上看是多样化教育，而大教育需要大平台、大资源的有力支撑。因此，动员社会各方力量积极参与，共同承担社区教育的办学责任，是形成大教育格局的必要前提。

第三，有利于形成长效机制，促进社区教育持续发展。通过积极培育，把多元办学主体作为社区教育办学的基本体制，做到制度化、常态化，进一步完善社区教育的办学机制，提升社区教育的办学能力，形成全社会支持社区教育的良好氛围，确保社区教育学习资源日益丰富、学习人群有效拓展、学习效果不断放大，从而形成社区教育的良性循环。因此，把多元办学主体的办学体制作为新常态，是社区教育可持续发展的根本保证。

二、社区教育多元办学主体的服务内容

（一）为社区教育提供物力支持

物力支持主要指社区教育所需要的经费、场地、器材等办学条件支持。关于物力支持，不同的参与主体其支持的能力是不一样的。一般而言，公办体制下的办学机构和其他机构，物质条件比较优越。比如，公办高等学校、职业学校和中小学，运动场馆、舞蹈房、计算机室、多媒体教室、实训室等比较齐全，这些资源在晚上或周末、节假日比较空闲，可为社区教育所用；企业的文化设施、职工之家、部分工作场所可为社区教育共享；文化馆、展览馆、博物馆、园艺场、农业生态园、公园等，可作为社区教育开展参观活动、体验学习、人文行走、游学等的天然场所。民营体制的企业、民间组织，则可以通过捐资方式提供物力支持，也可以为社区教育办学机构提供设施设备的支持。

（二）为社区教育提供智力支持

智力支持主要指社区教育所需要的师资、技术、艺术等人才资源支持。一般而言，作为社区教育参与主体的各种机构，人力资源是比较丰

富与独特的。比如，各级各类学校可以组成讲师团，下社区为市民服务，或者帮助社区培训师资等。在我国，全国有数十万名高校教师、数以百万计的中小学教师，倘若其中一部分组成志愿教师队伍，利用节假日等时间充分发挥其教学特长，不失为一笔相当可观的教育资源。同时，学校等社会组织也可以为社区教育承担网络平台资源等技术性服务，帮助社区解决技术难题。企业则可以提供与经营活动相关的培训师，深入社区开展相关知识培训，如投资理财、养生、环保、卫生等。民间组织一般拥有掌握独特技能的艺术家或艺人，如书法家、画家等，是社区教育一支不可或缺的师资力量，扮演着重要的角色，因此民间组织是社区教育办学主体的重要成员。

（三）为社区教育提供资源支持

资源支持主要指社区教育所需要的课件、资料等学习材料支持。关于学习资源，不仅学校的教材、课件，而且企业、场馆的资料，都可以作为学习资源，这也是社区教育的特点决定的。学校几乎拥有从学前教育到老年教育各个方面内容的课程资源，形式涵盖纸质、多媒体等，企业、场馆一般都有教育片、宣传片等宣传材料，这些资源在各类社会组织中很丰富，都可以转换成学习资源，不失为社区教育的“现成学习资源”。社会中蕴藏着丰富的可供学习的资源，这些资源分别属于不同的办学主体，在操作上可以遵循“不为所有，可为所用”的共享精神，使不同办学主体的资源有效地运用起来，服务社区教育发展。

三、社区教育多元办学主体的培育策略

（一）建立运行机制，促进多元办学主体协调发展

多元办学主体通常由若干相互独立的社会组织通过整合组成，是一

个协同办学的共同体，其构建过程是若干单体形成整体的磨合过程。社区及社区教育办学机构在开展社区教育过程中，需要与参与主体在一定的平台上进行沟通与协同，也就是有效运行机制的保障。

形成融合机制，就是社区与参与主体之间以及多元主体之间相互了解、相互兼容的方式或策略。社区在开展社区教育过程中，要主动引导各类社会组织参与进来，让它们了解社区和社区教育的需求，增进对社区教育的认识，提升自身的社会责任感，增强参与社区教育的主体意识，从而促进它们主动融入社区；同时，社区要为多元办学主体建立沟通平台，让它们建立互补互促关系，充分发挥各自的优势和特点，实现相互之间工作的有效衔接，实现多元办学主体的倍增效应。

完善合作机制，就是社区与参与主体之间建立相互联系、相互作用的关系，通过整合资源协同完成社区教育各项任务的方式或策略。为形成有效合作机制，要强化主体意识，社区要促进社会组织主动、能动地参与社区教育工作，使它们明确自己的主体责任；要创设参与机会，社区要为社会组织参与社区教育创造条件，如吸收它们成为社区教育管理机构的成员，参与相关会议研讨，使它们深度投入社区教育；要加强分工协作，多元办学主体依据自身的资源优势参与社区教育，各有分工，各负其责；要实行项目驱动，各办学主体可以通过培育学习项目，寻求参与社区教育的途径，打造社区教育特色。总之，合作机制具有过程性、灵活性和长效性等特点，要充分体现自我完善、自我优化的能力。

强化激励机制，就是社区在政府的支持下，为鼓励社会各类组织参与社区教育、调动它们的积极性所建立的动力系统和策略。建立激励机制，就是不断激发社会组织的参与动机，提高它们投身社区教育的自觉性。根据激励理论，激励可以从社会组织和个人的需要出发，形成动力机制。为满足发展的需要，政府可以为社会组织提供政策支持，如经费扶持、税收优惠，为个人晋升提供优先通道等；为满足尊重的需要，政府可以向社会组织及个人授予荣誉称号，畅通宣传渠道，提升其社会价值和认同感，为再发展奠定基础。近年来，很多社会组织在参与社区教育过程中，既服务了社会，又获得了自身的发展。激励机制是多元办学主体运行的润滑剂、持续发展的动力源。

（二）探索服务模式，促进多元办学主体内涵发展

多元办学主体参与社区教育，就是将自己优质的教学资源与社区实现共享，以便捷、有效的途径与方法实现社区教育各项服务，从而将社区教育教学工作落实落地。这里的服务模式，主要指根据社区教育的特点，在教学过程中形成的社会组织参与社区教育途径与方法的策略方案，其基本特点是具有可参照性、可借鉴性和可重复性。探索服务模式，有助于形成社会资源供给与社区教育需求的结合点，提高社会组织参与社区教育的效率。

课程配送模式，就是社会组织送教进社区的一种方法，包括配送师资、配送资源等。在具体操作上，既可以由社会组织提供课程配送清单，社区按需自主选择；也可以社区提出学习需求，社会组织量身打造课程，实现定向配送。目前，社区中开展的社区讲堂、网上资源配送等都属于配送模式，给学习者创设了便捷的学习机会。为实现有效配送，需要在一定范围内建立课程配送系统，实现配送工作的科学性、有序性。

教学引进模式，就是社会各类组织将社区教育引入本单位，依托自身的教学场地和设施提供社区教育服务。在提供的内容上，既可以是一种物力上的支持，也可以是包括智力和资源在内的全面服务。近年来，

企业提供工作场所开展各类技能实训，博物馆、展览馆开放场馆开展体验学习、人文行走等，使社区教育的课堂向各个方面延伸，有效地拓展了社区教育空间，开阔了社区教育的视野，促进了社区教育与社会的深度融合。

购买服务模式，就是社区通过发挥市场机制作用，把社区教育的一部分教育项目，按照一定的方式和程序，交由具备条件的社会组织承担，并由社区依据服务协议向服务方支付费用。购买服务模式职、权、利清晰，可以有效整合社会优质教育资源，调动社会各方的积极性，有利于通过竞争机制提升服务质量，也有利于进行责任监督。

（三）加强制度规范，促进多元办学主体健康发展

社会组织参与社区教育，既是一种自愿行为，更应该是一种规范行为，因为社区教育关乎社会稳定、社区文明和市民生活，体现价值导向。近年来，随着社区教育需求的不断增长，社会各类组织参与社区教育日益增多，成为社区教育一支不可或缺的主体力量。但多元办学主体作为社区教育的一种新型办学体制，强化制度保障和约束，既有利于参与各方有依可循、约束行为，更符合社区教育有序发展的要求。

突出公益原则，就是社会各类组织以承担社会责任、服务社会发展为出发点，把参与社区教育作为服务社会、服务市民终身学习的公益活动。一方面，社会组织参与社区教育不以营利为目的，体现奉献精神、关爱精神；另一方面，公益性与收费也不是对立的，社会组织在服务社区教育过程中，依据相关规定可以收取一定的人力、材料等成本费，比如购买服务模式，以确保公益活动的可持续性。

强化过程管理，就是加强对社会各类组织参与社区教育教学工作行为的调控和把握，明确参与主体的主体责任，健全各种机制，落实各项

措施。特别强调，教学内容要符合社会主义核心价值观和正确的导向，体现政治性、科学性、娱乐性；同时，场地、设施既要符合教学需要，更要符合安全标准，确保学习者的人身安全；此外，还要加强对教师、学员的管理，加强责任意识。由于参与主体一般来自社区教育系统之外，因此，社区及社区教育办学机构要把它们纳入社区教育管理体系，以防止出现管理真空。

加强权益保障，就是保障社会各类组织参与社区教育的合法权益，包括参与社区教育的权利、教学人员受到尊重的权利、知识产权受到保护的权利，以及获取合理回报、受到认可的权利等。社区和社区教育办学机构要为社会组织提供优良的教学上、生活上的服务。社会组织参与社区教育，是一个知识输出的过程，加强权益保护，有利于新技术、新知识、新理念不断进入寻常百姓家。

注重服务效果，就是社会各类组织在开展社区教育过程中，以需求为导向，贴心服务、精准服务，让学习者真正学有所获，学有所乐；同时，还能积极服务当地的社会建设。要建立多元办学主体参与社区教育的绩效评价体系，重点考量让人民群众有更多的学习获得感。

第三节　统筹共享社区综合服务资源

一、社区综合服务机构概述

（一）社区综合服务中心的发展

随着我国社会体制和经济体制的改革，人们由“单位人”成为“社会人”，社区建设逐步成形，成为人民群众解决问题的地点和窗口。早在2007年，国家发展改革委、民政部发布的《“十一五”社区服务体系发展规划》就提出，要通过新建、改扩建、购置、合并调整等多种形式，逐步建立社区综合服务中心（站）。近年来，我国城乡社区综合服务中心如雨后春笋般出现，旨在以社区为单位提供各类公共服务，实现便民惠民。从属性上看，一方面，社区服务中心作为场地与设施，是便于社区成员获取社区服务信息的查询、处理平台，是社区服务供给者发挥作用的舞台；另一方面，社区服务中心又作为组织机构，是社区服务供给方的组织、指导与协调者，也是社区服务需求的受理者。

目前，我国各地社区综合服务中心（站）基本建成。从总体来看，社区综合服务中心（站）构建了一个面向社区的分工协作的公共服务网络，成为社区公共服务的重要组成部分，这也是社区职能强化的具体表现。从纵向来看，市（区）及乡镇（街道）建立社区综合服务中心，居委会及其他各类基层社区建立社区综合服务站。而从横向来看，结构则不完全相同，有的地方建立了社区综合服务中心（站），功能比较齐全，场所相对集中；有的地方在社区综合服务框架下，建立了具有不同职能的社区服务设施，如社区事务受理服务中心、社区文化活动中心、社区卫生服务中心、党员服务中心等，近年来又出现了社区慰老服务中心等。

（二）社区综合服务中心的功能

社区综合服务中心自开始建设起，其功能一直是比较明确的，只是在不同层级略有不同，市（区）层面的综合服务中心处于相对上层，功能比较宏观一些，执行和落实各级政府支持社区发展的有关政策，指导、组织和监督街道、社区两级服务中心（站）开展社区服务，其特点是以规模化、特色化服务为主，承担着指导服务、管理监督等责任。

关于街道服务中心的功能，国务院办公厅《关于印发社区服务体系建设规划（2011—2015年）的通知》提出了完善的意见：（1）采集汇总社区基础信息，办理社会管理和公共服务事项；（2）开展文化体育、医疗卫生、计划生育、劳动就业和社会保障、社会服务、生活便利等服务活动；（3）培育发展社区社会组织，指导和协调社区服务站、社区社会组织开展服务项目。同时，通知还提出完善居委会及其他各类基层社区服务站的以下主要功能：（1）组织居民开展民主议事、纠纷调解、公益慈善、邻里互助、志愿服务等活动；（2）代办代理公共服务事项，保障各项公共服务覆盖到社区全体居民；（3）为社区居民提供文体教育、健康休闲、养老抚幼、困难帮扶、信息邮政、家庭服务等便民利民服务；（4）为社区党组织和自治组织提供办公和活动场所；（5）采集基础信息，反映居民诉求。

（三）社区综合服务中心的特征

第一，布局网格化。就是社区综合服务中心以网络化实现全覆盖。按照人口规模适度、服务管理方便、资源配置有效、功能相对齐全、社区居民自愿的要求，以市辖区、县级市为单位，依据城乡规划和土地利用总体规划，合理确定社区服务设施的数量、选址布局、建设方式、功能划分。根据社区服务工作需要，居委会层面建设一个综合性、多功能的社区服务站，每个乡镇（街道）至少建设一个综合性的社区服务中心。

第二，功能综合化。就是社区综合服务中心实现全功能设计与运作。在建设规划中，充分利用社区已有设施，提高街道社区服务中心、社区服务站以及相邻社区服务设施之间的共享程度。通常情况下，所有以社区为对象的公共服务、便民服务、志愿服务均在综合性社区服务设施中提供，加强各类服务资源整合，避免重复建设。

第三，服务公益化。就是社区综合服务中心提供的服务是公益性服务。随着市场经济的发展与政治文明的进步，社区政务与商务已转由专职主体组织提供服务，市场运营的生活服务与大部分的政务类事务性工作从社区服务中心剥离，从而还社区服务公益化的本原。因此，社区建立综合服务中心，是党和政府以人民为中心宗旨的充分体现，是政府给广大人民群众提供的福利，是实现人们对美好生活向往的重要举措。

二、服务中心社区教育功能的拓展

（一）社区教育功能拓展的意义

第一，有利于资源整合。受社区人力、物力、财力的局限，目前很少有社区独立建立一所社区学校或教学点，因此，依托社区综合服务中心实现社区教育功能，可以充分运用社区各类公共资源，形成一体化的社区教育载体。教育部等九部门出台的《社区教育发展意见》指出，要“充分利用社区文化、科学普及、体育健身等各类资源，发掘教育内涵，组织开展社区教育活动，实现一个场所、多种功能，促进基层公共服务资源效益最大化”。

第二，有利于提升效率。社区综合服务中心“布局网络化、功能综合化、服务公益化”的特征，也是社区教育实现“人人皆学、时时可学、处处能学”的最佳选择。借助这些特征，社区教育可以有效提高市民的认同度、参与度和满意度，大大提升社区教育的运行效率，实现社区教育效应的不断放大。

第三，有利于多元融合。在社区综合服务中心中，社区教育开展于社区各类活动之中，可以实现教育与文化、教育与体育、教育与卫生、教育与养老等领域的深度融合，进一步拓展社区教育的视野，激发社区教育的活力，加快社区教育的方式创新，实现社区各项工作协调一致，实现社区教育与其他活动融合发展。

（二）社区教育功能拓展的思路

第一，功能预设。就是在社区综合服务中心的功能设置中预设社区教育功能。目前，很多地方的社区综合服务中心，都预设了社区教育功能，如在硬件上整合区域资源引进图书馆，建立多功能教室、电脑房、琴房、舞蹈房、书画室、语音室等，在机构设置上设立市民学校、老年学校、青少年教育中心、再就业培训中心等，在服务内容上开设各类课程班、讲座、讲堂等。就目前情况来看，文化活动中心都具有预设社区教育功能的条件。功能预设是对社区综合服务中心进行全面设计的结果，是值得借鉴的做法。

第二，功能叠加。就是在社区综合服务中心原来功能的基础上叠加社区教育功能。如市民阅览活动等文化功能，健身活动、体育比赛等体育功能，健康宣传与咨询等卫生功能，社区治安等警务功能等，在慰老服务中心中通过为老年人服务开展养教结合等，都可以通过环节和活动改造叠加社区教育功能，从而在社区综合服务中心中开展形式多样的社区教育。

第三，功能再造。就是在社区综合服务中心中增设社区教育所需要的硬件、机构和课程，从而适应教育发展的要求。

（三）社区教育功能拓展的方式

首先，以社区综合服务中心为基础设立专门的社区学校，与综合服务中心实行两块牌子、一套班子的管理模式。建立社区学校，就是依据社区教育机构设置的要求，形成社区教育管理机制、教学系统、师资队伍、课程模式、教学方式等，实现社区教育规范化、标准化管理，条件成熟的社区适合这种方式。从效果来看，这种方式有利于突出社区教育的功能，提升社区教育的地位和作用，提高社区教育的专业化水平，有利于与各级社区教育机构的对接。

其次，建立综合性教育机构。随着社区功能的增强，在社区中一般同时存在面向不同系统的教育机构，如党员教育中心、妇女学校、老年学校、青少年校外教育机构、科普学校等，这是社区对各类人群开展专门教育的载体，其中也有社区教育的成分，是社区综合服务中心的功能之一。从满足不同系统的要求出发，可以把这些机构整合在一起统一管理，形成社区教育联合体，承担社区教育的职能，有利于实现各类教育的融合。

此外，还可以建立合作办学机制。教育部等九部门在《社区教育发展意见》中指出，要“鼓励相关行业企业参与社区教育。引导一批培训质量高、社会效益好的社会培训机构参与社区教育；探索开放、可持续发展的资源共享模式，不断扩大社区学习资源供给”。社区综合服务中心可以引进各类教育机构，通过委托等方式，形成社区教育合作办学机制，实现社区教育功能。这种方式，有利于充分调动社会资源，形成多元办学主体的体制和机制。

三、社区教育与社区服务协同方略

（一）加强设施统筹，构建社区教育与社区服务一体化载体

社区综合服务中心作为综合性的社区服务机构，各级政府在建设或改造过程中，要听取各方面的意见，考虑各方面的需要，并进行统一规划、整体布局。从社区教育发展来看，就是要在服务中心中增加社区教育功能，其设施既可用于文化、体育或科普等活动，也适合社区教育教学活动，做到一个场所多种用途，这是一体化载体的硬件保证。

为实现设施统筹协调，服务中心可实行一体化管理模式，多块牌子、一套班子，对各种设施进行统一管理。在具体安排上，根据各项工作的轻重缓急统一调度、统一协调，既保证社区教育教学的需要，也满足其他社区服务工作的开展。加强统一管理，是使各项设施充分运用、实现中心效益最大化的重要保证。

社区综合服务中心设施在布局上也要讲究合理性，以提高使用效果。一是布局的独立性，就是社区教育也要建立一定的独立空间和设施，在条件许可的情况下尽可能创设，这是保持社区教育特点的重要体现；二是设施多功能，就是社区教育设施也可用于其他活动，以提高社区教育与其他社区活动的融合性；三是便捷性，就是在布局上社区教育可以很方便地使用服务中心的其他设施，与其他活动不会产生交差干扰。

（二）实现资源共享，形成社区教育与社区服务整体化格局

社区综合服务中心涉及各种类型服务活动，蕴藏着丰富的资源。首先是人力资源，比如开展文化艺术活动的艺人、艺术家，开展工艺制作的工匠、工艺师，开展医疗服务的医生，开展法律援助的律师等；其次是各类项目，如非遗项目、健身项目、卫生项目、法律项目等；还有就

是活跃在社区的各种活动组织、民间社团等。通过资源共享，可以极大地丰富社区教育的人力资源和课程资源，不仅进一步拓展了社区教育的空间，而且提升了社区教育的品质。

为实现资源共享，需要探索有效机制，促进各类资源服务社区教育。政府需要加强有序引导，包括提供政策支持，加强激励措施，提供便捷服务，为各类资源服务社区教育搭建平台；同时，社区教育机构要因地制宜，探索资源共享的途径和方法，为各类资源服务社区教育形成有效机制。目前，很多社区为艺人建立的工作室，为律师建立的法律咨询室，以及心理咨询室等，都在政府引导下、社区运行下积极服务社区教育。因此，为实现资源共享，还需要不断探索。

（三）强化服务联动，促进社区教育与社区服务协调发展

服务联动，就是强调社区教育机构与社区综合服务中心共同发挥作用，形成社区服务的整体效应，既有利于提高服务效率，也有利于社区教育与各项服务的协调一致，对于社区教育的健康发展、可持续发展具有非常积极的意义。目前，社区教育机构与社区综合服务中心在某些领域具有一定联动，比如社区教育与文化活动、体育活动、亲子活动等联动，通过各种教育活动开展服务。近年来，社区教育通过将课程送到社区慰老服务中心开展养教结合工作，形成了社区教育与社区养老的有机结合。因此，未来服务联动是激发社区教育活力的重要源泉和新的动力。

教育部等九部门在《社区教育发展意见》中指出，要丰富社区教育内容，“广泛开展公民素养、诚信教育、人文艺术、科学技术、职业技能、早期教育、运动健身、养生保健、生活休闲等教育活动，提升居民生活品质，推动生活方式向发展型、现代型、服务型转变。积极开展面

向社区服务人员、社区志愿者、社区社会组织成员的教育培训，增强其组织和服务居民的能力”。这就是说，社区教育已经渗透到社区居民的方方面面，与各项服务密不可分。因此，社区教育内容的不断丰富和拓展，也为社区教育服务与其他社区服务联动提供了前提。

第四节　完善社区教育支持服务保障

一、形成形式多样的经费投入机制

（一）社区教育经费投入的现状与问题

教育经费的投入是教育事业发展的最基本保障，教育经费的多少直接影响教育事业发展的速度和规模。近年来，随着社区教育的不断发展，社区教育经费也逐步纳入政府预算的渠道。从全国来看，大部分地区政府拨出专款用于社区教育，部分地区虽然标准偏低，但也有了一定的政府投入。教育部在《社区教育示范区评估标准（试行）》中指出，要“保障社区教育经费的投入，区（县、市）财政按常住人口每年人均不低于2元标准设立社区教育专项培训经费，并落实到位；建立多渠道筹措经费的机制。经济发达地区，在此基础上进一步增加社区教育经费的投入”。目前，经济发达地区早已超过人均2元标准，而贫困地区还远没达到这个水平。总体来看，较之普通教育而言，社区教育经费投入还处于较低水平。

在我国社区教育发展过程中，政府发挥了主导作用，有力地开创了社区教育发展的良好局面，也奠定了社区教育发展的基础。但强势政府在主导社区教育发展的同时，也造就了市场的弱化。从全国各地社区教育经费投入渠道来看来，政府投入占了绝大部分，而社会和个人仅占很小一部分。在社区教育发展之初，政府主导投入也是必需的，但长期如此也不利于调动社会各方的积极性，这与国外多元投入社区教育形成鲜明对比。比如，美国的社区学院除政府投入外，有四分之一的经费来源于学生学费，而剩下的四分之一则由私人捐助和社区学院自身创收而来；德国社区教育经费的来源非常“多元化”，国家举办的乡镇基层组织，政党的基金会，私人企业、工商会，教会等是社区教育经费投入的主要来源。①

社区教育经费的有效管理与使用，直接影响一个地区社区教育的发展。提高有限的社区教育经费的使用效益，把有限的资金用于当前社区教育发展急需的地方，用于社区教育发展最重要的方面，就能用小钱办大教育，从而使广大市民获得最大的实惠。整体而言，我国各地社区教育的发展水平存在很大差异，原因之一与社区教育经费的使用效益有很大关系。其中，近年来有限的社区教育经费用于庆典、大型活动、论坛等比例过大，影响了市民学习所需要的经费支持。有的地方社区教育经费常常被其他教育项目挤占，结果使社区教育发展的经费严重不足。因此，社区教育经费的使用还存在不尽合理的现象。

（二）社区教育经费投入的政策与导向

我国政府对于教育经费投入一直高度重视，早在1993年，中共中央、国务院发布的《中国教育改革和发展纲要》指出：“逐步提高国家财政性教育经费支出（包括：各级财政对教育的拨款，城乡教育费附加，企业用于举办中小学的经费，校办产业减免税部分）占国民生产总值的比例，本世纪末达到百分之四。”这意味着，教育经费被明确纳入国民经济发展总体规划中。长期以来，教育经费一直成为政府、社会关注的重点，并逐步实现与国民经济同步增长，这也为社区教育经费投入提供了政策依据。加强包括社区教育在内的教育经费投入，是我国政府的一贯政策。2014年教育部《关于推进社区教育工作的若干意见》、

① 杜颖. 社区教育经费投入机制研究［J］. 课程教育研究，2018（36）：17-18.

2016年教育部等九部门《社区教育发展意见》等推进社区教育的重要文件，都特别强调要加大社区教育经费投入。在国家政策的推动下，各地在推进社区教育的指导意见中，都对经费投入提出了要求，促进了社区教育经费的有效增长。

同时，我国的教育政策强调，在政府主导下要依靠社会各方力量共同支持教育发展。《纲要》指出，“要健全以政府投入为主、多渠道筹集教育经费的体制，大幅度增加教育投入”。关于社区教育经费投入机制，教育部门也提出过明确的要求。2014年，教育部《关于推进社区教育工作的若干意见》指出：“要充分发挥政府扶持和市场机制的双重作用，采取‘政府拨一点，社会筹一点，单位出一点，个人拿一点’的办法，建立以政府投入为主，多渠道投入的社区教育经费保障机制。”2016年，教育部等九部门《社区教育发展意见》提出：“要进一步拓宽经费投入渠道，建立健全政府投入、社会捐赠、学习者合理分担等多种渠道筹措经费的社区教育投入机制，加大对社区教育的支持力度，不断拓宽社区教育经费来源渠道。”形成形式多样的经费投入机制，是国家教育政策的一贯要求。

（三）完善社区教育经费投入机制建议

建立完善、科学、合理的社区教育经费投入机制不仅能够保证社区教育的顺利运行和发展，还能够推动我国社区教育机制的改革与创新。政府是社区教育经费投入的主体，也是经费投入机制创新的基础，各级政府需加强对社区教育的统筹领导，按照地区人口比例将社区教育经费列入本级政府教育经费预算，关键是保障社区教育经费正常投入，每年能稳步递增。同时，政府要充分体现对经费统筹与引领的作用，让社会各界关心社区教育，尤其是引导企事业单位、民间组织参与到支持社区教育的行列中来。比如，引导社会组织成为社区教育机构的成员参与管理，与社区教育机构形成利益共同体实现合作共赢，建立社区教育民间支持基金等。“因此，政府需要在经费投入与运作、资源配置、融资统筹等方面显示出原则性与灵活性的高超艺术。”①

经费投入机制还包括各方协同对社区教育经费的有效管理，坚持重点保证与全面兼顾的结合。在我国现行的教育体制和社会环境下，期待社区教育政府经费短期内大幅提高或者社会各方提供大量资助是不现实的。因此，在政府经费有限、其他投入一时难以保证的情况下，必须处理好重点与一般的关系，让有限的资金发挥更大的作用。政府需要与社会各方协同管理，就是根据社区教育的发展要求，集中一定的财力确保重点项目、重点地区，比如民间资本扶持落后地区建立社区机构、建立社区教育资源等，以形成社区教育的引导力量；同时，考虑到社区教育的持续全面发展和教育的公平性，经费投入也需要在面上充分予以落实和体现，切勿形成社区教育新的两极分化。由此，要形成重点保证与全面兼顾相互支撑、相互促进的局面，体现经费投入的灵活性与稳定性。

加快社区教育投入还需要建立长效管理机制，就是对社区教育经费进行过程管理、绩效管理。随着我国社区教育的不断推进，经费投入已经成为社区教育持续发展的重要保证。因此，在加强经费投入的同时，要建立社会各方对社区教育经费使用的监督机制，让它们有充分的发言权，提高社会各方的参与度，从而提高社区教育经费的使用效益。在具体措施上，要建立完善的管理体制形成经费投入的保障力，健全的管理制度形成经费执行的约束力，专业的管理队伍形成经费运行的指导力，

---

① 宋亦芳．社区教育政府经费的使用效益研究——以上海市长宁区为例［J］．中国职业技术教育，2013（3）：47-50.

科学的评价体系形成经费使用的监督力，从而形成“体制保障、各方参与、制度约束、评价监督”的长效管理机制。

二、扩大社区教育资源和学习场所

（一）社区教育资源和学习场所的基本现状

社区教育资源和学习场所，主要是指在社区内发挥教育功能的教学课程和资料、教学环境和设施等的总和。社区教育资源和学习场所是开展社区教育的基础和条件，是社区教育服务体系的重要组成部分。资源和学习场所的好坏直接影响社区教育的开展和效果，关乎社区教育能否体现公平性、普惠性的原则，是实现“人人皆学、时时可学、处处能学”学习型社会的重要保证。社区教育资源和学习场所建设，是教育资源和社会资源重新整合的过程，关系到资源合理配置的问题，关系到资源和学习场所的作用是否有效的问题，关系到社区教育稳定发展和可持续发展的问题。

近年来，随着社区教育的发展，社区教育资源和学习场所的开发和利用越来越受到政府和社会的重视。目前，我国社区教育资源和学习场所主要有专门的和非专门的两类。专门的社区教育资源和场所主要集中在社区教育办学网络中，如省、市（地）的社区教育指导机构、县（市、区）社区学院、乡镇（街道）社区学校、村（社区）教学点，其中资源建设在省、市（地）、县（市、区）开展较多，而学习场所主要集中在乡镇（街道）和村（社区）两级，部分地区的省、市（地）开放大学（广播电视大学）、县（市、区）社区学院也提供一定的学习场所。非专门的社区教育资源和学习场所主要指社区教育办学网络以外的、能发挥社区教育功能的社会资源和场所，如各级各类学校、行业企业和其他社会力量提供的课程、图书馆、体育场馆、展览馆等，这些资源和学习场所一般通过共享与合作获得。

（二）社区教育资源和学习场所存在的问题

自2000年教育部开展社区教育实验工作以来，通过多年的不断推进和深化，各地的社区教育资源和学习场所有了一定的改善。但与社区教育发展相比，与人民群众日益增长的学习需求相比，仍然存在许多不足。

首先，社区教育资源数量有一定增长，但资源的内涵与学习需求有一定距离。近年来，各地通过自建、共建、购买等途径，逐步建立起社区教育资源，形成了一批特色课程，建设了一批优秀的教材、数字化学习资源。但从内容上看，资源与居民的实际需求还不能完全匹配，比如有些资源知识性过强不适合社区居民，有的资源内容陈旧脱离现实需求；从形式上看，资源的表现形式单调、类同，比如课件以简单的视频为主，以简单讲解为主，或类似于学校资源，对社区居民的吸引力不足；从师资来上，社区教育缺乏专职教师，多为兼职，针对社区学习对象开展教学的经验不足，业务水平不高，资源建设能力不强，制约资源建设工作。因此，社区教育资源建设还处于探索阶段，还很不成熟。

其次，学习场所得到一定改善，但总体上办学条件比较差，功能不够健全，且各地发展参差不齐。省、市（地）开放大学（广播电视大学）、县（市、区）社区学院办学条件相对较好，但体量有限，无法提供更多的社区教育服务。作为社区教育主阵地的乡镇（街道）社区学校、村（社区）教学点，条件一般都不尽如人意。其中，乡镇（街道）社区学校办学场地严重不足，大部分与党员服务中心、文化中心、图书馆等其他机构合用或借用，多数社区学校体制不独立，经费、师资短缺；村（社区）教学点条件更艰难，很多地方没有教学点，居民无法就近参与社区教育。

最后，社区教育共享机制尚未形成，社会资源和场地不能为社区教育提供服务。长期以来，多数学校实行封闭式办学，学校设施很少向社会开放，导致学校设施闲置，不能为社区所用。我国社区很少真正建立起一套科学合理的社区教育管理制度和运行机制，各地区、各部门之间配合、协调不够，各自为政，造成社区教育无法共享社区中的场馆、设施。因此，社区教育资源和学习场所普遍存在自身不足、拓展不畅的状况。

（三）扩大社区教育资源和学习场所的举措

首先，加大投入，建设社区教育主阵地。社区教育作为一项公益性的事业，必须有经费投入作为保障，为此政府应该要有所作为，政府既可以直接投入，也可以引导社会各方投入。投入的重点是乡镇（街道）社区学校、村（社区）教学点建设，建设社区教育的资源体系。只有这样，社区教育发展才有坚实的基础，才能有效扭转社区教育相对落后的局面。

其次，多方协同，形成社区大教育网络。社区教育是社会管理的组成部分，是全社会的一项公益事业，需要以大教育的理念动员全社会广泛参与，这也是社区教育属性所决定的。各级政府以及社区教育办学机构，要通过制度建设和机制建设，使社区中的各种教育资源、教学场所都能主动为社区教育服务，从而使社区教育服务体系成为一种大教育网络。

最后，加强融合，搭建社区教育大平台。社区教育是推进社区两个文明建设、提升居民文化素质的重要载体。社区教育办学机构要充分发挥社区教育的载体作用，通过把教育的元素渗透到社区建设中，即通过社区教育与社区建设的融合，使社区教育成为社会各方参与社区工作、展示成果的大平台，从而形成社会各方面力量共同支持社区教育格局，实现社区教育资源和学习场所的有效拓展。

三、促进社区教育与社区治理融合

（一）社区教育融入社会治理的必然性

社会治理创新是党的治国理政战略。党的十八届三中全会指出，要加快形成科学有效的社会治理体系，改进社会治理方式，坚持系统治理，加强党委领导，发挥政府主导作用，鼓励和支持社会各方面参与，实现政府治理和社会自我调节、居民自治良性互动。党的十九大提出，要加强和创新社会治理领域，建立共建、共治、共享社会治理格局。近年来，我国社会治理创新取得积极进展。就社区而言，创新社会治理，就是以社区居民为本，不断通过改进服务来满足居民对社区服务的高要求，这也是社会治理创新的出发点和落脚点。

社区教育的属性告诉我们，社区教育以社区为范围，以社区全体成员为对象，以建设和发展社区、全面提高社区成员素质和生活质量为目的。从这个意义上来看，社区教育是社区发展、社区生活与教育的有机融合。社区教育的属性决定了社区教育对社会治理的意义，就是要不断提升社区教育对社区发展的积极作用。因此，社区教育的持续发展在于不断融入社会治理中。长期以来，社区教育主要以教育部门为主，但教育部门资源有限，无法满足社区居民的学习需求。所以，社区教育也需要共建、共治、共享。一方面，通过社区教育促进社会治理创新，另一方面，通过社会治理创新推进社区教育治理体系的变革。

（二）社会治理视野下的社区教育治理

社区教育要融入社会治理，关键是社区教育治理体系要创新，社区教育也需要从“管理”向“治理”转变。从主体看，管理主体单一，主要指政府，治理主体则是多元的，除了政府，还有社会组织、公民个体、企业公司等；从主体之间关系看，传统管理的主体与其他管理组织之间是不平等的关系或者隶属关系，而治理主体之间则是一种平等的关系；从运作方式看，传统的管理方式一般是单向的、垂直的、指令性的，而治理方式则是复合的、包容的、协商协作的；从作用范围看，传统的管理限于政府权力所能及的领域，具有权威性、强制性，而治理的范围则更加宽泛，因而社会参与度、关注度也更高。教育治理体系是国家治理体系的重要组成部分，社区教育也不例外。

社区教育需要不断完善治理体系，其关键点是强化社会的广泛参与，充分调动社会各方的积极性，促进社区教育获得社会的广泛关注和支持；其出发点是促进民生与社会和谐，以优质的服务回应人民群众对美好生活的向往，以各种教育活动在化解社会矛盾中发挥积极作用，以良好的学习氛围促进社会稳定；其着力点是积极培育社会组织，要采取一些积极的举措，创设良好的培育环境和氛围，激发社会组织活力，推动社会组织发展；其支撑点是建立健全社区教育平台和支持服务体系，形成遍布社区、面向社区居民的教育服务网络。在此背景下，社区教育需要突破原来的框架和模式，加强运行机制创新，形成现代社区教育的治理体系和治理方式。

（三）社区教育治理结构如何实现转变

要实现社区教育治理结构的转变，首先是思想观念的转变。社区教育工作者要以党的社会治理创新的战略为指导，加强对社会治理创新的认识，并将社会治理创新的理念与社区教育的实践相结合，将社会治理创新的成功经验运用到社区教育工作中。政府作为社会治理创新的积极推进者，在社区教育中尝试治理体系创新实践；要动员发动社会力量，拓展社区教育资源渠道，进一步整合资源，形成共赢局面；要提升社区教育作用，赋予社区教育社会发展的价值，进一步促进社区教育与社会发展的整合；要积极开展社区教育的实践，在实践中不断探索，形成典型案例，培育个案、发现个案、推广个案；要通过事件驱动、项目引领，打造社区教育治理创新品牌，引导社区教育治理体系的有序发展。

四、提供通用语言文字的普及服务

（一）全国普及国家通用语言文字现状与问题

随着我国新型城镇化深入发展，人口流动速度加快，全国统一的劳动力市场逐步形成，这些迫切需要国民具备普通话的沟通能力和较高的语言文字应用水平，以方便不同地区人们之间的交流与沟通。同时，普通话的推广与普及也具有重要的政治和社会意义，事关中华民族历史文化传承，事关国家统一和民族团结。但是，目前城乡、区域之间普及程度不平衡，尤其是农村、民族地区普通话水平普及率不高，依然存在一定的语言交流障碍，严重影响我国现代化建设的进程。2015年中国综合社会调查数据显示，西部一些民族地区的普通话普及率至今仍只有40%左右。[①] 由此可见，推普攻坚工作任重道远。

党和国家历来高度重视国家通用语言文字普及工作，尤其是党的十八大以来，出台了一系列政策文件，实施了一批重大工程，边远民族

① 俞玮奇. 国民普通话能力的基本状况与发展态势［J］. 语言文字应用，2018（2）：99–107.

地区普通话普及率有了一定提升。2000年10月31日，九届全国人大常委会第十八次会议通过《中华人民共和国国家通用语言文字法》，这对于确立和巩固普通话“全国通用”地位，增进各民族、各地区间的交流与沟通，增强中华民族的凝聚力具有重要意义。2012年教育部、国家语委发布《国家中长期语言文字事业改革和发展规划纲要（2012—2020年）》，2017年3月教育部和国家语委联合印发《国家通用语言文字普及攻坚工程实施方案》，对通用语言文字普及提出了具体要求和措施。

（二）社区教育促进通用语言文字普及的举措

2012年发布的《国家中长期语言文字事业改革和发展规划纲要（2012—2020年）》指出：“到2020年国家通用语言文字在全社会基本普及，全国范围内语言交际障碍基本消除”，“要建立和完善语言文字工作‘政府主导、语委统筹、部门支持、社会参与’的管理体制……建立和完善分工协作、齐抓共管、协调有效的工作机制”。也就是说，普及通用语言文字不仅是学校的责任，也是社会的责任，社区教育应该为此发挥积极作用。

首先，在农村和少数民族地区，加快发展社区教育，健全社区教育办学网络，在社区教育中重点建设通用语言文字课程，依托中小学校师资力量进入社区开展普及通用语言文字工作，要聚焦重点地区、重点人群、重点问题持续发力，加强对青壮年劳动力、基层公务员、民族宗教界人士等开展教育培训。

其次，全国各地的社区教育办学机构，要主动承担社会责任，针对农村和少数民族地区进城务工人员开展教育培训，在师资力量、经费保障等方面主动予以支持。同时，制作数字化学习课件支持农村和少数民族地区的社区教育开展网上学习、移动学习，积极扩大受众面。各地要开展有针对性的社区教育培训，绵绵用力、久久为功。

最后，开展社区教育对口支援，通过派遣师资、定向培训等方式，为农村和少数民族区提供社区教育支援服务，进一步增加普及通用语言文字的教育渠道。

第八章　大力发展城乡社区老年教育

《中国教育现代化2035》提出，要加快发展城乡社区老年教育。这是我国在2016年出台《老年教育发展规划（2016—2020年）》之后，又一次从国家层面、在对我国教育事业进行十五年中长期规划中对老年教育进行部署，这对于正在步入深度老龄化的中国，不仅十分必要，而且相当及时，是党中央、国务院基于国家社会经济发展的整体态势对我国现代化教育事业做出的前瞻性、战略性决策。老年教育是我国教育现代化的重要组成部分，各级教育行政部门与老年教育机构应充分认识老年教育在构建国家终身教育体系、建设学习型社会、完善国家社区治理体系中的重要地位与作用。加快发展城乡社区老年教育，让老年教育从过去相对封闭的单一系统扩散到广袤的城乡基层社区，创新老年教育的体制机制，明确发展城乡社区教育的途径，由过去完全依靠政府举办发展到社会多元共治多方参与，鼓励和吸引更多社会力量参与老年教育，扩大老年教育的社会资源供给，丰富教育内容与形式。《中国教育现代化2035》为未来十五年我国老年教育的发展指明了方向，明确了路径，成为新时期我国发展老年教育的行动纲领。

第一节　加快发展城乡社区老年教育的意义

一、城乡社区老年教育的概念界定及发展

（一）城乡社区老年教育的概念界定

社区是指由居住在一定范围内的人们所组成的社会生活共同体。老年教育是以社会全体老年人为对象，依据老年人的身心特征，围绕老年人和社会的实际需求，为老年人提供参与终身学习、促进社会融入、实现个人价值的有组织的教育交流活动。老年教育是终身教育的最后阶段，是继续教育的重要组成部分。社区老年教育是以社区为特定场域，以老年人群为特定对象，所开展的教育、培训、交流和有组织学习活动的总和。①

按照联合国国际人口学会关于人口老龄化的统计标准，一个国家或地区60岁以上老年人口占总人口比例超过10%，或者65岁以上老年人口占总人口比例超过7%，就意味着这个国家或地区进入人口老龄化阶段。我国在1999年就进入了老年社会。根据国家统计局2019年1月发布的人口数据，2018年末，我国60周岁以上人口有2.4949亿，老龄化水平达17.9%。预计到2050年，我国老年人口将达到4.8亿，每三个中国人里就有一个老年人。目前，全国共有各级各类老年大学、老年学校6.2万所，在校人数814万；各级老年人协会401 100个，参加人数4 389万；共有其他各类老年社团组织37 193个，参加人数456万。②

---

① 陈乃林. 社区老年教育探索［J］. 中国成人教育，2015（22）：8–10.

② 张谊. 全国60岁以上老年人口已达1.776 5亿［N］. 中国人口报，2011–08–17.

（二）我国城乡社区老年教育的发展

自20世纪以来，在联合国教科文组织和国际第三年龄大学协会（AIUTA）的不断推动下，世界各国相继起步，因地制宜开展老年教育。国际老年教育的起步始于20世纪50年代中期的美国社区成人教育活动，在随后的十几年内，美国《高等教育法》《高等教育资源及学生奖励资助法》《成人教育法》等一系列法规的面世，为老年人创造了开放、平等的学习机会。1972年，法国公布《终身继续教育法》，创立了世界上第一个老年大学——“第三年龄大学”，随后英国、瑞士、波兰、英国、澳大利亚、新西兰等多个国家纷纷认可这种老年教育模式，相继成立了各具特色的第三年龄大学，与其他国家的各类“民众大学”“长者学院”“无墙大学”“长寿大学”“人人大学”“高龄者放送大学”“终身福利会馆”一起，为老年人提供开放、多元、丰富的老年教育服务。

我国党中央、国务院一直高度重视老年教育。《“十三五”规划》明确提出发展老年教育。《中华人民共和国老年人权益保障法》规定：“国家发展老年教育，把老年教育纳入终身教育体系，鼓励社会办好各类老年学校。”我国老年教育的发展大致可以分为以下四个阶段：

第一阶段是从改革开放后到1983年，为我国老年教育的萌芽阶段。此阶段的特征是办学体系相对封闭，规模较小，参与对象以老干部为主，还有部分体制内单位的退休职工、干部和军人，且举办主体、学习方式相对单一，学习内容也以政治思想类和文化健康类为主。

第二阶段是从1983年到2006年，为我国老年教育的起步阶段。此阶段的特征是各级各类老年大学和老年学校在数量和规模上有了较大增长，主要参与对象为退休干部、职工和教师。老干局、老龄委等部委的相继成立，为开展全国老年教育提供了成序列的组织管理体系，工作网络逐渐铺开，教学内容不断拓展，老年教育理论研究开始兴起，各类学术成果不断涌现。

第三阶段是从2006年到2016年，为我国老年教育的成长阶段。随着终身学习理念的日渐普及推广，老年教育的参与人群不断扩大，政府供给显得力不从心。此阶段的特征是城乡社区老年教育自发起步发展，主要参与对象是社区内的大众老年人。老年教育的模式逐渐从单一的学校课堂学习走向远程学习、体验学习和自主学习等多元学习方式，场所从有围墙的老年大学逐渐向无围墙的社区学习点拓展，主办主体从单一走向多元，教育行政部门主导推动的社区教育的蓬勃开展有效地纾解了城乡老年人激增的学习需求。

第四阶段是从2016年至今，为我国老年教育的完善阶段。此阶段的特征是国家通过政府意志高位推动老年教育发展，参与对象是城乡全体老年人。在《社区教育发展意见》《老年教育发展规划（2016—2020年）》等全国层面政策、法规的引领下，教育行政部门在老年教育联动格局中的地位不断凸显，各地纷纷出台支持发展老年教育的意见与通知，完善优化各地老年教育工作的顶层设计，城乡社区成为老年教育的主要阵地。

《老年教育发展规划（2016—2020年）》的出台，将老年教育界定为我国教育事业和老龄事业的重要组成部分，为“十三五”期间老年教育事业的科学发展、全面发展和快速发展提出了明确的要求，全国各级教育系统以此为契机，整体规划，全力参与，发挥全国社区教育健全的各级工作机构、专兼职师资和科研课题的优势，参与全国老年教育，从之前的配合参与部门日益融入中心，呈现出越来越明显的主导作用。

二、我国老年教育的政策支撑体系

为了有力推动我国老年教育事业的发展，党中央、国务院自20世纪末起，就着手制定发布了一系列法规与政策。在时间轴上，可以清晰地看出这些政策文件在内容上有一个重心下移的趋势，从原来相对封闭、单一的系统办学逐渐转向社区里分散、灵活的开放办学，在全社会有力地推动了老年教育的发展。

（一）发展老年教育的早期政策法规

1994年，中央十部委联合制发《中国老龄工作七年发展纲要（1994—2000年）》，提出“实现老有所学，保障老年人受教育的权利，不断提高老年人的素质”，明确“老年大学、老年学校是老年教育的重要形式”。1995年颁布的《中华人民共和国教育法》明确提出，“建立和完善终身教育体系”。1996年颁布实施的《中华人民共和国老年人权益保障法》首次以国家意志的形式提出，“国家发展老年教育”。

2000年，中共中央、国务院制发《关于加强老龄工作的决定》，提出：“重视发展老年教育，鼓励社会力量举办老年学校。”2001年，国务院发布的《中国老龄事业发展“十五”计划纲要（2001—2005年）》明确指出：“各级政府要合理安排对老年教育的投入，同时动员社会力量，因地制宜办好老年教育。”

从以上政策法规可以看出，改革开放以来，国家与相关政府部门意识到开展老年教育是对老年人终身学习权利的保障，老年教育是全国所有老年人需要的一种普惠式、公益性民生服务，明确了老年大学和老年学校是该时期的重要力量，并要求各地为老年教育的开展提供必要工作经费。

（二）发展老年教育的中期政策法规

2006年，老龄委发布的《中国老龄事业发展“十一五”规划》提出：“大力发展老年教育。完善老年教育网络。积极发展老年远程教育，倡导社区办学等多种形式的老年教育。各级政府要继续加大对老年教育的投入，同时动员社会力量，因地制宜办好老年教育。”同年，国务院新闻办公室发表《中国老龄事业的发展》白皮书，指出：“国家重视保障老年人受教育权利，加大投入，积极扶持，推动老年教育事业迅速发展。”2007年，《国家教育事业“十一五”规划纲要》首次将老年教育纳入国家教育发展规划。同年，国务院印发《中国老龄事业发展“十二五”规划》，提出：“增加老年教育设施，进一步扩大各级各类老年大学（学校）办学规模”，“加强老年教育工作，创新老年教育体制机制，探索老年教育新模式，丰富教学内容”。2012年，中组部等16个部门联合下发了《关于进一步加强老年文化建设的意见》，提出：树立积极的老龄化理念，扩大老年人的社会参与度，营造老年人继续接受教育的良好氛围。

从以上政策法规可以看出，国家开始加大对老年教育的推进力度，明确将老年教育纳入国家教育发展规划，反复强调要加大经费投入的力度，创新学习方式，不断致力于打破过去封闭的体制内单一供给，积极引导社会多方共同参与，注重构建可持续发展的老年教育的体制机制。

（三）发展老年教育的后期政策文件

2015年底修订后的《中华人民共和国教育法》把“成人教育”调整为“继续教育”，对继续教育的法律地位和相应法律责任做了明确规定。第四十二条规定：“国家鼓励学校及其他教育机构、社会组织采取措施，为公民接受终身教育创造条件。”2015年，修订后的《中华人民共和国老年人权益保障法》第七十条规定："老年人有继续受教育的权利"，"国家发展老年教育，把老年教育纳入终身教育体系，鼓励社会办好各类老年学校"。2016年，教育部等九部门下发了《社区教育发展意见》，将老年人群体作为重点人群予以政策关怀，提出要在社区教育中大力发展老年教育。2016年《老年教育发展规划（2016—2020年）》的出台，首次提出了养教结合的模式，也标志着教育部正式将老年教育纳入主抓的管理职能范畴。

2016年，教育部下发了《关于办好开放大学的意见》，明确指出："开放大学应该坚持开放办学，服务全民学习，应坚持面向社区、面向农村，广泛开展社区教育和老年教育。"2017年，国务院颁发《"十三五"国家老龄事业发展和养老体系建设规划》，提出了"经常性参加教育活动的老年人口比例达到20%以上，老年志愿者注册人数占老年人口比例达到12%，城乡社区基层老年协会覆盖率达90%以上"的新目标。2019年，中共中央、国务院印发《中国教育现代化2035》，在推进教育现代化的八大基本理念中提出，"加快发展城乡社区老年教育"。2019年，《加快推进教育现代化实施方案（2018—2022年）》提出"加快发展社区教育、老年教育"。同年，国务院办公厅印发《关于推进养老服务发展的意见》，提出"大力发展老年教育，优先发展社区老年教育"。

以上政策法规显示，在这个阶段，我国已经充分认识到老年教育是全民教育、全生命周期教育的重要组成部分，因此切实将老年教育纳入我国终身教育体系，从构建学习型社会的高度进行部署和推动。从2010年《纲要》提出"重视老年教育"，到2016年《国民经济与社会发展"十三五"规划纲要》提出"发展老年教育"，再到2017

年《“十三五”规划》提出“逐步推进老年教育，纳入地方公共服务体系”，非常清晰地呈现出国家对发展老年教育的态度，从意识产生、采取行动到予以务实保障支持，推动我国老年教育进入了一个良性发展时期。由于拥有丰富的教育管理经验和教育资源，能较好地解决老年教育面临的师资、教材、场地、远程教育等问题，教育行政部门逐渐由全国老年教育的配合部门成为主导推动部门。

三、城乡社区成为老年教育的重要阵地

（一）社区具有重要的社会管理服务功能

社区是国际上普遍采用的较为规范和可行的城市管理新模式，是我国社会治理和民生保障的重要载体，是迄今为止我国规模最大、覆盖最广的支持社会发展、动员社会参与的组织资源。在我国从计划经济转向为市场经济后，一大批“单位人”变成“社会人”，最后成为“社区人”，计划经济时代的单位制在社会管理方面的优势随之丧失，社会管理与服务的职能被剥离到了社区，退休老年人、流动人口、弱势人群等特殊群体成为社区的重点服务对象。党的十九大报告提出，要打造共建共治共享的社会治理格局，核心是推动社会治理重心向基层下移，完善社区治理体系的建设。习近平总书记指出：“基层是一切工作的落脚点，社会治理的中心必须落实到城乡、社区。”各级党委政府纷纷形成共识，致力于打造和形成以基层党组织为引领、全社会共同参与的基层社会治理新格局，不断健全城乡社区的服务功能和管理功能。于是，各种资源、服务、管理权限纷纷下沉到基层，基层有权有物有经费之后，才能更好地为群众提供精准有效的服务和管理。在这样的大背景下，原本起步相对较晚的中国老年教育，如能顺应当前全国社会治理格局的大

背景，及时调整定位，顺势植根社区，整合借助社区内丰富的各类教育资源，必然能上一个新台阶。

随着城乡二元结构的逐步解体，我国的社区服务体系建设进入了城乡统筹的新阶段。民政部等部委印发的《城乡社区服务体系建设规划（2016—2020年）》显示，截至2016年，全国共有7 957个街道，31 832个乡镇，10万个城市社区。截至2015年底，全国共建成城乡社区综合服务设施15.3万个，社区便民利民服务网点24.9万个，社区公共服务综合信息平台覆盖率已达10%。相比目前全国共有各级各类老年大学、老年学校6.2万所，社区无疑能为老年教育提供更广袤的承载空间和可共用的硬件设施。2016年12月，国务院办公厅下发了《关于全面放开养老服务市场提升养老服务质量的若干意见》，在基本原则里提出："补齐短板，将养老资源向居家社区服务倾斜。""以城乡社区支持下的居家养老（包括家庭养老）为主，机构养老为辅"的养老方式被确定为在当前以及可以想见的将来的中国城乡社会的总体性养老制度。①

（二）社区教育为发展老年教育奠定了坚实基础

1995年颁布的《中华人民共和国教育法》明确提出，"建立和完善终身教育体系"。二十多年来，我国已经形成了以学校教育、工作场所教育和社区教育为组成部分的终身教育体系，社区教育在其中发挥了托底性的重要作用，为学校学生、在职人员之外的各类人群提供了参与终身学习的机会，充分体现了教育的公平性和普惠性，与《中国教育现代化2035》中"更加注重面向人人，更加注重终身学习"的基本理念完全契合。老年教育是社区教育的主要组成部分，老年人是社区教育的重

① 杨善华. 老年社会学［M］. 北京：北京大学出版社，2018：7.

点服务对象，在参与社区教育的各年龄人群中老年人占据的比例最高。因此，将老年教育的重心定位在社区，依托社区教育开展老年教育，更能映射出老年教育的本质特征，更能体现发展老年教育就是完善终身教育的重要价值。2016年，教育部等九部门联合下发的《社区教育发展意见》提出："到2020年要建立健全城乡一体的社区教育县（市、区）、乡镇（街道）、村（社区）三级办学网络。"健全发达的社区教育基层工作网络将成为发展城乡老年教育可依托的重要载体。同时，该意见下发以来，全国各地社区教育呈现出蓬勃发展态势，工作体系不断健全，投入不断增加，师资队伍不断扩大，工作保障不断加强，各类自主学习团队不断成长为社会组织，直接服务社区各类群体参与终身学习，为孵化和培育社区老年教育提供了良好的现实基础，使得我国的老年教育从过去单一的面向体制内退休干部职工举办的福利性模式转型为植根社区、面向全民、凸显"以人民为中心"理念的普惠性模式成为可能。

（三）社区养老更符合中国传统伦理

中华民族在漫长的历史演进中，经历了几千年的以农业为基础和主要生产方式的封建时期，形成了重视宗族与父权的农耕文化传统与社会结构，造就了"百善孝为先""以孝治天下"的传统思想，建立了家国同构的社会伦理。不管是历代统治者将孝文化上升为国家意志，还是被家族宗族奉行为"社区情理"，"家本位"思想都得到了遵循和崇尚。[①] 著名社会学家费孝通在1983年就提出了"反馈模式"理论，即西方基于"接力模式"，子女没有赡养父母的义务，而中国基于"反馈模式"，

① 杨善华. 老年社会学［M］. 北京：北京大学出版社，2018：61.

下一代对上一代都要以赡养的方式进行反哺。[①]即便在历经社会变迁和观念革新的当前，孝老爱亲依然是我国积极沿袭的传统文化中的主要价值取向。受中国养老文化中“责任伦理”的特点的影响，大多数老人和他们的亲属更接受“以城乡社区支持下的居家养老（包括家庭养老）为主，机构养老为辅”的养老方式。[②]与西方社会广泛流行和普遍接受的机构养老相比，中国式养老还需要兼顾符合传统道德与伦理的复合元素。与托儿所、幼儿园等集中托养形式不同，老年人在前半生里已经形成了固定的价值观、生活习惯和思维方式，突然离开了生活居住了大半辈子的熟悉环境，从家庭生活转为集体生活，很多老年人感到难以接受。北京大学社会学系2005年在北京西城和崇文这两个区所做的“北京城区居民对养老机构的需求调查”显示，“完全自理的老人中，去养老机构的想法并不迫切”，“在配偶仍然健在且至少一方健康的情况下，大多数老年人还是选择将家庭养老作为养老方式”。

（四）“家门口的学校”更方便老年人参与学习

“十二五”期间，我国的养老服务模式在政策引领下逐渐形成了“9073”的格局，即90%的老人居家养老，7%的老人社区养老，3%的老人机构养老。换言之，政府通过老年教育要服务的老年群体绝大部分都在社区，那么，社区老年教育理所当然成为当前我国老年教育在空间载体上的重心。2016年，全国老龄办等部委在下发的《关于推进老年宜居环境建设的指导意见》中提出：“大力发展老年教育。结合多层次

① 费孝通. 家庭结构变动中的老年赡养问题——再论中国家庭结构的变动［J］. 北京大学学报（哲学社会科学版），1983（3）：7-16.

② 杨善华，贺常梅. 责任伦理与城市居民的家庭养老——以“北京市老年人需求调查”为例［J］. 北京大学学报（哲学社会科学版），2004（1）：71-84.

养老服务体系建设，改善基层社区老年人的学习环境，完善老年人社区学习网络。建设一批在本区域发挥示范作用的乡镇（街道）老年人学习场所和老年大学，努力提高老年教育的参与率和满意度。”

老年人在社区参加学习，不仅在空间地域上方便灵活，降低了交通成本，回避了出行困难和安全隐患，也符合国际上“在地养老”的流行理念；在家门口的老年大学里参加学习，有利于与居住在共同地域的老年人群体形成相对稳定的人际关系，对于组建自主学习团队、参与活动有很大的便利。老年人在参与社区学习的时候，通过交互加深了对社区工作人员和其他社区成员的了解，为建立社区认知、增进社区情感、参与社区事务创造了条件，还能通过参与团队学习或其他公益服务活动，践行邻里互助，激发公民意识，实现老年人的自我成长与拓展，共商社区发展，共担社会责任，为参与培育社区精神做出积极贡献。

第二节　创新城乡社区老年教育机构的体制机制

一、我国老年教育体制机制的概念界定与发展

（一）老年教育体制机制的概念界定

体制是指有关组织形式的制度。老年教育体制是指老年教育机构与教育规范的结合体与统一体，由老年教育的机构体系与规范体系所组成，更侧重于顶层设计与制度规范。机制指系统整体运作时所需要的结构关系和运行方式。老年教育机制是指在组织开展老年教育时，各参与主体如何相互协作、更好地发挥作用达成目标的过程，更侧重于运行质量和各组成部分交互作用的过程。新时期，老年教育应当形成一种政府、市场、社会等多元主体协同推进，在经费投入、师资建设、资源供给等领域充分社会化的工作机制，才能打破老年教育中存在的瓶颈，有效扩大供给，切实推进老年教育稳步发展。

（二）我国老年教育体制机制的发展

我国老年教育的体制机制，由于在各个发展阶段受到不同社会历史因素的影响，在不同时期由不同部门为主体负责推进，形成了主体分散、政出多门、各管一方、纷繁复杂的局面，为现阶段老年教育的整合统筹带来了挑战。对中国老年教育发展历程的回顾，可以清晰地呈现各个部门在不同时期对老年教育的探索推动。

中国的老年教育的雏形，始于新中国成立初期国有企业通过工会组织对退休职工的管理服务，组织退休职工参与政治学习、读书看报等定期的活动。

1980年以来，党中央先后以相关决定、十二大修改的党章规定等

形式，着手废除干部终身制，实施各级领导干部的退休制度，从中央到地方各级开始组建成立老干部局，专门服务老干部退休后的思想政治学习、文化保健、休闲娱乐等需求。一种以退休老干部为主要对象，思想性、政治性特色较为突出，同时具有比较明显的福利性色彩的老年教育模式诞生，领衔并催生出一大批全国各地不断涌现的老干部大学、老年大学。1983年，中国第一所老年大学——山东省红十字老年大学——的率先成立，标志着我国相对正式的老年教育进入了起步探索期。

1988年，中国老年大学协会成立，各地老年大学的办学经验开始在全国层面进行交流，各级县区以上的政府、基层单位、军队、高校纷纷开始举办老年教育。1990年，全国老龄工作委员会成立，被明确赋予“积极组织老年人教育、文化娱乐和体育活动”的工作职能，一批以老年市民为服务对象的以民政、老龄部门为主导的老年大学与学院应运而生。1990年，全国老年学校达到2 300余所，学员22万人，初步形成全国老年教育网络。1996年，全国老年大学、老年学校已增至8 300余所，在校学员70万名以上，极大地带动了老年大学数量的增长。

2000年以来，教育部以全国社区教育实验区、示范区的创评为抓手，在全国开展城乡社区教育，从局部试点到目前全面推开，在工作机制、师资队伍、社会参与、项目引领等领域积累了大量实践经验。这种办到家门口的教育引发了许多老年人的学习热情，也直接催生了社区老年教育的迅速发展。自此，具有较为明显中国特色的，以服务体制内退休干部，国有企业职工，军队、学校的退休公职人员为主的传统老年教育模式，顺利地向以普通国民大众为主转型过渡。

我国老年教育体制机制的变革，呈现出以下四个特点：一是重心下移，分级办学。由过去基本在县市及以上层级的老年大学集中办学变为依托城乡社区教育机构网络分散办学，分级管理，完成了重心下移。二是主体多元，协同推进。由原来政府部门直接组织实施到动员社会各方面力量参与，主体不断呈现多元化特征。三是参与范围从局部到全体。从当初起步时仅仅关心离退休干部和职工到现在关心城乡全体老年人，老年教育的惠及范围不断扩大。四是从开展教育转为开展学习。过去是主办部门认为应当向老年人进行什么教育服务就开展什么教育服务，有条件用什么形式开展教育就采用什么教育形式，现在是围绕老年人切身需求，更加凸显老年人在参与终身学习中的主体地位和主观能动性，以人为本地开展老年教育。

在《老年教育发展规划（2016—2020年）》发布后，形成了全国一盘棋的体制机制。该规划首次明确，建立健全党委领导、政府统筹，教育、组织、民政、文化、老龄部门密切配合，其他相关部门共同参与的老年教育管理体制。

二、我国老年教育体制机制中存在的主要问题

（一）当前体制与现状尚不匹配

首先，现阶段的全国老年教育既然明确了以社区为重要阵地，就应当在社区公共服务体系中体现整体规划、整体支持与整体保障，实施横向管理模式，而不是目前这种各部委局自上而下的纵向推进模式。其次，统筹主体尚不明晰。《老年教育发展规划（2016—2020年）》在国家层面相对明确了党委领导政府统筹下齐抓共管的管理体制格局，各省份也纷纷从2016年起相继制定出台各自的老年教育意见或地方规划，成立了党委、政府协同，教育、组织、卫健、民政为成员单位的区域统一工作小组或联席会议，而明确规定教育作为业务统筹部门，整体规划

推动该区域的老年教育工作的只有上海市和福建省，明确了由教育行政部门负责统筹社会化老年教育的有浙江省和河南省。2019年8月，河北省教育厅在全国率先成立老年教育处。而我国大部分地区的老年教育管理体制并没有得到彻底理顺。往往在一个区域，老干部活动中心由老干部局管理，老年大学由老龄委和民政局各自举办，老年活动中心和老年电大由老龄委负责，而各级社区教育学习点和文化活动中心又分别隶属于教育局和文广新局，依然存在各自为政、权责交叉的现象。很明显，老年教育事业的统筹规划、资源整合与协同推动，还需要从上层管理体制中得到进一步理顺。

（二）保障力度仍然较弱

由于老年教育政出多门，在众多参与部门的庞大业务职能中又属于相对薄弱边缘的一块，长期以来存在着不少政策盲区，保障手段不到位。一是老年教育的场所设施缺乏，老年教育服务供给严重不足，很多老年人想参与老年学校的学习可是报不上名，自发成立的学习社团或学习共同体又苦于找不到场地开展学习活动；二是老年教育工作力量不足，老年教育的机构、编制、人员尚未按照公益教育事业单位配备，大多数老年大学没有事业编制和在职人员，教师无论从数量到质量、从专业化程度到社会化程度都存在很大的差距，待遇也较低，老年教育志愿者队伍也不稳定；三是经费投入不足，缺少老年教育经费多元投入和成本分担机制，远远落后于国家对养老、医保事业的投入力度，绝大部分区域的社区没有配备社区老年教育经费；四是总体上有限的老年教育资源与快速增长的老年人学习需求生源之间的矛盾仍然比较突出，不少地方还存在“一座难求”现象，全国老年人参与率仍然偏低。

（三）老年教育的发展极不平衡

一是区域发展的不平衡。在当前全国的62 211个各级各类老年大学和老年学校里，从数量上看，60%以上在华东地区，西北地区不到2.4%。上海共有各级各类老年教育机构291个，居村委学习点5 139个，社会学习点300个，远程老年大学收视点5 486个，养教结合学习点335个，覆盖全市、层次清晰、融合开放的老年教育办学格局基本形成。广州共有老年教育机构329个，老年活动室2 635家，老年文体团队1 820个，各类老年协会2 426个，实现了95%以上的城镇社区以及80%的农村社区的覆盖。而中西部有的地区对老年教育的开展还仅仅依赖性地停留在区（市）县及以上层级的老年大学，农村地区特别在乡镇及行政村层面，老年教育的基础设施非常薄弱，难以满足老年人的学习需求。截至2016年底，浙江省各级各类老年学校在校学员128万人，占当年全省60岁以上老年人口的12.45%；2016年，福建省经常性参与教育活动的老年人占老年人口总数比例达到18%；上海、北京的规划目标是实现参与老年教育的人口达到全市老年人口总数的40%。

二是参与人群的不平衡。据有关调查显示，目前我国老年教育的主要参与者，70%以上属于老干部和老教师等受教育程度相对较高者，文化程度越低的老年人学习愿望越低，参与意识越缺乏。

三是经费投入不平衡。上海在“十二五”期间，由市教委争取政府财政积极投入，对该市两大主体项目各投入1亿元，投资7 000万元建设街镇老年学校；长春市投入2亿元财政资金重建市老年大学，新校舍建筑面积达5万平方米。而中西部大部分地区，老年教育经费在当地教育行政部门里还没有单独列支，只能由社区教育经费统筹共用。

（四）整体参与依然不够

究其原因，一是缘于许多地方的党政领导由于对人口老龄化的危害认识不足，紧迫感不强，对老年教育工作重视程度依然不够，相关部门尚未形成齐抓共管的格局，在政策倾斜、财政支持上支持不足。二是在于社会宣传不足，导致社会其他主体如行业、企业、高校、医院、培训机构对老年教育不太了解，认为和自己关联度不大，并不积极参与，举办老年大学的普通高校只占少数。三是参与渠道受限。对于那些有意愿参与的培训机构或社会主体，又由于2017年国家工商总局、教育部联合印发的《关于营利性民办学校名称登记管理有关工作的通知》等相关政策的限制，无法举办老年大学。四是老年人的终身学习理念未得到引导，参与不积极。部分老人缺乏终身学习理念，受身体机能退化、照顾第三代分身乏术等原因的影响，没有自发学习的愿望，自诉退休前受体制管束了一辈子，老了对组织其再参与学习感到排斥。

三、老年教育创新发展的建议

（一）注重政策推动，营造制度环境

健全和完善相关法律法规以及政策制度。加强法制建设，通过立法、制定规划与发展意见等形式，将老年教育上升到维护老年人生命权益、助力城乡社区治理的高度，为其提供法律依据和政策保障。有条件的省份可以率先出台地方性老年教育条例，积极将老年教育事业纳入经济社会发展规划和教育发展规划中，进一步明确其属于政府提供的城乡社区基本公共服务的范畴，把老年教育作为民生工程和公益性事业予以推进。在领导体制上，组建涵盖教育、组织、卫健、民政等跨部门的区域联动协作工作小组，明确牵头部门，结合各自职能，重点推进或解决

老年教育某个方面的问题，实现老年教育的有效推进。上海市委市政府联合组建了上海老年教育工作小组办公室和11个老年教育支持服务指导中心，通过“五个纳入”①，完善了老年教育保障体系，构建了三级师资网络，制发了全国首个老年教育指导标准——《上海市老年学习建设指导标准》，大大提升了老年教育机构能力。2017年，成都正式颁布《成都市社区教育促进条例》，第十一条规定：“民政、文广新、老龄等部门和组织负责提供知识型、休闲型和保健型老年社区教育资源及教育培训服务。”湖南省湘西州充分发挥老干部门的协调能力和教育部门的资源及管理优势，推行“老教共管”管理体制，真正形成了优势互补、主动作为、共同发展的工作格局。

（二）坚持科学规划，推动内涵发展

只有将老年教育放在一个整体区间和较长时期中去系统规划和科学谋划，充分与相关部门的发展规划衔接融合，才能为区域老年教育找准适合本地发展的目标与方向。上海市连续出台全市老年教育发展的“十二五”和“十三五”规划，十年来推动全市老年教育快速蓬勃发展；福建、河南、四川等二十多个省、自治区、直辖市出台了老年教育发展规划，为破解制约老年教育发展的瓶颈和障碍提出解决方案，推进老年教育快速、可持续发展。要遵循老年教育发展规律，加强老年教育理论和实践研究，积极开展老年教育活动的国际交流。建立老年教育课程体系，提升专业化师资能力，扩大社会化师资参与，不断增强支持服务能力，不断吸纳丰富的社会资源，提升老年教育质量。安徽省教育厅

① 将老年教育的经费纳入部门预算，将老年教育的数据纳入上海教育统计序列，将老年教育的任务纳入政府部门职责，将老年教育的规划纳入教育发展计划，将老年教育的考核纳入表彰奖励范畴。

根据省政府办公厅印发的《关于加快“十三五”期间老年教育发展的实施意见》，于2019年初编制了《安徽省老年教育机构办学指南》，对办学场地设施条件、管理制度、教师队伍建设、学员管理、专业课程和教学活动等提出了清晰的要求。

（三）持续加大以政府为主导的多渠道经费投入

完善公共财政体系，加大对老年教育的专项经费支持力度。2010年国务院发布的《纲要》指出，“要健全以政府投入为主、多渠道筹集教育经费的体制”，“非义务教育实行以政府投入为主、受教育者合理分担、其他多种渠道筹措经费的投入机制”。这充分说明，在现阶段的中国国情下，各级政府是老年教育最大的投资主体。虽然从“十三五”规划出台以后，各地就积极制定文件，鼓励和吸引社会力量举办老年教育，但是，由于相关支持扶持社会力量参与的实际配套政策并不完善，许多地方的扩大参与尚停留在纸上谈兵，且老年教育投资周期长，收益慢，选择将老年教育作为投资方向的企业数量有限，投资规模也不大，目前作为社会力量参与主体的社会团体、社会组织大部分还是通过政府向其购买服务来参与老年教育。目前，我国各级财政按财政性教育经费支出占国内生产总值的4%进行预算编制，这个投资量是其他任何主体不可比拟的。按照“利益获得”和“能力支付”的教育投资原则，各级政府应该逐步加大对老年教育的投入。比如参照全国社区教育开展实验区创建评估中人均一元的标准，固化区域老年教育经费投入。通过开展各级老年教育示范校的创建活动，有力地推动全国老年教育的整体发展，这才能真正体现国民老年教育的公益性和普惠性特征，彰显政府不可替代的主导地位。《福建省老年教育发展规划》明确提出，各级政府将老年教育经费列入财政预算。同时，公办学校从开展老年教育时获取的低偿收入不纳入单位绩效工资总额，可进行单独核增，可从中安排一定比例补贴教师。

（四）打造复合多元的社会共建格局

“未来的教育必须成为一个协调的整体，在这个整体内，社会的一切部门都从结构上统一起来。这种教育将是普遍的和继续的。”① 面对基数庞大的老年群体和日益高涨的老年学习需求，仅凭政府一己之力远远不能提供有效供给。要推进各级各类全日制学校开展老年教育，推动社会公共设施服务老年教育，鼓励图书馆、科技馆、博物馆、纪念馆、美术馆、公共体育和文化设施向公益性老年教育机构免费开放或提供优惠服务。鼓励和支持社会团体、企事业单位、民间组织和各种非营利组织参与老年教育，引导各方社会力量投资举办老年教育。通过在全社会传播终身学习的理念，让更多的机构和个人理解建设学习型社会的意义，激发全社会都来参与支持、共同推进老年教育的活力。积极探索养教结合，延展老年人终身学习的生命弧度，扩大老年人受教育的机会，让老年人共享城乡经济发展的成果。

---

① 联合国教科文组织国际教育发展委员会.《学会生存——教育世界的今天和明天》［M］. 华东师范大学比较教育研究所，译. 北京：教育科学出版社，1996：203.

第三节　推进城乡社区老年教育的主要途径

一、多途径开展城乡社区老年教育的重要意义

（一）助力实现优质社区养老

《“十三五”国家老龄事业发展和养老体系建设规划》提出，“拓展老年教育发展路径，加强老年教育支持服务，创新老年教育发展机制”。2019年两会报告提出，“要大力发展养老特别是社区养老服务业”。受我国过去经济发展基础薄弱影响，我国的养老事业起步晚，养老观念相对封闭落后，认为老年人就是“老弱病残穷”，老龄事业就是“夕阳产业”，“进养老院就是等死”，这些不利于我国养老服务产业发展的错误观点制约了现代养老事业的健康发展。立足社区开展老年教育，让老年人在熟悉的环境里参加一些力所能及、有益身心的学习交流活动，既是养生，又是养心；通过向老年人传授知识，推广健康生活方式，将糖尿病、心脑血管等常见高危疾病的预防和养护常识提前教授给老年人，降低他们因无知、疏忽导致身体提前进入衰弱或失能状态而提前进入依赖期；通过各种兴趣课程的学习，保持老年人大脑皮层兴奋度，促进身体健康与思想活跃，降低老年痴呆、抑郁症和帕金森症的患病率，也有效降低政府和老年人个人付出的医疗成本，提升老年人个体生命质量；通过学习，帮助他们提升适应现阶段生活的能力，扩充精神空间，增加社会交往，在参与学习活动中又实现了社区邻里互助互动养老，提升了养老质量，既有利于实现老年人的积极老龄化，又有利于提升我国养老事业的社会形象。

（二）扩大老年教育的参与率

对老年教育参与群体的调研发现，当前我国以老年大学和老年学校为主阵地开展的传统老年教育中，大部分参与对象都是介于55岁至70岁，身体状况较佳，经济条件较好，受教育程度较高的优势老年人，而居家养老、社区托老的大部分中高龄老年人，由于名额有限报不上名，或行动受限交通不便无法前往老年大学或老年学校，享受不到终身学习服务；一旦成为身患疾病或半失能的弱势老年人后，又因卧床或进入了养老机构，就更与学习绝缘了。针对这两类老年人群体，如果能通过开展诸如事关老龄人群的切身政策解读、心理沟通、文艺娱乐、保健知识等适合他们的学习活动，将有效地增强他们的生活信心，提高他们的自理能力，提高他们的生活质量，充分彰显人文主义关怀。如能依托社区教育机构网络，在社区日间照料中心、养老院、福利院等开展社区养老和机构养老的主体里，通过与老年教育主体联手实施养教结合，拓展老年人的学习空间，延展老年人的学习时间，则可以保证老年人在生命最后阶段的学习权利。立足社区举办多途径的老年教育，不但打通了我国终身教育的最后一公里，完善了我国的终身教育体系，为那些原本不可能再参加终身学习的老年人群体提供了人生中最后学习的机会，而且体现了老年教育普惠包容的本质属性，对于推进我国建设和谐社会、促进文明进步具有现实而深远的意义。

（三）带动新经济新业态的发展

养老服务产业又叫银发产业，这种以老年人为目标消费者的产业群，蕴藏着巨大的市场潜力。老年人参与终身学习，有利于提升生活品质，改变消费习惯，有助于形成以文化内涵为基底的新型生活消费理念；有利于提升消费能力，比如智能手机与计算机、互联网的课程学习教会老年人网上娱乐、网上购物、网上点餐与预约出行，获取网上医疗服务，刺激新形态的互联网经济增长。世界500强企业、全球著名咨询专业服务机构毕马威于2016年开展的全球调查结果显示："65岁以上的老年人在网购上花的钱要比65岁以下的人多20%，其中美国老人最能花钱，网购消费比年轻人多37%，中国老人最保守，还有较大的上升空间。"在传统老年大学之外，当前我国大力探索城乡社区老年教育的新途径，旨在探索老年教育与相关产业联动的新模式，优化消费结构，助推教育与金融、保险、医疗、旅游、文化、出版相关领域的深度互动发展，养教结合将成为推动经济增长、动力转换的新增长点。这些多元主体创造出的多种途径，将成为更多社会主体创新创业的新兴领域，将进一步拓展经济社会发展空间，为经济发展新常态下拉动内需、扩大消费、转变发展方式提供有力驱动。

二、推进城乡社区老年教育的新途径

（一）依托社区教育发展老年教育

社区教育是指在一定区域内利用各类教育资源开展的、旨在提高社区全体成员整体素质和生活质量、服务区域经济建设和社会发展的教育活动。从20世纪80年代在我国起步发展以来，社区教育历经30多年的探索积累，尤其是进入21世纪以来，在教育部的大力持续推动下，目前已形成了整体起步、重点突破、多点活跃的良好局面，在提升全民素养、助力社会治理、构建终身教育体系、建设学习型社会等方面形成了政府与社会的共识。全国社区教育年度统计报表显示，从各地的实际情况看，社区教育的最主要参与群体是老年人。在2016年教育部等九部门下发的《社区教育发展意见》中，在主要任务之"提高服务重点人群的能力”中提出，“大力发展老年教育，将老年教育作为社区教育的重点任务，完善老年人社区学习网络”。依托社区教育发展老年教育有以下三个优势。

1. 依托社区教育能扩大老年教育供给

由于社区教育具有开放性、包容性、全纳性的办学特征，旨在立足社区、服务社区，从其产生的第一天起就与社会、社区有密不可分的联系，通过对社区内各类教育文化资源进行统筹来组织办学，因此在扩大老年教育资源供给方面有明显优势。

首先是在课程资源开发上。在各地海量通识化、系列化与本土化课程的基础上，当前教育部正在组织编写一批全国社区教育通用型课程大纲，以此引领和规范当前社区教育的内涵发展。而社区教育整合各类资源开发出的各类课程、教材、读本、图书等，也将极大地丰富老年教育的教学资源。

其次是在师资发展培训上。传统老年大学和学校几乎没有专职教师，都是外请的兼职师资，因此极少开展相应的专业师资培训。如果能与社区教育融合发展，在当地教师培训进修专项经费中明确相应比例用于老年教育师资培训，将有效地提升师资的专业化水平。同时，活跃在城乡基层的大量社区教育志愿者，也将成为老年教育师资的重要和有益的补充。

再次是在在线学习平台与资源建设上。一直以来，各级各类老年大学与学校都采用传统的线下教学，通过班级建制的课堂学习，为老年学院提供教学服务。而在当前全国推进社区教育的实践中，各省份教育行政部门大多采用依托当地广播电视大学成立省级社区教育服务指导中心和市级社区大学的方式，组建各地社区教育业务推进机构，而这些广播电视大学的核心竞争力和天然优势就是开展远程教育，为市民提供在线学习的平台与资源。各省份纷纷开通了服务当地市民的终身学习平台与网站，拍摄制作了海量社区教育微课程，利用互联网信息技术提供远程老年教育服务，借助平板电脑或手机移动学习端开展老年人远程学习。上海长宁区的云视课堂、“三通一”就是服务城乡社区老年教育，实现“时时能学、处处可学”的优秀案例。

最后是在提高科研水平上。依托各地社区教育举办主体成立的终身教育研究院，还可以有力地推动城乡社区老年教育的发展研究，提升老年教育的理论水平，涌现出更多学术成果，助力我国老年教育学科的早日形成。

2. 依托社区教育能更加完善保障体系

第一，硬件设施可共享。近年来，在系列政策、法规的推动下，各省份已经基本形成了从省到社区的五级社区教育办学机构网络，其中，县（区）、乡镇（街道）、村（居）三级社区教育机构正在成为城乡社区老年教育的基本阵地。许多省份正在教育部的要求下，陆续推进社区教育学校统一加挂社区老年学校牌子，有了场地和设施的共享共用，这使得当前我国老年教育实现从老年大学的围墙内走到围墙外的转型成为可能。

第二，由于各地政府已将当地社区教育经费纳入财政预算，很多地方还实施财政预算的分级保障，条件好的地区社区教育经费已达人均10元以上，即便按照人均1元的最低标准计，也比老年大学的经费显得更加雄厚，依托社区教育发展老年教育将获得更有力的经费支持。

第三，隶属于各自部委局和国有企业的传统老年大学一直以来受到较为僵化的办学机制的束缚，在公益性原则的定位下，在教师课酬、学员收费方面受到极大限制，严重影响发展。而社区教育则明确规定，各地要建立健全政府投入、社会捐赠、学习者合理分担等多种渠道筹措经费的社区教育投入机制。如果老年教育能参照社区教育较为灵活合理的经费支出和收入模式，与社区教育的办学机制进一步融合，传统的老年大学将在社区焕发出新的生机。

第四，虽然目前全国各地打通了社区教育师资专业化职称评审通道的地区尚在少数，然而比起老年大学的教师只有到文广新序列去评审职称而言已经是质的飞跃，与社区教育融合发展后，老年教育在教师专业晋升上将更为畅通。

第五，只有依托社区教育实现融合发展，老年教育基本信息的收集分析才能纳入社区教育的统计制度，才能参与社区教育学习成果的认证、激励与转换，共建市民终身教育学分银行。

第六，得益于2016年下发的教育部等九部门意见以及各地对推进社区教育、终身教育的地方性法规，当前很多省份的社区教育已经纳入政府目标考核，把开展社区教育督导作为推进教育现代化的重要内容，不管从党政领导的重视还是部门间的协同配合都逐年强化，工作得到了有力保障。

3. 依托社区教育能提供老年人自我实现的舞台

老年教育是各国政府化解人口老龄化问题的有效措施，通过开展老年教育实现积极老龄化与成功老龄化已成为国际共识。而不论是积极老龄化还是成功老龄化，从概念上看，都十分强调老年人持续社会参与的机会。这也与我国老年教育的定义——“是一种为老年人提供参与终身学习、促进社会融入与实现个人价值的有组织的教育交流活动”有着完全一致的内涵。老年人参与社区学习，不仅结交了朋友，参加了社团，扩大了社会交往，变得更加自信乐观，他们的学习成果还能以各种形式进行展演、参与公益活动，从接受社会资源的被关爱者成为关爱社会、助力社会发展的参与者和推动者。在一个个社区自主学习团队中，老年人由于有相对充足的时间、较强烈的责任心和在某个专业领域有着更精深的积累，常常成为该团队的核心骨干，发挥着重要作用。在当前社区教育助力社区治理的探索实践中，一些类似社区民间意见领袖人物、受教育程度较高或退休前担任过公职管理工作的老年人以其平和包容的心态、深厚的自我修养、丰富的人生阅历与经验，在营造社区同心同德、互助互济的社区意识，化解社区成员矛盾，促进社区和谐上发挥着不可替代的作用。成都市、合肥市连续举办“能者为师”社区教育社会师资海选比赛，许多具有一技之长和服务社会意愿的老年人才走上社区教育讲台，成为社区教育和老年教育的社会师资。上海市奉贤区老年大学引导和组织老年学员，抓住政府向社会组织购买服务的契机，积极参与创投活动，为老年学员服务社会搭建了平台。

2019年4月国务院办公厅印发的《关于推进养老服务发展的意见》指出：“建立健全县（市、区）—乡镇（街道）—村（居委会）三级社区老年教育办学网络，方便老年人就近学习。”截至2020年，全国建成社区教育实验区600个，建成社区教育示范区200个，全国开展社区教育的县（市、区）实现全覆盖。借势社区教育，无疑将整体、快速地助推城乡社区老年教育的发展。

（二）结合多层次养老体系开展养教结合

推进老年教育与养老体系的结合，是发展老年教育的一条基本途径。从20世纪90年代开始，我国上海、北京、江苏等地的社区教育和老年教育机构将服务延伸到养老机构，通过与养老机构、社区照料中心一起联合举办老年教育，开始了对老年教育养教模式的探索。《老年教育发展规划（2016—2020年）》明确提出，“推进养教一体化，推动老年教育融入养老服务体系”。自此以后，养教结合作为一种具有中国特色的新型老年教育模式，受到全国各地普遍认同，并得以广泛开展。截至2019年3月，90%以上制定了当地老年教育发展规划、意见和行动计划的省份均将养教结合列为主要任务。国务院办公厅印发的《关于推进养老服务发展的意见》提出：“推进老年教育资源、课程、师资共享，探索养教结合新模式，为社区、老年教育机构及养老服务机构等提供支持。”由此可见，养教结合这个概念由教育行政部门率先提出并进行充分探索实践后，受到国家层面的认可，正式实施推行。

1. 养教结合的概念

养教结合，是指整合老年教育资源与社区养老服务资源，依托养老服务体系，实现养老功能与教育功能有效叠加的老年教育形态与实践模式。这种新型养老模式以扩大老年教育供给为着眼点，增强老年教育的可及性，以创新老年教育机制为关键，以提高老年人的生命品质为目的，有效促进我国老年人口的健康老龄化、积极老龄化和成功老龄化。

从概念分析的角度看，可以把养教结合分为泛指和特指两个层面来理解。从泛指的角度，是指依托居家养老为主体、社区托老为辅助、机构养老为补充的养老体系，推进老年教育与养老体系广泛而深度的融合；从特指的角度，是指老年教育机构为高龄或半失能老人在相对集中的场所里如社区和养老机构提供终身学习服务的模式。因此，针对不同年龄层次、依托不同养老场所、开展不同内容形式、举办不同性质的养教结合服务，助力多层次养老服务体系建设，成为当前老年教育面临的一个重点。

2. 养教结合目前存在的主要问题

目前，在全国探索开展养教结合的养老机构大多为公办的福利院、养老院和各种社区日间照料托老中心，参加学习的老年人由于自身学习兴趣、基础和能力的原因，参与比例还有待提升；社区日间照料中心、养老驿站和民办养老机构已经敏锐地捕捉到市场反应，意识到为入住老人提供多样化的老年教育，开展丰富文化精神活动，将提升其在同类机构中的核心竞争力，但苦于缺乏应有师资，对老年教育的特点、规律把握不到位，介入程度较低。且由于教育机构和养老机构长期分属不同的系统，一直处于分隔状态，养老机构的关注点在硬件设施和医疗保健上的服务是否到位，注重短期利益和眼前效应，对老年教育的作用、规律缺乏科学认识，不愿再投入教育经费。而传统老年教育举办机构的经费主要用于保障老年大学、社区学校等的运维，在现有机制下没有名目为养老机构单方面投入维持运转的保障经费。

3. 加快推进养教结合的主要措施

一是建立多部门联动机制。建立健全党政领导，教育、民政、卫健、文化等部门密切配合，各方机构共同参与的养教结合的管理体制，尽可能明确牵头统筹部门，要明确将养教结合纳入地方终身教育、老年教育整体规划和养老服务体系予以统筹考虑。在机构养老领域，养教结合的主体是养老机构和老年教育机构。2018年3月，全国老龄工作委员会划入卫健委后，养老服务事业的业务归口和管理体系发生了调整。相关部门应及时将养教结合工作纳入工作体系，将教育内容与成效加入对养老机构的管理考核中。在社区居家养老领域，养教结合的主体是社区和老年教育机构。政府应当进一步明确社区在开展社区养老中的职责，在其位谋其政，义不容辞地发挥出主导作用。进一步加强体制机制创新，强化师资培训，优化资源配置，开展课题研究，将依托社区开展养教结合工作纳入城乡社会治理工程。建立评估机制，对各参与部门施以相应激励、约束、评估、监督机制，才能保证养教结合的主体机构发挥作用。

二是加强政府支持保障力度。各级政府应出台政策调动民办养老机构的积极性，对养老机构引入的老年教育提供指导和规范。截至2019年3月，上海市共建有471个养教结合学习点、187个标准化学习点，出台了《上海市养老机构养教结合标准化学习点建设的指导标准》。积极开展老年教育养教结合示范点评选，鼓励支持各行各业、社会力量进入养教结合领域。政府应对社区养教结合项目予以支持，提供公建配套，将养教结合相关保障纳入社区养老服务管理规章。对在社区提供日间照料、康复护理、教育支持等服务的机构给予税费减免、资金支持、水电气热价格优惠等扶持。依据《养老设施建筑设计规划》《社区老年人日间照料中心建设标准》等要求，依托各种托老所、日间照料中心等居家养老场所和福利院、养老院、养护院等养老机构，通过配置必要教学设施，开展学习服务，丰富住养老人的精神生活。新建居住区应配套建设社区养老的教育服务设施，完善养教结合政策。条件成熟的地区可以探索医养教结合模式，为失能失智及盲聋等特殊老人提供康复教育一体化服务。

三是开展教学内容与教学形式创新。针对能自理的老人开展文化赏析、读报、棋类和情感交流活动；对于失智或障碍的老人，重点进行认知恢复教育，促进身体机能协调；对于失能老人，应该以康养和保健为主。对高龄居家养老者，可通过社会组织或志愿者社团，为无法出门、长期隔绝社会的老人提供个性化服务，如成都市锦江区的“一个人的剧场”项目；对社区养老者，围绕老年人社区养老的日常需求点，注重在其日常文化交流活动中植入学习服务，依托社区老年学校、社区教育学习点和社区日间照料中心，对老年人提供多样化的课程教学；对于在福利院、养老院、康复医院等机构的老年人，老年教育机构通过与养老机构共同制订教学计划，培育自主学习团队，按需点单，送教上门，让住养老年人参与学习的渠道更畅通。

四是广泛开展人口老龄化国情教育。《中华人民共和国老年人权益保障法》第八条规定，国家要开展人口老龄化国情教育，增强全社会积极应对人口老龄化的意识，开展各类宣传活动，树立尊老助老的社会风尚。各地应广泛对中青年人宣传终身教育和积极老龄化、成功老龄化的概念，让老年人的儿孙辈能认同老年教育，鼓励祖辈父辈积极参与；要创造条件和鼓励还没有进入高龄阶段的低龄老年人，通过参与社区学校或老年大学的课程，提前学习如何适应退休、学会老去的课程，学会如何进行财务分配，熟悉相关法律、保险、医疗、养老的常识，帮助他们从容地应对人生的最后一程，打造阳光心态，养成终身学习理念，以便更加适应今后的养老生活。不能到了老年能力衰退或者观念固化的时候，才来对其宣传终身学习理念，才鼓励吸引其参与终身学习。同时，积极鼓励民办养老机构提前参与社区老年学校和社区日间照料中心对老年人的学习服务，提升其社会形象和在老年人心中的认可度与信任度，也有利于在这些老年人入住后继续保持学习习惯，延续学习服务。

（三）整合创新已有主体力量

1. 继续发挥老年大学（老年学校）示范办学的作用

我国的老年大学发端于20世纪80年代，从1983年成立的全国第一所由政府主办的老年大学——山东省红十字会老年大学和1984年成立的全国第一所民办的老年大学——广东领海老年大学至今，我国老年大学逐步向县（市）、乡（镇）扩展。截至2018年底，全国共有各级各类老年大学和老年学校62 211所，在校老年学员814万余人，其中，县级及以上老年大学2 788所。省市一级实现了全覆盖，县级达到79%，乡镇街道一级达到16%，村社一级不足5%。可以看出，传统的老年大学和学校在服务社会基层和社区上基础薄弱、能力欠缺，因此，与植根基层的社区教育相融合发展，是一个明智而互补的选择。

老年大学有以下办学优势：首先是管理体制顺畅，主管部门明确，谁主办，谁负责，在管理成本上更为便捷有效。其次是办学经验丰富。在学员规模控制的现实情况下，就平均数而言，县级老年大学全年也就招生三五百人，市级大学从几千到上万人不等。从2018年数据来看，我国老年人参加老年大学（学校）受教育比例仅占老年人口总数的3.2%，比起社区教育庞大的参与人数，更能提供相对小巧精细、规范有序的教学管理。再次是有专门的场地、设施和管理人员编制，这点与到处整合、借用场地设施和人员的社区教育相比，具有明显的优势。最后是由于办学时间较长，公益性、正规性形象深入人心，已经在市民和老年人心中形成了品牌效应，每当老年人想参与终身学习时会首先想到去老年大学报名。

老年大学也存在着许多影响自身发展的瓶颈与制约。归根结底，是老年大学陈旧的体制机制不能适应新形势下蓬勃发展的老年教育现状。随着老年教育的主要参与人群从老干部群体转为普通老年人大众，福利性服务的标签已经不复存在，扩大供给、开门办学，才是当前老年大学转型的重点。经费来源单一且量少，师资专业性欠缺，远程学习支持能力不足，学习形式固化亟待创新以及谋求社会化合作，多渠道筹集办学资金与资源的机制尚未建立，这些都严重地制约了老年大学的发展。目前，教育部等多部门正在制定《关于积极推进老年大学发展的意见》，希望借此能推动各级各类老年大学在新的形势下实现更长足的发展，发挥更大的作用，切实服务当前城乡社区内广大老年人的学习需求。

转型中的老年大学和老年学校应该在以下四方面开展重点探索：一是主动与当地社区教育办学机构对接，探索建立融合发展机制。将办学触角往社区延伸，实现场地共享，师资共用，项目共建，课题共研，在融合发展中逐步实现机制创新，激发活力。二是积极参与当地养教结合工作联席会或工作小组，与养老院、福利院以及社区日间照料中心等养老机构进行合作，一方面扩大社区老年人的参与范围，另一方面也通过承接服务改善自身收入结构。三是进一步转变思路，充分与银发产业企业谋求合作，实现资源互补与双赢，引导它们规范积极地进入老年教育领域。四是创新教学形式，在传统课堂教学的基础上，大力发展远程学习、移动学习、体验学习、团队学习等新形式。在引进诸如游学等新型终身学习形式的同时，也逐步引导老年学员树立“公益”不是“慈善”，更不是“免费”的开放观念，帮助他们明白老年教育是继续教育，而不是义务教育，学员应当为自己参与个性化、优质化的老年学习服务支付合理的成本分摊。

2. 发挥全日制高等学校的综合优势

在传统的老年大学（学校）之外，越来越多的高等学校也逐步成为我国老年教育的举办主体。我国的高等学校和国外发达国家的高校一样，办学定位从精英教育转为大众化教育，有一个必经的阶段与过程。国际终身教育理论的面世，逐步推动我国高等院校从只服务培养少数应届精英青年，到通过函授、自考、成人大专等形式服务培养在职成人，在“成人教育”改为“继续教育”之后，终于把老年人也纳入服务对象，为他们提供了受教育的机会。高校里环境优美宽敞的校园、功能齐全的图书馆、可调剂使用的教室、专业优质的师资、强大的学科优势、浓厚的学术氛围，在吸引老年学员专心向学、净化心灵、陶冶情操上具有得天独厚的条件。

国际上第一所老年大学就诞生在法国的高校，可以说高校是最早采用系统、规范的方式举办老年教育的发源地。受法国第三年龄大学办学模式的影响，目前我国沿海发达地区如上海、浙江等地，率先鼓励高等学校开办面向社区老年人的老年大学或开设老年教育课程。2015年9月，全国高校第三年龄大学联盟在哈尔滨成立，秉承“平等、合作、互助、互惠”的原则，致力于开发优质老年教育课程资源，促进老年教育的国际合作以及开展老年教育政策研究。东部沿海发达地区是普通高校参与老年教育的先行区，上海交通大学、复旦大学等9所上海本地高校常年保持老年学员每学期参与人数2万人。一般来说，综合型、学术型高校由于其定位与培养方向的缘故，参与老年教育的比例较低，而成人高校、职业院校由于其在推进国家继续教育中的特殊定位，顺理成章地成为举办老年教育的高校中的主力军。全国各地的广播电视大学、开放大学由于近年来整体转型发展终身教育、社区教育，理所当然成为推进老年教育的高校排头兵。但是从全国整体范围来看，高校参与老年教育的实际情况并不乐观，“我国现有2 400多所普通高校，举办老年大学、承担老年教育任务的仅有100多所”。①

截至2019年3月，我国共有普通高校2 914所。如能调动这部分优

① 杨德广. 普通高校的继续教育应着力发展老年教育［J］. 终身教育研究，2017，28（6）：23-31.

质高等教育资源的力量，将极大地扩大我国城乡社区老年教育的供给，提升我国城乡社区老年教育的质量。在政府进一步实施统筹协同和政策推动下，普通高校将在更广的范围，更深地参与到老年大学的举办、老年课程与教材的研发、老年教育师资的培训与提供、老年教育理论学术研究和老年教育学科建设中来，为城乡社区老年教育的发展提供智力支持。

第四节　鼓励和吸引更多社会力量举办老年教育

一、当前我国城乡社区老年教育的举办主体

纵观全国几十年来推进老年教育的丰富实践，目前我国城乡社区老年教育的主体大致分为以下五类：

一是传统主体。这部分主体包括由各部委局、行业、企业和县级以上政府举办的各级各类老年大学（含老年电视大学、老年开放大学、老年网络大学、老年人活动中心、老年人协会等）。这部分主体的特征是大多属于体制内办学，参与起步较早，工作经费和场地有基本保障，课程门类较为丰富齐全，教学组织工作规范，办学经验丰富，但是往往存在机制僵化、供给不足和一座难求的问题，一旦在政策要求下进行剥离或走向社会化后，生存能力迅速弱化。

二是基础主体。这部分主体主要包括基层社区教育机构（区县社区教育学院、街道乡镇社区教育学校或工作站）举办的街道老年学校、社区老年学习点以及为辖区老年人提供学习服务的县级职教中心、乡镇成人文化技术学校等。同时部分由教育行政部门发挥主导作用推进老年教育的区域，在教育行政部门的整体统筹下，全日制的中小学校、职业技术学校、职业高中、普通高校，以及民办非学历教育机构、市场化培训机构也程度不一地参与了进来。全日制学校利用周末和寒暑假时间为社区老年人的学习与活动提供场所，开设课堂；民办教育培训机构在场地闲置的时段，为社区老年人提供自主学习的场地，或利用机构的专业师资为老年人开展初阶培训。

三是共同主体。依托各地集合相关党政部门成立的当地社区教育的

工作领导小组或联席会议小组里的成员单位，将原来属于各自系统里的文化教育类社会公共资源向老年人开放，比如博物馆、文化馆、图书馆、美术馆、体育馆、群众艺术馆、青少年宫、科普基地、安全教育基地和各类爱国主义教育基地。这部分主体涉及面广，硬件设施优良，资源优质，专业性强，有清晰的运行和保障机制，占了整个社会文化教育类资源的80%以上。缺点是在未明确主导统筹部门的体系下，各部门之间在如何有机融合，如何协同推进、可持续推进老年教育方面还存在问题。

四是新型主体。包括与教育系统分属不同的封闭系统的基层单位，如民政举办的敬老院、养老院与福利院等，如社区举办的养老驿站和日间照料中心，通过养教结合的新型模式服务住养老人；包括私营企业、民间资本兴建的营利性老年大学；包括医院、老年教育学会、老年教育基金会、民非机构与社区组织在内的老年教育社会组织。它们通过动员社会资源，按照组织的公益性宗旨和理念，开展各种形式的老年教育公益性社会服务。①

五是社会主体。包括一些行业协会、社团以及与银发产业息息相关的医疗、金融、保险、旅游、文创等领域的企业，通过提供专业师资、开发课程、共享基地、开展项目合作等形式，形式灵活地参与到社区老年教育中来。这些以老年人群为目标消费者的企业或行业，或出于社会责任与形象营造，或出于建立行业科普与品牌认同的出发点，主动与老年大学或社区学习点对接，愿意为老年人提供理财、防诈骗、康养、保险、法律、智能设备应用等确有需求的课程或讲座。

---

① 张东平，宋亦芳．老年教育社会学［M］．上海：同济大学出版社，2014：131.

二、鼓励吸引社会力量参与老年教育的意义

（一）进一步扩大老年教育供给

过去几十年来，随着社会整体的改革转型，我国老年教育体制机制处于不断调整和理顺中，相关工作制度并不健全，老年教育统计一直很难开展，各地在统计参与情况时也存在着人次和人数不分的情况，以至于公布出来的参加人数多于实际人数。即便在数据上浮的情况下，2013年，我国老年人的参与率也仅为3.35%①，这与英国、法国、日本等国相距甚远。一方面，国家近年来不遗余力地通过举办终身学习活动周等影响较大的宣传活动传播终身学习理念，培植老年人群的学习需求；另一方面，由于政府力量有限，面临巨大的老年人群基数，难以提供充足有效的供给。有时甚至会出现哪个地方的老年教育搞得好，老年人的学习需求被激发后又得不到满足，反而到处去投诉上访，造成政府不敢放手发展老年教育的情况，而这个矛盾只有通过扩大社会力量的参与才能有效缓解。在老年教育的运行机制中，只有充分发挥政府、市场、社会以及第三部门的作用，聚合一批来自社会各个领域与不同层面的力量，才能推动举办主体和资金来源的多元化，进而优化老年教育的结构与布局，为政府主办的老年教育办学提供必要有益的补充。

（二）进一步形成社会多方共识

近年来，社区教育在助力社区治理、促进社会建设方面的功能已经充分显现，日益受到政府和社会的认可。老年教育作为社区教育中的重要组成部分，在消解社会问题、缓解老龄化困境方面具有切实功效。“老人安则家庭安，家庭安则天下安。”推进治理体系现代化，任何一

① 据中国老年大学协会2013年底统计数据。

项工作都不可能仅凭某一个政府部门的一己之力就能实现良性、健康、可持续的发展。老年教育作为一项起步晚、保障弱的民生工程，更需要政府、社会、市场等多方主体形成共识，协同推进。在我国深度老龄化的背景下，国务院相继出台了系列养老事业规划与政策，2016年底制发的《国务院办公厅关于全面放开养老服务市场提升养老服务质量的若干意见》明确提出，全面深化养老服务综合改革，充分发挥社会力量主体作用。在养教结合的趋势引领下，越来越多参与养老服务的社会力量将投身老年教育事业，承担起相应社会责任，也促进和实现自身组织良性发展。

（三）进一步激发社会整体活力

通过鼓励和吸引多方社会力量参与社区老年教育，不断激发社会活力、经济活力以及文化活力。原本分属于不同领域不同行业的多元主体，纷纷参与老年教育，发挥各自优势与所长，提升了老年教育的专业化程度和立体化格局，助老爱老的老龄社会氛围越发浓厚，彰显了社会和谐。同时，由于经常参加老年教育的老年人自身已形成稳定而正向的价值观，能在社会中发挥协商沟通、关系调解和思想引导的作用，助力社会建设；老年教育主体多元化的实现需要各类银发产业的纷纷加入，它们中既有以服饰、交通、食品为代表的银发基本产业，也有以娱乐、医疗、旅游为代表的银发提升产业，还有以金融理财、保险证券等为代表的银发拓展产业[①]，涉及产品多，涵盖领域广，连同养教结合催生出的经济新业态与新模式，有力地促进了经济整体活跃；老年教育是社会文化的重要组成部分，是思想政治工作的主阵地，是传承和弘扬中华民

---

① 金德琅. 老年教育经济学［M］. 上海：同济大学出版社，2014：53.

族优秀文化的主渠道。老年人乐于参加文体活动，也是文化市场的积极消费者。老年人以其固有的智慧、经验与人生阅历优势，在人文、社会、文化领域成为学习型社区建设不可或缺的重要力量，在创新和发扬中华民族优秀文化、助力基层文化繁荣之余，身体力行地传播终身学习文化。

三、积极鼓励和引导社会力量参与老年教育

（一）社会力量参与老年教育的主要途径

在各地社会力量参与社区老年教育的实践中，主要有以下三种模式：一是实体办学。一些市场主体、社会组织、企业行业、民间资本纷纷举资兴办老年大学，其中有年轻时尚、令人耳目一新的北京50+生活馆，也有办学历史近30年的工商银行郑州分行老年大学。在2016年获得了全国示范老年大学称号的武汉市常青花园老年大学和江苏青春老年大学属于民间资本自主办学，举资1亿元创建江阴元林老年大学的江苏元林慈善基金会属于社会组织办学，投资1亿元改建南山老年大学的山东龙口南山集团属于市场主体办学。二是提供师资。常见于当地师资资源相对集中的全日制学校，从中小学到职业中学、高校，以及一些市场化培训机构，包括个人，以志愿服务的形式参与进来。三是开发课程。主要见于党政相关部门如卫健委、红十字会、妇女联合会、食品卫生安全监督、公安等，围绕社区重点和弱势人群，开发基于生活保健、急救、食品安全、防诈骗和权益维护的与老年人息息相关的内容。四是共建共享场地。在大量政府主办的各种场馆向老年人免费开放基本实现的基础上，一些民办培训机构将办学非高峰期的闲置场地免费或以仅收取成本费用的形式向社区老年人群开发。一些民间的私人属性的博物

馆、典藏馆也通过共建老年人体验学习基地或游学基地等形式参与进来。五是直接捐资。通过冠名举办某某老年课堂或某某杯老年学习成果展演，以及资助实验项目、科研课题等形式进行参与。

（二）加大媒体宣传与社会动员力度

积极开展针对全社会各个年龄段和各个社会领域人群的宣传，让大众尊老爱老，“善待老人体现一座城市的良心”“家家有老人，人人都会老”的观念深入人心；了解老年人积极老龄化的含义、内容与实现途径，重视老年教育。通过运用各类社会媒体、户外媒体、新媒体和传统媒体，营造终身学习氛围，让老年人了解终身学习，认同终身学习，积极参与终身学习。让老年人的子女支持父母长辈参与终身学习，让有资源、有场地、有条件、有意愿的多种社会力量通过多种渠道与途径，积极参与，为营造学习型社会、提升老年人的生活品质、共建和谐社会做出贡献，体现社会责任与担当。

（三）为社会力量举办老年教育提供实质性支持

在我国第一所老年大学的诞生地山东，在十多年前就开始了民间个人兴办老年教育的多例探索，然而由于政府对社会力量举办老年教育机构多停留在鼓励层面，缺乏切实具体的政策支撑，最后这些个人兴办的老年大学最后不得不挂靠公办老年大学而得以存续。因此，建立健全社会力量参与老年教育的配套政策，成为社会力量踊跃举办老年教育的关键因素。社区老年教育主体机构应向社会发布老年教育的需求信息，为有意愿参与的社会力量提供对接的机会。面向社会资本，挖掘民间资本的潜力，扩大市场准入。对于社会力量举办的非营利性的养老服务机构，可以通过政府向其购买公共服务的方式，采取政府与之签订合约的方式进行补助和规范；对于那些营利性养老服务机构，应加强监管和督查。施行社区老年教育场所用房用地优惠政策或老年教育设施收费优惠制度，减征或免征社区兴办老年教育服务福利事业企业所得税。加大社会激励和评比表彰，以中国老年大学协会在全国范围内开展全国示范老年大学评比等工作为抓手，在各地广泛开展老年教育示范校、示范点的评选，让一批明星老年大学脱颖而出，为老年人提供优质示范的教学资源。

第五节　扩大老年教育资源，不断优化内容与形式

一、老年教育资源的概念界定

社会资源是指为了应对需要、满足需求，所有能提供且足以转化为具体服务内涵的客体。教育资源是指开展教育的过程中所占用、使用和消耗的物力、财力、人力等各种要素，也包含教育制度、教育品牌、教育资产、教育经验、教育理念及教育领域内外人际关系的总和。社会资源包含教育资源，而在老年教育开放体系的语境下，社会资源又成为教育资源的一部分。借鉴学者沈光辉对社区教育资源概念的界定①，社区老年教育资源可以被定义为：在社区范围内，被用于社区老年教育的一切物力、人力、财力等有形资源和制度、文化、政策等无形资源的总和。

社区老年教育资源从空间形态角度理解，可以分为有形资源和无形资源；从内涵范畴角度理解，可以分为广义的资源与狭义的资源。广义的社区老年教育资源包括：包含场所、设备、教材等在内的物力资源，包含管理者、专兼职师资、志愿者在内的人力资源，包含政府拨款与社会出资等在内的财力资源，以及法规、制度、规范等政策资源。狭义的社区老年教育资源指为辅助老年教学的实施而必要的人力资源和教学资源。由于本章前几节已经就涉及政策的体制机制类问题进行了详细阐述，在此就重点围绕狭义的老年教育资源展开论述。

---

① 沈光辉. 转型发展中的社区教育问题研究［M］. 北京：中央广播电视大学出版社，2016：97.

二、老年教育资源

在社区老年教育的实施推进中，只有持续扩大资源，有效利用资源，对各类资源进行融通整合，实现社区内教育资源的最优配置和老年教育效应的最大化，才能有效地促进老年教育事业的长足发展。

（一）政府资源

在中国特色的社会体制框架下，在从计划经济体制逐渐转型为市场经济体制的过程中，在从管理型政府向服务型政府的转变中，尽管政府不断让渡资源空间，然而依然对各类资源享有较大的持有比例，处于优势地位。因此，在集合统筹各类资源惠及老年教育时，政府应该发挥主导和引领的作用。政府在资源配置中的功能与作用，主要是通过制定政策和法律等资源运作规则，对各种社会资源配置的流向、结构和退出等进行合理引导，以形成有效的资源配置秩序。根据服务型政府的定位与要求，政府资源配置的投入重点应该是经济和社会事业领域的公共产品和公共服务。上海市老年教育教材研发中心在负责推进上海市老年教育教材资源建设中，创新“四位一体，三通直学”的老年教育资源体系，为上海老年人提供了线下资源与线上资源的混合学习服务。2018年，成都市学习型城市建设与社区教育联席会议办公室下发了《2018年度社区教育资源及教育培训服务清单》，来自27个相关党政职能部门的多样化教育资源首次汇集呈现，基层社区老年教育机构可以根据清单上的各类资源按需按量申领。

（二）社会资源

衡量现代教育治理体系的一个重要标准，就是最大限度地吸引社会各领域资源，全方位进入教育领域。除上一节分析到的五类主体自带的资源外，还应当与社区团体和各种非营利性组织建立起更紧密的伙伴关系，以此来聚合体量更大、覆盖面更广的老年教育资源。社会组织是吸附社会资源的有力载体，它聚集了大量的外显资源和潜在资源，是社区老年教育的重要资源供给主体。社会组织的结构与性质决定了其对服务对象的需求以及外部环境保持了天然的灵敏性①，非常重视来自服务对象的反馈信息，它们往往更能聚合各类社会资本和各类人才，可以将传统政府部门视野之外、能力之余的优质资源整合起来，为老年教育提供更为丰富多样的教育资源。

（三）本体资源

随着老年教育在全社会的持续推进，大众理念也逐渐发生变化。长期被认为是资源消耗占用者和“包袱”的老年人，越来越被认同为是社会的财富，老年人力资源也逐渐成为老龄化社会赖以发展的重要资源。一方面，那些低龄、健康的专业技术人员及科研人员已经成为我国的稀缺性人力资本，我国的诺贝尔奖获得者屠呦呦获奖时已经85岁高龄；另一方面，老年人参与社区老年教育的角色发生了变换，从受教者转换为施教者，从参与者变成了组织者，实现了积极老龄化。关心下一代工作委员会（简称关工委）成立三十多年来，通过组建五老志愿者（老干部、老党员、老教师、老模范、老专家），以关心、教育下一代为工作目的，依托全国网络体系开展工作。很多地方还组建了老年科技服务协会、老教授报告团等团体，送科技文化下乡或参加扶贫支边，为相对落后的中西部地区培训医疗、教育骨干。2018年，阿里巴巴公司公开招聘了一批“淘宝自身用户研究专员”，年薪35万—40万元，基本要求是60岁以上、有3年以上网购经历，在社区老年群体里有较大影响力或老

---

① 刁元园．发挥社会组织优势　助推社区教育治理创新——以成都实践探索为例［J］．中国成人教育，2018（24）：133-136.

年社团骨干者优先。他们的工作是深度体验“亲情版”手淘产品，通过各种座谈、课堂教会老年人如何网购，以问卷形式收集老年用户的用户体验信息。

三、满足老年人多样化需求，丰富学习内容

（一）老年人的学习需求分析

我国的老年人群体因所处区域、受教育程度、年龄性别、个体差异等因素的不同而呈现不同的学习需求。只有摸清了老年人的学习需求，才能按需服务，确保教育资源的实际效用。进入21世纪以来，世界卫生组织和国际老年学会等权威机构也相继提出了健康老龄化、积极老龄化和成功老龄化的概念。健康老龄化是指在老龄化社会中，绝大多数老年人处于生理、心理和社会功能的健康状态；积极老龄化是指为了增进人们老年时的生活质量，提供健康、参与及保障的最佳机会的过程；而成功老龄化有三个衡量的标准，即避免疾病和失能，维持认知和身体功能，持续从事社会参与。逐层递进的三个老龄化的概念带来了新的标准，新的标准下蕴含着老年人参与老年教育新的需求。高龄人群的学习需求可以分为工具性特征（instrumental learning）和表达性特征（expressive learning）。工具性特征即帮助他们解决在老年期面临的生活、家庭及社会等各方面的挑战，表达性特征即通过参与学习活动实现表达或表现自身的愿望。① 因此，当前我国各地开展的老年教育，大多致力于培养“文明老人”“健康老人”“智慧老人”“时尚老人”“幸福老人”，通过老年学习，尽显令社会尊重和称道的长者风范。

---

① 许竞，李雅慧. 我国老年教育供给与中高龄人群学习需求匹配状况调查——基于部分省市抽样数据［J］. 现代远程教育研究，2016（6）：39-46.

（二）新形势下老年教育的内容

社区老年教育的教学内容，体现了不同阶段对老年教育的定位与价值选择，是所获得的学习资源在范围和质量上的具体表现。在推进“活跃老龄化”的愿景下，新加坡实施的老年教育项目“快乐学堂”主要从社交、思想、心理、职业、情绪与心灵等六个方面对课程进行设计。[①]我国台湾地区的乐龄中心与乐龄大学开设的课程主要围绕三大方向，即基础生活、兴趣特色与贡献。

随着老年教育格局从封闭式到开放式的转变、服务对象从体制内向社会化的转变，我国老年教育内容也从以文化兴趣为主的单一化向多样化转变。基于对我国各地开展的丰富多彩的老年教育内容的收集，可知，我国的老年教育大致分为学历教育和非学历教育两类。

在学历教育方面，我国沿海发达地区做出了有益的探索。2011年，上海开放大学成立老年教育学院，在全国率先举办老年人学历教育，第一批开设了4个专业，考试合格者将取得大专文凭；2014年，江苏开放大学在全国率先实现老年本科学历继续教育，为老年人接受正规学历教育创造条件，目前有200多位老年人参加学习。

在非学历教育方面，按照课程内容大致可以分为以下五类：一是以社会主义核心价值观为引领的人文素质教育类，含政治时事、国际局势、社会热点、人文素养、传统美德、思想道德、家庭关系、法律权益等内容；二是以促进和维持老年人良好身心状态为目标的健康养生类，含中医常识、经络穴位、自我保健、饮食营养、心理健康、合理膳食、

---

① 黄明德，王渝宣，张运花．新加坡快乐学堂学习模式介绍［C］//北京大学．老有所为在中国的发展：实证、实践与实策论文集．北京：北京大学出版社，2011：20–21.

健身运动、生命教育等内容；三是培养老年人兴趣爱好的娱乐文化类，含唱歌舞蹈、传统戏曲、国学经典、书画、棋牌、服装展示、戏剧赏析、红酒品鉴等内容；四是以提升现代生活能力为目标的实用技能类，含计算机、智能手机、制作音乐相册、理财投资、自助旅游攻略、摄影、编织、串珠、外语学习等内容；五是以扩大社会参与为目的的活动社团类，含社会参与、人际交往、心理学等内容，教会老年学员从参与社团，到成立社团、运维社团。

四、把握教育规律，创新学习形式

最好的教育一定是最适合的教育，必然是从学习者本人出发的。在老年教育内容确定的基础上，打造出适合各类老年群体的教育形式，才能谈得上老年人的参与性、获得感、接受有品质的教育服务。这里举一些当前在国内有代表性的学习形式。

（1）课堂学习。这是目前全国老年教育领域最为传统和普遍的学习形式。通过教师在课堂上的示范、讲授、分析、提问，帮助老年学员掌握知识，培养学习兴趣。课堂式学习常见于各级各类老年大学和老年学校，目前国内70%以上的老年人通过这种形式参与老年教育。

（2）自主学习。自主学习是一种以学生作为学习主体，通过学生独立地分析、探索、实践、质疑、创造等方法来实现学习目标的现代化学习方式。在成人教育、老年教育的语境下，自主学习是一种老年学习者积极、主动参与整个学习过程的学习形式，老年人按照自己感兴趣的课程，选择自己方便的时间、地方和方式进行学习。

（3）远程学习。顺应“互联网+”时代背景，充分利用现代信息技术发展远程老年教育，让互联网发展成果惠及我国老年人。通过开发网站、电视、移动和微信公众号的远程学习平台，为老年人交流、分享和碎片化学习创造机会。比如上海市成立远程老年大学，通过上海教育电视台和“上海老年人学习网”“上海老年微学网站”“指尖上的老年教育”微信公众号，开设多种课程，打造了100门精品慕课，通过微课、电子书及期刊、有声读物和远程学习教室等形式，充分满足老年人在远程学习上的需求。

（4）团队学习。团队学习指学习个体在相互认同的基础上，通过相互配合、相互帮助、相互依存而进行共同学习，集体建构达到共同发展。国际上的团队学习起源于瑞典学习圈，国内的团队学习又叫学习共同体，该概念起源于杭州，其理念广受北京、上海、南京、郑州、广州、成都等地的认同，上述城市也纷纷加入参与行列。这种以自愿参与、高度自主、自我需求、自身兴趣爱好、彼此是成员关系、成员即学习资源为主要特点的学习方式非常适合人生经验和智力知识水平处于巅峰时期的老年学习者。

（5）体验学习。体验学习是一种坚持以学习者为中心，需要通过实践与反思的结合才能获得知识、技能和态度的学习方式。它源于建构主义理论对学习过程中体验、互动的重视和强调，参加者在教育方式、学习内容、学习方法上有较大的选择自由度，极大地提升了老年人的学习兴趣和积极性。早在2013年，上海建成了100个示范性老年社会教育基地、102个体验站点，开设了237个体验项目，每年参与体验的老年人接近50万名；成都从2013年起开始探索市民游学，截至目前打造了30余条路线，为老年人提供了寓学于游的快乐学习之旅。

（6）混龄学习。老少混龄共处模式起源于日本养老产业，近年来在我国东部沿海城市也开始了探索与尝试。华南理工大学自2014年成立老年大学以来，招生人数不断增长。该老年大学让高校学生与老年学员们一起参与教学与互动，增强代际交流，这种混龄学习模式激发了不同年龄学习者的学习兴趣。长者身上强烈的求知欲、只争朝夕的生命态度和丰富的人生阅历经验让青年学生备受启发与激励，而青年学生朝气蓬勃的精神风貌和对现代学习技能的熟练运用又帮助老年人提升了学习能力，感染了青春活力，双方相得益彰，共同成长。2018年，杭州市的一家养老院入住了14名年轻住户，养老院仅向他们收取低廉的房屋租金，他们则要每月提供不低于20个小时的以服务住养老人学习、文化、生活为内容的志愿服务。此举不仅盘活了闲置床位，还为养老院增添了人气与活力。

（7）志愿服务。志愿服务是志愿者利用自己的时间、技能、资源和善心为邻居、社区和社会提供非营利、无偿、非职业化援助的行为，志愿者精神是人文精神的最高级表现形式。通过学习具备服务社会和他人的能力，从而实现自我价值，是老年人通过老年教育实现社会参与的最高境界。在上海，一个以低龄老人关爱高龄老人为形式的“老伙伴”计划自2012年起开始实施，截至目前已经惠及了20万名高龄独居老人。上海市老年志愿者总队通过每年开展“十佳老年志愿服务集体（团队）”的评选，号召鼓励更多低龄老人参与志愿服务。

第九章　推动各类学习型组织建设

建成人人皆学、处处能学、时时可学的学习型社会是我国教育长期发展的战略目标，是实现教育现代化的迫切要求。围绕服务全体公民终身学习的理念，为建立渠道更加畅通、方式更加灵活、资源更加丰富、学习更加便利的终身学习体系，各类学习型组织成为终身学习服务体系的重要组成部分。学习型组织可以划分为“单位型学习型组织”和“区域型学习型组织”，学习型企业、学习型学校、学习型医院等属于单位型学习型组织，学习型城市、学习型街乡、学习型社区等则属于区域型学习型组织。从当前国内外实践发展趋势来看，区域型学习型组织的建设重点是深入开展学习型城市建设，其他类型学习型组织建设则呈现“多点开花”的趋势。广泛开展各类学习型组织建设依然是未来15年的重要工作之一。

第一节　深入开展学习型城市建设

“构建学习型社区、学习型城市、学习型区域是实现国家建设学习型社会目标的具体落实。”① 具体而言，学习型城市建设则是学习型社会

① 杨进，张行才，冯佳，牛阿娜. 国际社会构建学习型城市推进终身学习策略综述［J］. 天津电大学报，2012，16（2）：7-14.

建设在城市范围内的落实。从我国学习型城市建设实践来看，是在以行政区划分的城市范围内开展学习型社会建设，包括行政区域内的农村地区，即开展城乡一体化的学习型城市建设。随着学习型社会理念深入，以及学习型组织实践的开展，由部分城市自发提出了创建学习型城市的口号，拉开了中国学习型城市建设的大幕。

一、学习型城市的概念及内涵

学习型城市理论的研究是一个多学科交叉领域，教育学、管理学、经济学、社会学等都对学习型城市有过相关的讨论，不同的学科视角使学习型城市的内涵极其丰富，这也导致学习型城市明确的定义在学术界仍然存在较大的争论。在全球范围内，学习型城市建设实践已经开展了近30年，先后经历了以欧洲为代表的第一代学习型城市建设，及以东亚为代表的第二代学习型城市建设。实践中学习型城市模式多种多样，实践者所能达成的共识是“学习型城市建设是一项有起点无终点的工作”。学习型城市建设是一个不断创新的过程，实践的经验不断充实理论体系，理论研究又是助推实践发展的重要源泉。

（一）学习型城市的概念界定

1972年联合国教科文组织发布的福尔报告首次提及了学习型城市的概念：“城邦是最好的教师”，“特别当这个城市保持它的人口比例不变时，它的确包含有巨大的教育潜力；这里面，它的社会结构、行政结构和它的文化网络都具有这种巨大的教育潜力——不仅是由于它的交流具有活力，而且因为这个城邦就是一所培养公民感情和使其相互了解的学校”。[①]城市即教师，城市即学校，这也被视为对学习型城市最初的理解。

学习型社会的理念首先在欧洲推广，学习型城市建设的第一波浪潮也主要是在欧洲地区展开，其中以欧盟委员会1991年开展的“欧洲终身学习新举措”（European Lifelong Learning Initiative，ELLI）与1998年启动的“迈向欧洲学习型社会”（Toward European Learning Society，TELS）两个项目为代表。结合理念与实践，对学习型城市给出了明确的定义：“学习型城市、城镇、地区在其法定职责之外，应向有需求的市民提供教育和培训，通过法律、制度、行动计划增加学习机会，创造充满活力、市民积极参与、有文化意识、经济活跃的人文环境，不断激发市民潜能。”[②]“一个学习型城市、城镇或地区高度认可并理解学习对于经济繁荣、社会稳定及个人成就的重要意义，充分并富有创造性地利用各类实体和金融资源，积极动员社会各界，以全面发展所有人的潜能。”[③]

从国际组织的定义来看，都是从城市“职能”的角度来定义学习型城市，即学习型城市与非学习型城市的不同，主要是通过它是否倡导终身学习、是否为市民提供终身学习机会、是否通过促进终身学习满足个体全面发展的需求来进行判断。联合国教科文组织在2011年首届全球学习型城市大会上，结合新时代的新发展，再次从学习型城市功能、建

---

① 联合国教科文组织国际教育委员会．学会生存——教育世界的今天和明天［M］．北京：教育科学出版社，1998.

② European Commission. European Lifelong Learning Initiative［EB/OL］.（2017-04-28）［2019-03-09］http://eurolocal.info/organisation/european-lifelong-learning-initiative.

③ European Commission. Toward European Learning Society［EB/OL］.（2017-04-28）［2019-03-09］http://eurolocal.info/project/tels-towards-european-learning-society.

设内容、建设目标的角度做出了定义：一个学习型城市是一个能动员和运用各个方面资源的城市，通过提高从基础教育到高等教育的包容性，激发家庭和社区中的学习，促进为工作和在工作场所中的学习，扩展现代学习技术的应用，改善并优化学习质量，以及营造终身学习文化这些措施，学习型城市会提升个人能力和促进社会融合，促进经济和文化繁荣，并实现可持续发展。①

学习型社会与学习型组织两个概念基本是在同一时期传入我国的，在建设学习型城市过程中，两个理论同时被作为该领域的研究基础并指导相关实践，因此我国关于学习型城市的定义展示出了更加丰富的内涵。如时龙、蔡宝田提出："学习型城市是以全民学习为表征，学习的动力源于社会的变迁，学习的内容体现着时代的方向，是一种个人学习与团队学习交融，学习与工作、生活交融，学校与竞争、超越交融的全新的学习理念和城市发展实践。"② 马仲良、吴晓川肯定了学习型城市与学习型社会间的密切联系，认为学习型城市是以实现人的全面发展为目标，不断推进教育的社会化和社会的教育化，推进全面学习、终身学习，逐步实现市民工作学习化、学习生活化、工作生活化和工作、学习、生活一体化的城市；也是一种城市管理和城市发展的新型模式，是把教育与学习作为城市建设、城市管理和城市发展的前提、基础和关键

① 联合国教科文组织终身学习研究所．全球学习型城市网络指导性文件：学习型城市关键特征［EB/OL］.（2017-05-20）［2019-03-08］http://uil.unesco.org/fileadmin/keydocuments/LifelongLearning/learning-cities/unesco-global-network-of-learning-cities-guiding-documents-cn.pdf.

② 时龙，蔡宝田．学习型城市与城市教育［M］．北京：首都师范大学出版社，2005：51-52.

环节的现代化城市。①与国际组织定义相比较，除强调学习型城市应有的教育功能外，同时也提出学习型城市是一种现代的城市管理方式、一种新型的城市发展模式。

（二）学习型城市构成要素和特征

学习型城市的特征是什么？什么样的城市可以被称为学习型城市？学习型城市的具体建设内容是什么？这些问题是开展学习型城市建设实践必须研究和明确的内涵性问题，属于学习型城市建设内涵的重要组成部分。

联合国教科文组织于2013年在北京举行的首届全球学习型城市大会上正式发布《学习型城市关键特征》，按照学习型城市建设的目标、任务、基础条件三个方面，总结出了38项关键特征（如表9-1）。

表9-1 学习型城市关键特征

1 学习型城市建设三项目标	
1.1 提升个体能力，促进社会和谐	1.1.1 确保每个公民具备基本读写能力 1.1.2 行使积极的公民权 1.1.3 促进性别平等和赋予妇女权利 1.1.4 创造安全的社会环境
1.2 促进经济发展，繁荣城市文化	1.2.1 刺激经济增长 1.2.2 创造就业机会 1.2.3 推进创新 1.2.4 支持市民参与多元化的文化活动 1.2.5 鼓励市民参加体育锻炼
1.3 可持续发展	1.3.1 减少环境负面影响 1.3.2 提升城市宜居程度 1.3.3 坚定执行可持续发展

① 马仲良，吴晓川. 建设学习型城市［M］. 北京：北京工业大学出版社，2008：50-51.

续表

2 学习型城市建设六大任务	
2.1 全面提高从基础教育到高等教育的入学率	2.1.1 扩大学前教育入学机会 2.1.2 提高从初等到高等各级教育入学率 2.1.3 扩大成人学习和教育的参与度
2.2 激活社区学习	2.2.1 建立以社区为基础的学习场所 2.2.2 动员市民参与社区学习
2.3 提升职业培训和工作场所学习的效率	2.3.1 确保员工拥有继续学习的机会 2.3.2 鼓励雇主支持开展工作场所学习 2.3.3 向失业者提供适当的培训机会
2.4 扩展现代学习技术应用	2.4.1 扩展市民信息技术获取途径 2.4.2 运用信息技术促进学习 2.4.3 建设高质量电子学习资源
2.5 改善并优化学习质量	2.5.1 发展适当的专业教师队伍 2.5.2 创造友好的学习环境 2.5.3 提升教育和学习质量 2.5.4 确保毕业生工作中的优异表现
2.6 创造充满活力的终身学习文化	2.6.1 组织各类宣传、提高学习的公共活动 2.6.2 为全体市民提供充足的学习指导和支持 2.6.3 开发学习成果认证及奖励体系
3 学习型城市的基础条件	
3.1 愿景及坚定的政治意愿和承诺	3.1.1 展示本地领导力 3.1.2 发展和实行公共政策及策略
3.2 治理和各界参与	3.2.1 为参与者建立协作机制 3.2.2 鼓励社会各界的参与，推进终身学习 3.2.3 建立和加强国际合作
3.3 活用资源，发展潜力	3.3.1 活用经济来源 3.3.2 向弱势群体提供专项经费支持 3.3.3 设计创新利用人力资源的方法

近年国内具有代表性的观点则是学习型社会建设研究课题组的研究成果，提出了学习型城市4项基本特征（如表9-2）①。

表9-2　学习型城市基本特征

基本特征	内容
以实现人的全面发展为城市发展的根本目标	不断推进教育的社会化和社会的教育化，推进全民学习、终身学习，实现市民工作学习化、学习生活化、工作生活化和工作、学习、生活一体化
以提升人的素质为城市发展的根本保证	彻底改变主要依靠物资消耗的城市发展模式，真正把人作为城市发展的根本依靠力量
具有完善的终身教育体系	以终身教育理念来构建完备的教育、学习体系。在学习进程上，强调终身学习；在教育制度的设计上，提供市民终身参与学习活动的机会；在学习主体上，强调个人学习的自觉性，鼓励人人学习；在学习机会上，强调开放性，做到教育资源社会共享
普遍开展学习型组织创建工作	大力推动学习型组织建设，使城市各类组织的生存和创新能力持续增强，使整个城市得到可持续发展

郝克明课题组则将建设学习型城市的要素总结为：（1）学习型组织和学习型社区是学习型城市的基石；（2）终身学习体系是学习型城市的支持架构；（3）终身学习理念是学习型城市的灵魂。②

（三）学习型城市的建设原则与策略

关于“如何建设学习型城市”这个问题，国际权威组织和国内学者的代表性观点主要有以下两种：

（1）联合国教科文组织终身学习研究所团队通过分析各类宣言、

---

① 学习型社会建设研究课题组. 学习型社会建设的理论与实践［M］. 北京：高等教育出版社，2010：105.

② 郝克明. 学习型城市：带动我国建设学习型社会的主阵地［J］. 终身教育研究，2017，28（4）：73-79.

原则、政策，总结出9条对政策的制定具有一定参考作用的学习型城市的共性，包括：政治意愿和政治承诺，将学习和传播知识放在核心发展的地位；建立合作关系和网络，主要是强调城市各部门间的合作、各组织机构的网络；对学习需求的分析；增加学习机会；各有关部门都成为学习型组织；增强社会凝聚力，尤其强调对弱势群体的支持；推动财富创造和就业；充分发挥大学的职能；庆祝和鼓励学习，开展各类学习庆典和组织活动。

（2）郝克明教授主持了“十五”重大研究项目“建设终身学习体系和学习型社会的研究”，课题组在认真分析国内外学习型城市建设的现状，仔细研究我国学习型城市取得的经验和存在的困难与问题的基础上，提出了以下建设学习型城市的发展策略：充分认识建设学习型城市的重大意义；制定终身学习法，颁布推进学习型城市建设的白皮书，加强国家法律保障；转换理念，在全社会进行一次教育思想的大讨论；建立强有力的组织保障体系；创新制度，包括灵活多样的招生升学制度、考试制度、自学考试制度、资格认证制度、教育评价制度、用人制度等；整合全社会教育资源，为建设学习型城市提供支撑；充分利用现代教育技术手段。

二、我国学习型城市建设政策历程

我国学习型城市建设始于20世纪末21世纪初，呈现“先地方再中央”的发展趋势，学习型城市建设实践源于部分发达城市的自发性探索，积累一定的实践经验后继而由中央向全国推广。从学习型城市建设政策发展历程来看，在党和国家提出了建设学习型社会理念的指引下，学习型城市建设专项政策的出台也具有“自下而上”的特色：先出台地方性学习型城市建设政策，再出台国家层面的学习型城市专项政策。具体而言可以划分为前期探索、正式起步、全面推进三个阶段。

（一）学习型城市建设前期探索阶段（1999—2002年）

标志：上海市率先提出学习型城市建设口号。

在1999年9月召开的迎接21世纪的上海教育工作会议上，时任上海市市长宣布了这一审时度势、正当其时的重要决定："努力把上海建成适应新时代的学习型城市"。[①] 上海是学习型社会、学习型组织理念进入中国的第一站：1979年，上海师范大学外国教育研究室最早翻译出版了联合国教科文组织的《学会生存——教育世界的今天和明天》[②]；1994年10月，由上海市原市长汪道涵推荐，经东方编译所编辑，上海三联书店出版了彼得·圣吉（Peter M. Senge）著《第五项修炼——学习型组织的艺术与实务》一书。[③] 加之上海长期拥有较好的群众学习政策基础，如上海工人于1982年5月首创上海振兴中华读书活动。[④] 上海因此成为我国第一个提出创建学习型城市的地区，开启了学习型城市建设在中国的探索之路。

随后大连、常州、北京也相继提出建设学习型城市的目标，成为我国第一批自发开展学习型城市建设的区域。

2001年6月3日，大连市在市九届一次党代会上通过《中共大连市

---

① 徐文龙，楼一峰. 终身教育：知识经济的成功之本——上海建立"学习型城市"的总体思路［J］. 教育发展研究，2000（3）：61-64.

② 联合国教科文组织国际教育发展委员会. 学会生存——教育世界的今天和明天［M］. 上海师范大学外国教育研究室，译. 上海：上海译文出版社，1979.

③ 张声雄. 学习型组织的时代意义及在中国的发展［J］. 云南广播电视大学学报，1999（3）：29-34.

④ 刘宝华，杨波，董建文. 把上海构建成学习型城市［N］. 解放日报，2001-08-27（1）.

委关于建设学习型城市的决定》，确定此后10年内率先基本实现现代化的目标，建设学习型城市对于完成这一跨越式的发展具有战略的意义。

2001年10月，常州市在市委九届二次全会上通过了《关于建设学习型城市的决定》。2002年2月，又召开了全市建设学习型城市动员大会，进一步明确建设学习型城市是一项长期的战略性举措，是常州实现跨越发展的新支点。

2001年11月7日，在全国社区教育事业工作经验交流会上，北京市提出，北京必须争创全国一流的社区教育，争取用10年左右的时间在全国率先建成学习化城市。①

（二）学习型城市建设正式起步阶段（2002—2014年）

标志：2002年党的十六大报告正式提出“形成全民学习、终身学习的学习型社会，促进人的全面发展”。

学习型社会理念首次进入国家重要政策文本即占据了重要位置，十六大报告将学习型社会作为全面建设小康社会的目标之一，体现了党和政府对该理念的认可和重视态度。“建设学习型社会是科技、经济、文化和社会高度发展的必然要求”，建设学习型社会“不仅直接关系我国全面建设小康社会和社会主义现代化目标的实现，也将促使21世纪我国基础教育和整个教育事业发生革命性的转变”。②“学习是人类自我超越的一种手段。学习型社会把教育和社会联系在一起，将为人的全面发展创造更好的条件，使人的整体素质得到进一步提高。由此可见，十六大报告关于‘形成全民学习、终身学习的学习型社会’的新理念，

---

① 时龙，蔡宝田. 学习型城市与城市教育［M］. 北京：首都师范大学出版社，2005：187.

② 郝克明. 建设学习型社会与基础教育创新［J］. 教育研究，2003（8）：36-41.

集中体现了今后相当一段时期内，我国教育发展与改革将以人的全面发展为核心的总体战略思路。这对于我们准确把握教育在社会主义现代化建设中的历史使命，具有极其重要的指导意义。”①

在十六大报告精神指导下，创建学习型城市的表述也正式出现在中央一级的政策文本中。2002年中共中央办公厅、国务院办公厅印发的《2002—2005年全国人才队伍建设规划纲要》和2004年国务院批转教育部的《2003—2007年教育振兴行动计划》，都明确提出开展创建学习型组织、学习型社区、学习型城市活动，促进学习型社会的建设和发展。此后，2007年党的十七大报告、2012年党的十八大报告，也都延续了十六大报告的精神，继续强调开展学习型社会建设的重要性。2010年颁布的《纲要》特别强调，广泛开展城乡社区教育，加快各类学习型组织建设，基本形成全民学习、终身学习的学习型社会，决定把基本形成学习型社会作为我国教育未来10年的三大战略目标之一。

据不完全统计，至2013年全国已有近百个城市开展了学习型城市建设工作。②其中，上海、北京、深圳、大连、常州、南京、青岛、杭州、郑州、西安、太原、重庆、天津等一批城市以市委市政府正式发文方式出台了学习型城市建设专项政策。如：上海市《关于推进学习型社会建设的指导意见》（2006年）、北京市《关于大力推进首都学习型城市建设的决定》（2007年）、杭州市《关于推进学习型城市建设的若干意见》（2011年）；部分省市还颁布了与学习型城市建设紧密相关的地方性法规，包括《福建省终身教育促进条例》（2005年）、《上海市终身

① 顾明远. 形成全民学习、终身学习的学习型社会［J］. 求是，2003（4）：42.

② 鲁昕. 建设学习型城市，促进全民终身学习——在国际学习型城市大会全体会议上的主旨发言［J］. 职业技术教育，2013，34（33）：37-39.

教育促进条例》(2011年)、《太原市终身教育促进条例》(2012年)。配合具体的规章制度、专项规划等，逐渐形成了较为系统的地方性学习型城市建设政策体系框架。

在此发展阶段，各个城市积极主动、因地制宜、广泛地开展学习型城市创建工作，取得了丰硕的成果，积累了丰富的经验。总结起来包括以下五个方面：

（1）以政府为主导推进学习型城市建设。开展学习型城市建设工作较好的城市，往往都制定颁布了务实的学习型城市建设规划，出台相应的政策法规，加强政府各职能部门间统筹协调，确保经费投入，开展督导评估，坚持政府为主导与社会广泛参与相结合的工作模式，整体性推进学习型城市建设。如：北京市成立了“建设学习型城市工作领导小组”，由市委常委、教工委书记任组长，26个委办局负责人为领导小组成员；上海市成立“学习型社会建设与终身教育促进委员会”，由市委分管副书记任主任委员，市委常委、市委宣传部长和分管副市长任副主任委员，20多位各委办局领导任委员。①

（2）完善终身教育体系和构建终身学习服务体系。中国坚持教育优先发展战略，初步建立了较为完备的终身教育体系，各级各类教育都有重大进展。2012年，中国学前教育毛入园率、小学学龄儿童净入学率分别达到64.5%、99.85%，初中、高中、高等教育毛入学率分别为102.1%、85.0%、30%，全国每年约有1亿人次接受各种形式的教育培训，教育普及程度大幅提升。同时，促进学历教育与非学历教育协调发展，职业教育与普通教育相互沟通，职前教育与职后教育有效衔接。积极探

① 中国教育发展战略学会. 中国学习型城市建设案例[M]. 北京：高等教育出版社，2013：13.

索学分银行制度，实现不同类型学习成果的互认和衔接，构建人才成长的立交桥。

（3）建设学习型组织。2004年，中华全国总工会、教育部等九部委联合启动了“创建学习型组织，争做知识型职工”活动，形成了很好的示范效应。许多城市以建设学习型党组织为龙头，积极创建学习型政府（机关）、学习型企事业单位、学习型社团等学习型组织，积极开展各类试点、示范工作，不断提高学习型组织在城乡社区、企事业单位中的比例。

（4）推动资源开放共享。数字化学习资源的建设与共享是学习型城市建设的重要载体。在中央层面，启动建设国家和地方等6所开放大学试点，积极推进全国广播电视大学系统的战略转型，进一步推进了教育资源向社会开放。随着中国教育科研网和卫星视频系统为基础的现代远程教育网络建设、数字图书馆等公共服务体系建设，现代化信息技术和教育资源的优势得以进一步发挥。在地方层面，各级地方政府以“智慧城市”建设工程为引领，加强数字化网络学习资源建设，为学习者提供人人皆学、时时能学、处处可学的良好条件。大部分城市形成了城乡社区教育学习网络，建立起区、街道、居委会三级社区教育网络，充分利用各类教育资源，为居民提供学习服务。

（5）积极营造良好氛围。自2005年以来，中国已连续举办了9届“全民终身学习活动周”，参与城市从首届的10个，扩大到后来的600多个。活动周每年一个主题，通过组织城市各类机构开展广场活动、学习资源展示、讲座培训等，让市民享受“知识大餐”。活动周已经成为中国推进全民终身学习的品牌行动，为在全社会树立终身学习理念、动员更多的组织和个人行动起来、营造良好学习氛围发挥了重要作用。各地也广泛开展了全民读书、市民大讲堂等群众喜闻乐见的学习活动，并涌现出一大批吸引人、鼓舞人、激励人的亮点工程，市民对终身学习的知晓度与参与率不断提高。①

（三）学习型城市建设全面推进阶段（2014年至今）

标志：2014年8月教育部联合中央文明办、国家发改委、民政部、财政部、人社部、文化部签发《教育部等七部门关于推进学习型城市建设的意见》。

2013—2014年是国内外学习型城市建设重要的转折时期。从国际发展来看，自2008年全球经济危机以来，西方发达国家学习型城市建设逐渐趋弱。2013年由联合国教科文组织举办的"首届全球学习型城市大会"在北京召开，标志着以中国和韩国为代表的东亚学习型城市建设成为第二代学习型城市，重新掀起全球学习型城市建设热潮。②北京大会的召开，进一步坚定了我国政府建设学习型城市的决心，大会发布的《建设学习型城市北京宣言》《学习型城市关键特征》为未来学习型城市发展提供了重要的理论支持，促进了我国在2014年8月发布了首个国家层面的学习型城市建设专项文件，文件提出"到2020年，东中西部地区市（地）级以上城市开展创建学习型城市工作覆盖率分别达到90%、80%和70%"，标志着我国学习型城市建设进入了全面推进阶段。该阶段学习型城市发展新特征主要体现在以下四个方面：

（1）学习大国新理念成为新的指导思想。2014年5月22日，习近平主席在上海召开的外国专家座谈会上首次提出："中国要永远做一个

① 鲁昕．建设学习型城市，促进全民终身学习——在国际学习型城市大会全体会议上的主旨发言［J］．职业技术教育，2013，34（33）：37-39.

② Kearns P. Learning cities on the move [J]. Australian Journal of Adult Learning, 2015, 55.

学习大国，不论发展到什么水平都虚心向世界各国人民学习，以更加开放包容的姿态，加强同世界各国的互容、互鉴、互通，不断把对外开放提高到新的水平。"[①]2017年十九大报告正式将"推动建设学习大国"写入中央文件。结合十九大报告中提出的"办好继续教育，加快建设学习型社会，大力提高国民素质"，习近平主席高度重视学习型社会建设的新理念、新思想、新战略逐渐成形，有助于推动全民终身学习，加快建设"人人皆学、处处能学、时时可学"的学习型社会。[②]

（2）政策体系进一步完善。《教育部等七部门关于推进学习型城市建设的意见》出台以后，为响应文件号召，各地区也纷纷出台了相应的政策文件，尤其是省级政府部门推出的学习型城市建设文件，进一步完善了我国学习型城市政策体系。如：《山东省教育厅等7部门关于加快推进学习型城市建设的实施意见》（2015年）、浙江省《关于推进学习型城市建设的实施意见》（2016年）、《海南省教育厅等十部门关于进一步推进社区教育发展加快学习型社会建设的实施意见》（2017年）等。终身教育地方性立法也进一步推进。如：2014年颁布的《河北省终身教育促进条例》《宁波市终身教育促进条例》，以及2016年颁布的《成都市社区教育促进条例》。

（3）学习型城市网络建设。2013年经教育部批准，中国成人教育协会和中国联合国教科文组织全委会秘书处共同发起成立"全国学习型城市建设联盟"。自2013年至2018年，先后5批共80个城市加入联盟，联盟正逐渐成为推进各地学习型城市建设工作的重要平台，联盟成员城

---

① 中国要永远做一个学习大国［N］. 人民日报，2014-05-24（1）.

② 费元鸿. 学习习近平高度重视学习型社会建设的新理念・新思想・新战略——谈习近平的九大新超越［J］. 高等继续教育学报，2018，31（1）：7-10.

市在平台上交流经验、相互学习、相互促进。

（4）国际交流的深入。自2013年北京承办首届全球学习型城市大会，此后第二届2015年墨西哥大会、第三届2017年爱尔兰科克大会，中国各个城市均派代表参加，并在大会上进行了主题汇报。尤其是2015年北京市、2017年杭州市、2019年成都市获得了联合国教科文组织学习型城市奖，成为国际领域学习型城市建设的先进典范。

三、国际学习型城市发展现状

（一）教育型城市

一般认为，学习型城市起源于20世纪70年代初期的“教育型城市”。[①] 教育型城市是1973年经济合作与发展组织发起创建的，将教育置于城市政策和策略的核心地位，以此实现经济的可持续发展、改善市民的生活。1990年建立了国际教育城市协会（IAEC）。IAEC从第二届大会开始，将终身学习的理念引入教育型城市，虽然名字并没有进行修改，仍然叫教育型城市，但就其理念和实质来看与学习型城市并无根本性的差异。迄今为止IAEC在34个国家已经有475个城市成员，主要集中在欧洲和拉美的西班牙语、葡萄牙语地区，中国并无城市加入。[②]

在IAEC颁布的《教育型城市宪章》序言部分，对教育型城市的内涵有如下表述：教育型城市除实现传统城市机能（经济、社会、政治和服务提供）之外，更必须落实并发展教育功能，坚定地关注教育发展，

---

① 杨进. 国际社会构建学习型城市推进终身学习策略综述［J］. 天津电大学报，2012（6）：7-14.

② IAEC. List of member cities［EB/OL］.（2019-03-20）［2019-03-30］http://www.edcities.org/en/list-of-member-cities.

增进并拓展居民心智。“教育型城市最为重视儿童与青年，但也致力于将所有年龄层的人群纳入终身学习的范畴。”同时提出：“重视教育功能是为配合社会、经济和政治的发展，特别是高效率、基于共存文化的教育项目。21世纪所面临的重大挑战包括：第一，对教育和个人发展进行投资，以提高个人表达、肯定和开发自身潜能的能力，同时保存个人特质、创造力和责任感。第二，创造有利于实际平等发展的条件，让每个人都觉得受到尊重，也尊重他人，有能够与他人进行对话的能力。第三，结合上述所有因素，在每个都市都创建真正兼容并蓄的知识社会，为此，也必须为所有居民提供容易获取的信息和通信技术，以促进个人潜能发挥。”教育型城市的定义，是从城市对教育功能定位的角度进行阐述，强调教育功能在城市建设和发展中的核心地位，强调教育功能的扩大化。①

（二）从以欧洲为代表的第一代学习型城市到以东亚为代表的第二代学习型城市

20世纪90年代，欧盟先后发起了“欧洲终身学习计划”（ELLI，1991年）与“迈向欧洲学习型社会”项目（TELS，1998年），在欧洲大陆掀起了第一波建设学习型城市的浪潮。英国建立了学习型城市网络（Learning City Network，LCN），1996年，利物浦率先宣布成为学习型城市，随后英国众多城市相继响应，南安普敦、诺里奇、爱丁堡、伯明翰等城市相继加入。21世纪初，英国学习型城市网络大约有80个成员城市。英国学习型城市建设主要包括以下内容：第一，发挥政府引领作用，制定深入细化的相关法律政策，建立由国家政府、教育行政管理部

① IAEC. 教育型城市宪章［EB/OL］.（2017-04-25）［2019-03-8］http://w10.bcn.es/APPS/eduportal/pubFitxerAc.do?iddoc＝84470.

门、地方政府和合作伙伴组织构成的三级贯通管理组织，推行多元化的经费投入机制；第二，建立全国范围的学习型城市联盟——英国学习型城市网络，以分享创建经验及建立合作伙伴关系，并为各城市的实践推进提供建议；第三，借助评估来引领实践，建立“三P”（partnership，participation，performance）评价指标体系，为实践提供一个具有实际指导意义的行动框架；第四，力推合作的运行机制，建立合作伙伴组织，最大限度地挖掘并集中潜在的社会资本和人力资本来支持学习型城市建设，联合打造各类学习活动；第五，关注学习成果的认定，参照英国国家资格框架（National Qualification Frameworks，NQF）的内容设定，评定个体的阶段性学习和培训成果。①② 但是随着欧洲经济危机的爆发，持续近20年的学习城市建设热潮随着各国教育经费的缩减逐渐消退。

较欧洲学习型城市建设起步晚近10年的东亚地区，以韩国终身学习城市和中国学习型城市建设为代表，成为第二代学习型城市建设的典范。1999年，韩国光明市率先宣布成为学习型城市，由此带动了整个韩国的学习型城市建设。2001年，韩国教育与人力资源部开始倡导实施“终身学习型城市培育计划”（Lifelong Learning City Fostering Project，LLCP），重点关注扩大市民参与终身学习的机会、提升教育服务的质量、建立教育部门和社区间更好的联系、发展终身学习的社区和社会。截至2015年8月，韩国共有136个城市获得终身学习城市称号。中国学习型城市建设内容参照前一部分。

① 诺曼·朗沃斯，苑大勇. 反思与创新：学习型城市理念演进及未来［J］. 开放学习研究，2017（2）：27-32.

② 蒋亦璐. 试析全球视野下学习型城市实践基本走向［J］. 比较教育研究，2017，39（8）：104-111.

（三）联合国教科文组织全球学习型城市网络

由联合国教科文组织在2013年首届全球学习型城市大会上发起的"全球学习型城市网络"是：一个提供灵感、技术诀窍和最佳实践的国际政策导向网络。处于各个发展阶段的学习型城市都可以通过与其他城市分享想法，获取其他城市建设学习型城市的解决方案。该网络围绕联合国提出的17项可持续发展目标（SDG），特别是可持续发展目标4（"确保包容和公平的优质教育，为所有人提供终身学习机会"）和可持续发展目标11（"使城市和人类住区包容、安全、弹性和可持续"）。联合国教科文组织全球学习型城市网络通过促进成员城市之间的政策对话和同伴学习，支持和改善世界城市的终身学习实践、促进伙伴关系、提供能力发展，并且不断研发学习型城市认证工具和激励措施。①截至2019年1月，全球学习型城市网络共吸纳了52个国家的224个成员城市：56个欧洲及北美地区城市，62个亚太地区城市，20个拉美及加勒比地区城市，19个阿拉伯地区城市，67个非洲城市。中国共有北京、成都、杭州、武汉、常州、太原、深圳7个城市先后加入该网络，其中2015年北京、2017年杭州、2019年成都分别获得由该网络颁发的全球学习型城市奖。

四、深入开展学习型城市建设的政策建议

2014年，教育部等七部门文件中提出2020年我国学习型城市建设的具体目标是：东部90%、中部80%、西部70%的城市成为学习型城市。这主要是从覆盖率和创建率的角度提出的量化目标，那么在解决了

① UNESCO. Global Network of Learning Cities [EB/OL]. (2019-03-20) [2019-03-30]. http://uil.unesco.org/lifelong-learning/learning-cities.

“数量”问题后，势必需要在未来更长的时间内解决学习型城市建设的“质量”问题。另外，就学习型城市内涵本身的特殊性，学习型城市建设是一项“没有终点”的工作，时代在不停地发展，科技的发展、经济的增长、社会的进步都要求城市通过不间断的“学习”以适应环境的变化。因此，在解决学习型城市覆盖率问题之后，深入开展学习型城市建设，解决学习型城市深层次发展机制问题，将是未来15年学习型城市建设的核心任务。在此提出以下政策建议。

（一）坚持以学习大国思想为指导

学习大国思想与学习型社会理念具有相通之处，学习型社会思想产生于第三次工业革命初期，而学习大国思想则产生于第四次工业革命关键时期；学习型社会思想起源于西方民主社会，学习大国思想则植根于中国特色社会主义发展道路，不断深入挖掘学习大国思想的丰富内涵，并以此作为未来15年学习型城市建设的指导思想。从当前理论和实践发展来看，学习大国思想可以从以下几个方面来理解其内涵：一是指人人皆学、处处能学、时时可学的学习大国，以人民为中心，以公民通过终身学习实现个体全面发展为最终目的；二是指以“学习—创新”为基本发展模式的国家，随着知识经济时代的发展，强调知识、技术的内生性和学习的溢出效应，创建学习大国将成为未来主要的增长和发展路径；三是指一个永远开放的国家，学习型组织理论的立论基础就是系统的开放性，学习大国则是面向世界，不论发展到什么水平都虚心向世界各国人民学习，以更加开放包容的姿态，加强同世界各国的互容、互鉴、互通，不断把对外开放提高到新的水平。

（二）将学习型城市建设作为中国城市化的重要发展模式

从理论发展来看，学习型城市的研究从仅仅局限于教育学科，逐渐被经济学、社会学等领域所重视；从实践发展来看，学习型城市建设也从仅仅强调城市的教育功能，逐渐扩展到实现城市可持续发展、促进城市和谐繁荣等功能。学习型城市的本质是“一个以学习求发展的城市”，对于学习型城市的理解也将由一种具备完善教育（或终身学习服务）功能的城市形态，逐渐转化为一种城市发展的主要途径和城市治理的重要方式。未来15年依然是中国城市化加速发展的时期，各种类型的城市形态将百花齐放（如生态文明城市、智慧城市、休闲城市等），而学习型城市强调城市适应时代的发展，强调以市民发展为中心，强调开放、和谐、可持续等，无论城市的发展目标是建设为何种类型的城市形态，都可以以学习型城市建设为基础发展路径。

（三）不断完善学习型城市建设的法规制度体系

要解决学习型城市建设的深层次问题，实现学习型城市建设高质量的开展，制度层面的变革和创新是关键，尤其是法规体系的不断完善是未来15年的重要工作。结合当前我国学习型城市建设相关立法情况，具体提出以下建议：一是在宪法层面，明确提出公民终身学习权。随着知识经济的发展尤其是互联网时代的发展，仅仅保障公民的受教育权已经无法满足时代的需要，因此需要将终身学习权作为公民的人权和发展权的重要组成部分明确提出，进一步明确其内涵。二是在法律层面，针对当前国家层面正在进行的终身学习立法，需要突破教育部门行政法的限制，将终身学习法作为一部社会法，成为维护公民终身学习权益专门法，围绕终身学习法联合各相关政府部门共同构建终身学习权利保障体系。三是在地方法层面，根据地方特色和发展的迫切需求，鼓励通过多种路径完成专项条例的立法。如：现在已经在多地完成立法的终身教育促进条例，在个别地区完成立法的社区教育条例，在部分地区尝试立法的终身学习促进条例，甚至专门针对学习型城市建设工作的专项促进条例。

（四）进一步明确和完善跨部门领导体制

虽然在学习型城市建设开展之初就意识到了建立跨部门领导体制机制的重要性，但是在实践推进过程中该项工作不但未取得大的进展，甚至出现了一定的倒退现象，部分地区建立的学习型城市建设领导小组或联席会名存实亡，甚至在政府机构改革过程中被“优先”精简。出现这些现象的原因根源于对学习型城市认识的局限性，认为学习型城市建设只是教育部门内部事务，只是成人社区教育这一块的工作。随着学习大国思想的深入研究，需要从学习大国思想的角度来理解学习型城市的丰富内涵，将学习型城市建设作为学习大国建设的重要组成部分，作为学习大国建设在城市范围内的“投影”，涉及城市经济、社会、民生各个部门，建立在党委领导下的跨部门领导体制是未来学习型城市建设能够进一步深入的重要基础。

（五）适应互联网时代与第四次工业革命的深入发展

随着第四次工业革命的不断深入，互联网进一步与人类社会相融合，人工智能+5G带来人类生活方式的再一次革命，知识和学习的概念即将发生或正在发生重大的变化。当前学习型城市建设既强调物理空间学习资源和设施的建设，也强调互联网空间学习资源的建设和整合，但我们也发现互联网空间学习资源的建设更多地集中在将传统学习的资源和方法“搬迁”至新平台，对于互联网中“原生”的学习方式和知识方法尚处于探索阶段。随着相关研究的深入，互联网时代的教育、知识、学习等概念在哲学层面将发生根本性的变化，未来学习型城市建设也需要结合这些变化做出调整，以适应新时代的发展。

第二节　广泛开展各类学习型组织创建活动

学习型组织理论起源于美国组织动力学的研究，20世纪80年代传入我国，90年代开始在企业管理领域盛行，推动了我国企业管理的组织变革。随着中国学习型社会建设工作的开展，学习型组织建设成为三大支柱之一。一方面，学习型组织被视为全民终身学习的重要载体，尤其是支持个体工作场所学习的重要载体，最终实现公民个体的全面发展；另一方面，学习型社会强调通过学习适应环境变化、谋求发展。在当今快速发展的时代，传统僵化的组织管理体系将无法适应环境的变化，通过创建学习型组织的方式改变组织结构，推动各级各类社会组织机构变革，最终实现社会的发展。

一、学习型组织内涵的演进

学习型组织理论起源于管理学领域，最早是由美国哈佛大学福瑞思特在《企业的新设计》一文中提出的。1990年，美国著名管理学家彼得·圣吉出版了享誉世界的名著《第五项修炼——学习型组织的艺术与实务》，标志着“学习型组织”理论的正式形成，同时也掀起了学习型组织研究的高潮。1980年，麻省理工学院杨通谊教授将系统动力学和学习型组织理论引入国内，先后在上海交通大学、复旦大学建立了“福瑞斯特—杨通谊阅览室”，并积极传授这一理论。[①]1994年，彼得·圣吉的《第五项修炼——学习型组织的艺术与实务》中文版在中国出版，

① 张声雄. 学习型组织的时代意义及在中国的发展［J］. 云南广播电视大学学报，1999（3）：29-34.

标志着国内学习型组织的研究和实践大幕正式开启。

（一）学习型组织的概念

学习型组织的概念主要是由学习与能力、学习与变革、学习文化三个层面构成：一是从学习与能力层面，彼得·圣吉在《第五项修炼——学习型组织的艺术与实务》“实践篇”中指出，学习型组织是指“该组织的成员持续地发挥其能力，创造其所渴望的结果，培养新的思想形式，塑造集体的气氛，在此，所有的成员学会如何向其他人学习”①；二是从学习与变革层面，提出学习型组织是“一个不断学习并改进自身的组织……学习是持续性的，学习被战略性地结合到未来的组织需求上”②，“学习型组织是一个帮助其成员学习并相应带来自身改变的组织”③；三是从学习文化层面，把学习型组织界定为“一种能将学习、调适与变革等能力深植于组织文化的组织，其组织文化所涵盖之价值、政策、实务系统及结构均能支持人员进行学习”，“学习型组织的企业文化鼓励持续改进企业行为和工作惯例”。④

随着学习型组织理论研究和实践在国内的开展，国内学者也结合中国实际尝试对学习型组织概念进行界定，提出：学习型组织就是充分发

---

① Senge P, Kleiner A, Roberts C, Ross R, Smiths B. The fifth discipline field book: strategies and tools for building a learning organization [M]. New York: Doubleday, 1994: 3.

② Watkins Karen E, Marsick Victoria J. Making learning count: Diagnosing the learning culture in organization [J]. Advances in Developing Human Resources, 2003, 5(2): 132, 151.

③ Mike Pedler. A Guide to the learning organization [J]. Industrial and Commercial Training, 1995, 27(4): 21-25.

④ Jun S J, Kyoojoo B. Knowledge sharing: The influences of learning organization culture, organizational commitment, and organizational citizenship behaviors [J]. Journal of Leadership & Organizational Studies. 2011.vo1.18, no.3: 353-364.

挥每个员工的创造性，努力形成一种弥漫于群体与组织的学习气氛，凭借着学习，个体价值得到体现，组织绩效得以大幅度提高。[①②]陈国权和杨硕英认为学习型组织是一种更适合人性的组织模式，由伟大的团队形成社群，有着崇高而正确的核心价值、信念与使命，具有强劲的生命力与实现梦想的共同力量，不断创造，持续蜕变，充分发挥的潜能创造超乎寻常的成功，从而在真正的学习中体悟工作的意义，追求心灵的成长与自我实现。[③]卜金超、刘晓明等人指出，几乎所有的组织都会学习，不管其是有意还是无意。学习型组织是指那些有意识地激励组织学习，使自己的学习能力不断增强的组织。学习型组织区别于一般组织的关键在于"学习"的内涵，其内涵大致包括三层含义：一是全员学习，即包括决策层、管理层、操作层在内的全体员工都要学习；二是全程学习，学习必须贯穿组织系统运行的整个过程中；三是团队学习，不仅重视个人学习和个人智力的开发，更重视团队学习和群体智力的开发。[④]

（二）学习型组织特征与模型

张声雄结合中国的具体国情，提出了学习型组织的六大要素：拥有终身学习的理念和机制，建有多元回馈和开放的学习系统，形成学习共享与互动的组织氛围，具有实现共同愿景的不断增长的学习力，工作学习化使成员活出生命的意义，学习工作化使组织不断创新发展。傅宗

---

① 冯奎. 学习型组织：未来企业成功的模式［M］. 广州：广东经济出版社，2000：12–15.

② 李纯. 近十年我国学习型组织建设研究的述评与展望［J］. 当代继续教育，2014，32（6）：29–32.

③ 陈国权. 学习型组织的过程模型、本质特征和设计原则［J］. 中国管理科学，2002（4）：87–95.

④ 刘晓明，蒋守渭. 学习型组织的内涵、特征及引导趋势［J］. 教育发展研究，2004（6）：93–95.

科、彭志军和袁东明则把学习型组织的特征概括为三个方面：（1）层次扁平化。学习型组织不存在各种等级制度，员工之间由原来的彼此顺从关系转变为伙伴关系。（2）组织咨询化。员工之间彼此询问、学习，关系非常和谐融洽。（3）系统开放化。学习型组织是社会系统的一部分，能与社会有机结合。[①]臧盛英等人则进一步指出，学习型组织除了具有扁平化、咨询化和开放化的特征外，还有便捷性和超时空性的特点。[②]

由国内研发的具有代表性的学习型组织模型有：

（1）清华大学的学习型组织建构的过程模型（又称6P-1B模型）。该模型认为：组织学习由发现、发明、选择、执行、推广、反馈、知识库和知识管理七个过程组成[③]；与之对应，企业在组织学习过程中要具备相应的七种能力。[④]

（2）中国科学技术大学的虚拟团队知识共享模型（MVTKS）。该模型是以扩展性元记忆目录为核心，基于交互记忆理论（TMS）而建立的，能从多个方面帮助解决虚拟团队知识，并对知识共享模型各因素的相互关系进行了分析，提出了未来研究的结构方程模型。[⑤]

（三）学习型组织的构建途径

有学者认为学习型组织构建基本原则有：内核简单化，内部工作丰

---

① 傅宗科，彭志军，袁东明. 第五项修炼300问［M］. 上海：上海三联书店，2002.

② 臧盛英，林凤，尚长浩. 基于虚拟社区的学习型组织构建研究——以长海医院医疗设备科为例［J］. 商业文化（学术版），2010（5）：242.

③ 陈国权. 学习型组织的过程模型、本质特征和设计原则［J］. 中国管理科学，2002（4）：87-95.

④ 付悦，陈国权. 组织性格决定组织命运？——以组织学习能力作为中介的模型［J］. 经济管理，2012，34（8）：97-104.

⑤ 叶文，褚建勋，汤书昆. 学习型组织中的虚拟团队知识共享模型研究［J］. 管理学报，2009，6（5）：635-640.

富化，交互式信息传递，实时信息传递，成员专业化，办事公平公正，大幅度协调等。[①] 也有学者提出学习型组织结构设计原则有横向铺开、充分授权、信息共享、流程考核和激励、崇尚学习文化等特点。

关于学习型组织构建的模型，有学者尝试从企业文化建设的角度建设一种目标驱动下的无边界的组织部门相渗透的模型，这种模型比较难以命名。有学者结合petri网介绍了三类学习型组织结构模型，分别是专业性较强的适用于工作流系统建模与管理类模型、柔性制造系统建模与控制类模型，以及适用于离散系统建模和仿真类模型。刘璇华等认为扁平型结构模型具有适用于学习型组织的天然优势，但也存在固有缺陷，如隐性知识过于显化，团队及其成员组织涣散，组织建制有混乱倾向等。因此，他们提出团队—层次型结构模型，即尝试对传统层次结构和现代网络结构做出创新。这些团队采取网状结构，在优化传统层次结构建制基础上，建立不同层次、平台上的扁平化团队，有利于打破层级和部门的限制。[②]

二、学习型组织建设历程

中国学习型组织建设最早可以追溯到20世纪90年代，最初是从创建学习型企业开始的。1994年，彼得·圣吉学习型组织管理理论被引入中国，正好遇上了中国企业改革浪潮以及所涌动出的对企业管理理论的热切渴望，中国各企业掀起了建设学习型企业的热潮。21世纪初，

---

① 李建新. 学习型组织的组织结构设计及组织学习能力测评研究［D］. 天津：天津大学，2010.

② 刘璇华，夏洪胜，惠青山. 构建有利于组织学习的新型组织结构［J］. 经济师，2002（9）：14–15.

我国提出建设学习型社会目标，并将学习型组织建设作为学习型社会建设具体任务之一，学习型组织建设由自发转向为政府推动，学习型组织创建范畴也扩展到企业之外的各级各类组织。

（一）起步阶段（1994年至21世纪初）

标志：1994年10月彼得·圣吉的《第五项修炼——学习型组织的艺术与实务》中文版在中国出版。

1993—2003年是我国开展国企改革的攻坚阶段，转变企业经营机制，建立现代企业制度是该阶段的主要任务①，20世纪90年代中后期知识经济理念兴起②，促进了学习型组织管理理论在中国企业的快速传播。1994年10月，彼得·圣吉的《第五项修炼——学习型组织的艺术与实务》中文版在中国出版，点燃了中国学习型企业建设的火苗，于是中国企业开始自发组织学习这本书，并逐渐在企业内开展建立学习型组织的试点工作。1996年，中美合资施贵宝制药有限公司和江淮汽车集团公司开始了创建学习型企业的探索，随后，以上海地区的企业为主，全国许多地区的企业开始了企业自发的探索性创建活动。在企业自行摸索中，一些民间团体也起了积极的推动作用。如：1996年7月由上海市成人教育协会、同济大学、宝钢等单位共同组建的“学习型组织研究推进中心”，在上海市经委的支持下，经市教委、科委和工商局批准，正式注册成立了上海明德学习型组织研究所，通过在全国开展讲座、出版教程、深入企业开展行动研究等方式，加速了学习型组织创建在中国企业

① 国家发展改革委体管所课题组，张林山．国企改革历程回顾与当前改革重点［J］．中国经贸导刊，2015（7）：27-29.

② 刘植惠．知识经济的兴起与我国应采取的对策［J］．情报理论与实践，1997（6）：6-9.

的传播。①

（二）全面推进阶段（21世纪初至2010年）

标志：地方政府提出“建设学习型城市”目标，中央政府提出“建设学习型社会”目标。

自1999年上海、北京、大连等提出建设学习型城市目标，2002年十六大报告提出将学习型社会作为全面建设小康社会的目标，学习型组织创建工作由个别区域内企业的自发探索逐渐转为政府在全国范围内全面推进。

地方政府结合学习型城市建设目标，通过推出地方性政策以及组织专家开展学习型企业评估等方式，率先启动了当地的学习型组织建设推进工作。比如：常州市经贸委于2002年颁布了《常州市建设学习型企业实施意见》，提出“到2005年，有20%左右的规模企业达到学习型企业的要求”；北京市教委2001年制定了《北京市发展企业教育创建学习型企业先进单位评估指标体系》，包含培训管理系统、培训保障系统、培训实施系统、培训成果效益、特色加分五个一级指标。

国家层面也颁布了重要的政策文件，推动学习型组织建设。2004年1月，由中华全国总工会联合中央文明办、国家发展和改革委员会、教育部、科技部、人事部、劳动和社会保障部、国务院国有资产监督管理委员会、全国工商联联合发文《关于印发〈关于开展全国“创建学习型组织，争做知识型职工”活动的实施意见〉的通知》，提出：努力建设各类学习型组织，为职工创造更多的学习机会和成才机会。并根据文件精神，成立了由全国总工会、国家发改委等国家十部委组成的“创建

① 张声雄. 学习型组织的时代意义及在中国的发展［J］. 云南广播电视大学学报，1999（3）：29-34.

学习型组织，争做知识型职工活动领导小组”；开发了“学习型组织考核评价要素指标”，对每年评出的成绩特别突出的10个全国学习型组织标兵单位和10名知识型职工标兵，分别颁发全国五一劳动奖状和全国五一劳动奖章，激发了国内企业创建学习型组织的动力。2006年6月，财政部等十部委联合印发《关于企业职工教育经费提取与使用管理的意见》，进一步强调了“一般企业按照职工工资总额的1.5%，高技术企业按2.5%提取教育培训经费”的规定，并明确了经费的列支范围、监督机制等，为学习型组织建设提供了重要的经费保障。

为了推动学习型城市工作的全面开展，自2005年开始，部分城市率先掀起实施学习型城市的“奠基”工程，即把各类学习型组织的创建作为学习型城市建设的基础工作来抓，包括单位型的学习型组织的创建，如学习型企业、学习型政党、学习型政府、学习型机关、学习型学校、学习型家庭、学习型军队等的创建，以及地域型的学习型组织的创建，如学习型城区（县、市）、学习型街道（乡镇）、学习型社区（村落）、学习型小区、学习型楼组等的创建。

（三）内涵式发展阶段（2010年至今）

标志：2010年的《纲要》明确指出要加快各类学习型组织建设。

2010年的《纲要》是学习型组织发展的又一个里程碑，它标志着学习型组织创建由求规模、重形式的外延式发展进入求质量、要成效的内涵式发展阶段。《纲要》规划了未来10年中国教育改革发展愿景，《纲要》第八章明确指出要加快各类学习型组织建设。至此，各地纷纷通过当地政府发文的形式，制定各类学习型组织创建标准和评估质量体系，引领城市学习型组织创建工作由外延向内涵发展，逐渐走向深入。

三、各类学习型组织建设

十多年来，学习型组织创建活动在我国如火如荼地展开，参与的组织不断拓展。由于各类组织的创建目标、创建方法、创建的参与人群各不相同，为更好地引导学习型组织创建活动沿着科学、有效的方向发展，使其成为全民学习、终身学习和学习型社会建设中的重要群众基础，有关管理部门、研究机构根据参与创建组织的不同性质和特点，将其划分为以下类型。

（一）学习型政党

2004年，《中共中央关于加强党的执政能力建设的决定》明确提出："重点抓好领导干部的理论和业务学习，带动全党的学习，努力建设学习型政党。"

党的十八大报告提出建设"学习型、服务型、创新型的马克思主义执政党"，这也是中国共产党保持自身先进性的突出特征。将"学习型"放在首位，也就是说中国共产党要在执政实践当中积极学习，不断加强党性修养、净化自身思想、坚守党的纲领，以此使我党与时俱进、永葆生机与活力，从而更好地落实治国理政方略。

2017年10月，习近平总书记在中国共产党第十九次全国代表大会上郑重提出："要增强学习本领，在全党营造善于学习、勇于实践的浓厚氛围，建设马克思主义学习型政党，推动建设学习大国。"

中国共产党建设学习型政党的提出，是在继承我们党重视学习、善于学习的优良传统基础上，积极学习、借鉴世界各国建设学习型社会、学习型组织理论的产物，是我们党的一个伟大创造，是保持共产党员先进性的长效机制之一，对党和国家的发展都有不可忽视的意义。①

（二）学习型机关

党的十七大报告强调“加快行政管理体制改革，建设服务型政府”，提出：“要抓紧制定行政管理体制改革总体方案，着力转变职能、理顺关系、优化结构、提高效能，形成权责一致、分工合理、决策科学、执行顺畅、监督有力的行政管理体制。健全政府职责体系，完善公共服务体系，推行电子政务，强化社会管理和公共服务。加快推进政企分开、政资分开、政事分开、政府与市场中介组织分开，减少和规范行政审批，减少政府对微观经济运行的干预。加大机构整合力度，探索实行职能有机统一的大部门体制，健全部门间协调配合机制。”各级机关要贯彻十七大报告精神，努力实现行政管理体制改革，就必须开拓进取、学习创新。创建学习型机关无疑为建设服务型政府提供了现实路径。党政机关要发挥人员素质较高、易于组织推动等有利条件，把转变管理职能、管理方式与创建学习型机关统一起来，以建设高效、廉洁、服务型机关为目标，率先建成学习型机关。

学习型机关是基于学习的创新型机关，是把指导个人学习、科室学习和整个机关学习作为机关一切工作的基础、前提和关键的机关。学习型机关能够有效地将机关及其成员的学习行为转化为机关的创新能力，从而促进机关成员的全面发展与机关工作水平不断提升。学习型机关的本质特征是使每个机关成员活出生命的意义，使整个机关充满生机活力。学习型机关是一种旨在通过学习焕发机关活力的新型机关管理模式。建设学习型机关是在机关建设中贯彻科学发展观、正确的政绩观的

① 马仲良，吴晓川．建设学习型城市［M］．北京：北京工业大学出版社，2008：183.

有效措施。①

（三）学习型企业

学习型企业是基于学习的创新型企业。它是在学习型组织理论指导下，把指导员工个人学习、团队学习和整个企业的组织学习作为企业管理变革与创新的关键措施的企业。它能够有效地将企业及其员工的学习行为转化为企业的创新能力，从而促进企业成员的全面发展和企业自身的不断变革与持续发展。学习型企业的本质特征是使每个员工在工作中活出生命的意义，使整个企业充满生机活力。因此，学习型企业是一种旨在通过学习焕发企业活力的新型企业管理模式。②

（四）学习型学校

学习型学校是基于学习的创新型学校。它适应学习型社会的发展需要，以培养全面发展的创新型人才为目标，是以学习型组织理论为指导进行学校管理模式变革的新型学校。它能够有效地将学校及其成员的学习行为转化为学校的创新能力，从而促进学校成员的全面发展与学校自身不断变革。学习型学校的本质特征是使学校每个成员活出生命的意义，使整个学校充满生机活力。之所以称为“新型学校”，是因为它在学生与教师之间、教师与校长之间、学校与社会之间的三重重要关系上实现了巨大转变。

（1）学生与教师的关系实现平等化。教师不再以权威知识发布者自居，要与学生形成平等的、指导性的合作研究关系；学生由受教育的客体变为自觉学习的主体，并且成为学校工作的中心。

（2）教师与校长的关系实现合作化。由科层制中管理与被管理的

---

①② 马仲良，吴晓川. 建设学习型城市［M］. 北京：北京工业大学出版社，2008：172，196.

关系，转变为分享责任、共同决策，学校工作的不同层面充满友善与信任的合作氛围。

（3）学校与社会的关系实现融合化。学校必须打破封闭的教学管理模式，将教学活动与社区发展相结合，培养社会需要的全面发展的人才；同时与社区共享教学资源，为市民提供学习服务。

正是在这三重转变的基础上，学习型学校能够将学校及其成员的学习行为转化为学校的创新能力，从而促进学校成员的全面发展与学校自身不断变革。学习型学校的本质特征是使学校每个成员活出生命的意义，使整个学校充满生机活力。①

四、广泛开展各类学习型组织建设的政策建议

学习型组织作为终身学习服务体系的重要组成部分，能够满足学习者在工作场所、生活场所随时进行学习的需求，是实现学习与工作相结合、学习与生活相结合的重要终身学习服务载体。学习型组织的建设，从学习服务载体的角度，加强组织的建设，通过为组织中个体提供更好的学习服务，促进组织内个体全面发展，从而实现组织的变革与提升；从组织建设的角度，变革组织的管理方式，提升组织的学习能力，方能为组织成员提供更好的终身学习服务。因此，无论是从教育科学视角加强学习型组织建设抑或是从管理学视角加强学习型组织建设，均能够满足终身学习服务平台的建设需求，是实现教育现代化的重要途径。结合当前我国学习型组织建设实践现状与学习型组织建设理论的发展，提出以下具体政策建议。

---

① 马仲良，吴晓川. 建设学习型城市［M］. 北京：北京工业大学出版社，2008：210-211.

（一）以学习型党组织、学习型机关建设为引领，持续提高各类学习型组织的覆盖率

近年来学习型政党建设和学习型机关建设越来越受到重视，在党的最高文件以及国务院工作条例中都明确提出了学习型政党和学习型机关建设。通过学习型党组织建设，带动党组织所在机构的学习型组织建设；通过学习型机关建设，带动机关下辖系统中的各级各类机构的学习型组织建设，双线带动逐步提高学习型企业、学习型单位、学习型学校、学习型社会组织等的覆盖率。尤其是随着基层社会治理不断地发展和创新，充分利用街、乡、社区学习型党组织建设，带动区域型学习型组织建设，即学习型街道/乡镇、学习型社区、学习型楼门、学习型家庭等。

（二）探索松散性组织中的学习共同体建设

随着社会的进步和互联网时代的发展，人们的社交方式和社交渠道日益丰富，由此也带来了“集体学习”的平台更加丰富。比如由共同爱好聚集的群体，大家通过茶余饭后的聚会、网络平台的交流经验，共同学习、共同进步。此类群体相较于一个机构、一个单位属于松散性的组织，目前研究领域使用“学习共同体”的概念进行描述。从提供终身学习服务功能来看，学习共同体也属于一类特殊的学习型组织，并且随着互联网时代知识去中心化趋势，此类学习型组织也将成为越来越重要的“集体学习”平台。政府如何制定相关的政策，对松散性、自发性的学习共同体加以引导和支持是未来需要研究的重要课题。

（三）以组织学习网络建设为重点，持续提升各类组织的学习能力

首先，通过构建组织学习网络，发挥组织学习网络中“龙头”单位

的示范和榜样作用，带动网络内其他组织开展学习型组织创建工作，提升学习型组织覆盖率；其次，建立组织学习网络，为组织间信息交流、互联互通提供平台，是实现组织与组织之间学习的基本条件。顺义区积极探索构建区域、行业、跨行业和跨区域业务合作的组织学习网络，通过建立组织间的学习网络，推动组织学习能力提升。

（四）以学习空间建设为抓手，持续拓展组织终身学习服务的范围

拓展学习空间，指组织根据自身的核心产品或服务，围绕所属行业，面向客户、服务人群或周边社区居民，建立专门的学习场所，提供学习资源，组织各类学习、社交和体验活动。拓展学习空间的主体可以是企业、事业单位和政府管理部门等各级各类组织。拓展学习空间，一方面要求组织对内将学习拓展到基层，为干部员工学习发展搭建平台；另一方面要求对外拓展学习空间，即各类组织立足自身职能，通过整合资源为市民提供多方面的学习服务，扩大学习型组织建设受益人群。